PORTRAITS POLITIQUES

ET

RÉVOLUTIONNAIRES

Paris.—Imp. de Mme Ve Dondey-Dupré, rue St-Louis, 46.

PORTRAITS
POLITIQUES
ET
RÉVOLUTIONNAIRES

PAR

CUVILLIER-FLEURY

Deuxième Édition

ENTIÈREMENT REVUE ET CONSIDÉRABLEMENT AUGMENTÉE

I

PARIS
MICHEL LÉVY FRÈRES, LIBRAIRES-ÉDITEURS
RUE VIVIENNE, 2 BIS.
1852

Nous avons réimprimé, et cette fois en deux volumes, cet ouvrage, publié il y a six mois à peine, et si rapidement épuisé. L'auteur a augmenté cette seconde édition de plusieurs portraits qui ne figuraient pas dans la première.

Nous ne disons rien de plus d'un succès dont nous aimons à laisser l'appréciation à un écrivain éminent, critique célèbre et juge éprouvé. M. Nisard, membre de l'Académie française, a rendu compte (1) des *Portraits politiques et révolutionnaires* de M. Cuvillier Fleury. Nous publions le jugement qu'il en a porté, et qui est en même temps un excellent morceau de critique et d'histoire contemporaine. Ce sera la meilleure introduction que nous puissions donner de la seconde édition de cet ouvrage.

MICHEL LEVY FRÈRES.

(1) Dans l'*Assemblée nationale* du 30 juin 1851.

Tous les lecteurs du *Journal des Débats,* et c'est tout ce qui aime la presse sérieuse et forte, ont encore présente à l'esprit la brillante série de feuilletons publiés sur les hommes et les choses de la révolution de février par M. Cuvillier Fleury. L'auteur a eu l'excellente idée de les réunir en un volume; tous les bons juges lui en auraient donné le conseil, car à la vivacité, à l'à-propos qui font le succès d'un feuilleton, il s'y joint les qualités solides qu'on demande à un livre. Il s'en faut d'ailleurs qu'en fait d'à-propos, ces articles aient rien perdu. Nous sommes, plus que jamais, aux prises avec les hommes et les choses de février, et viendra-t-il un temps où tout ce qui se rattache à cette date cessera de peser sur nos âmes, et d'inquiéter tous les honnêtes gens de notre pays?

M. Cuvillier Fleury a divisé son livre en deux parties : l'une comprend ce que février nous a fait perdre, l'autre ce qu'il nous a donné ; et, pour conserver l'ordre de mérite, il a naturellement mis les pertes avant le gain.

Parmi ces pertes, la plus grande, après celle du gouvernement monarchique, a été celle de l'homme supérieur qui en fut le chef de 1830 à 1848. M. Cuvillier Fleury en a tracé un portrait aussi fidèle qu'éloquent; mais s'il était vrai que ses anciennes fonctions auprès de l'un des fils du roi lui eussent fait exagérer les qualités ou omettre les imperfections de ce prince, ce serait un trait à ajouter à l'éloge de Louis-Philippe que les hommes qui ont eu l'honneur de vivre auprès de lui, parlent ainsi de lui vaincu, exilé et mort. Oui, M. Cuvillier Fleury a raison; aucun prince n'était plus propre à opérer cette conciliation, l'idéal de tous les grands esprits, la suprême nécessité de la civilisation moderne, qui doit faire vivre ensemble la liberté et l'autorité. La liberté, il ne la subissait pas; il l'aimait, même dans ses agitations et ses jalousies. Pour l'autorité, quel prince sut mieux la conformer aux mœurs d'un pays libre? Il était, de tout son royaume, l'homme qui croyait le plus à la charte, et c'est pour y être resté fidèle qu'il est tombé. Il y croyait par goût, par honneur; il y croyait aussi par intérêt; et ce qui prouve combien cette foi était sincère, c'était sa ferme conviction que respecter la charte lui serait à lui et aux siens la plus sûre de toutes les protections. Il avait coutume de la comparer à une forteresse où la royauté est enfermée par son serment ; forteresse imprenable, disait-il, tant qu'elle n'essayera pas d'en sortir. Cette foi en la charte est l'honneur du roi Louis-Philippe ; elle fait justice de ce qu'on a dit de son prétendu mépris pour les hommes ; car celui-là nous méprisait-il, qui nous croyait capables de la même fidélité que lui aux institutions que nous avions jurées ?

Dans le gain de Février, M. Cuvillier Fleury a compté particulièrement certains hommes d'Etat que nous avons vus aux affaires, et d'autres qui sont fort impatients de s'y faire voir. Il les appelle les héros et les historiens de la révolution de Février. Les portraits qu'il en trace, finement ou fortement peints, sont pleins de vérité. Vérité de réaction, peuvent dire les intéressés. Oui, pourvu qu'on s'entende sur le mot réaction. Si M. Cuvillier Fleury avait écrit sous l'empire de ce premier mouvement qui suivit la stupeur de Février, alors que la France se vengeait par un immense mépris de la honte d'avoir été un moment en de certaines mains, ces intéressés auraient raison : la vérité du livre de M. Cuvillier Fleury serait peut-être la vérité d'un pamphlet. Mais ce n'est pas cette première réaction de colère et de dégoût qui lui a mis la plume à la main ; c'est la réaction de la conscience humaine contre l'orgueil qui se croit du génie, contre la rhétorique qui se croit de la politique, contre l'anarchie qui se croit la liberté, contre l'utopie qui se croit la science du gouvernement. Cette réaction-là est éternelle, Dieu merci! c'est celle du bien contre le mal, et quiconque sait s'en inspirer a trouvé le secret d'écrire des choses durables.

M. Cuvillier Fleury a d'ailleurs une disposition d'esprit qui lui permet d'être passionné sans être injuste. Critique littéraire singulièrement libéral, il sait, dans les ouvrages qu'il combat, distinguer le talent de l'écrivain des doctrines de l'homme, et son esprit reçoit quelque plaisir du bien dire alors même que sa conscience est blessée du mal penser. Ce plaisir même paraît si vif, à en juger par la façon franche dont il s'en exprime, qu'il y aurait plutôt sujet de craindre trop d'indulgence que trop de sévérité d'un critique si touché du talent. Qualité d'ailleurs très-précieuse ; car l'indulgence pour le talent accrédite aux yeux du public la sévérité pour les idées; et peut-être n'est-il pas impossible qu'on réussisse à donner à un écrivain des doutes utiles sur ses idées, lorsqu'on chatouille son amour-propre par des éloges de son talent. Quant au talent de tels des *héros et historiens* de février, je m'en rapporte plus à M. Cuvillier Fleury qu'à moi. A tort sans doute, je ne sens le talent qu'où je sens la vérité. Les sophismes attristent trop mon âme, pour ne pas rendre mon goût difficile jusqu'à l'injustice ; je le sais, et je m'en défie ; voilà pourquoi je résiste à contredire M. Cuvillier Fleury sur la part de talent qu'il accorde à des écrivains qui, à chaque page, me paraissent offenser la vérité.

Mais on ne s'attend pas à ce que je lui conteste ce qu'il dit d'excellent sur l'union monstrueuse, chez certains d'entre eux, du romantisme et de la démagogie. Oui, le romantisme, il a osé ressusciter le mot. On avait laissé tomber ce mot en désuétude ; les uns, parce qu'ils le trouvaient usé ; les autres, dans la crainte de paraître exclusifs. M. Cuvillier Fleury l'a fait rentrer dans la circulation : c'est du tact, car la chose qu'il exprime subsiste encore. Fort vieilli, en effet, dans les livres, le romantisme s'est rajeuni en s'alliant à la démagogie ; on le soupçonnait depuis longtemps d'aller et de mener là ; on le lui avait même dit ; il a tenu à ce que ce ne fût pas une calomnie.

Qu'on ne s'y trompe pas d'ailleurs ; le romantisme et la démagogie sont plutôt deux débauches d'esprit que deux passions, et l'amalgame qui s'en est fait depuis février n'est que du bel esprit fort travaillé. On ne prenait pas plus de peine, au temps des *Précieuses ridicules*, pour mettre de l'esprit dans chaque mot, que n'en prennent certains écrivains pour faire reluire ou résonner tous les mots d'un manifeste anarchique. Ils tiennent sans doute beaucoup à être hommes d'État; mais ils ne tiennent guère moins à être beaux esprits; et tout en ne se trouvant pas au-dessous de la tâche de gouverner notre pays, ils prennent toutes leurs précautions pour qu'en cas de mauvaise chance ils restent tout au moins auteurs de génie. Il n'est pas jusqu'à des avocats, habitués au gros style du palais et à toutes les commodités de la langue du dossier; qui, devenus hommes d'État par la folie des révolutions, puis, d'hommes d'État redevenus moins qu'avocats, écrivent des pamphlets dans le style des romans, et luttent de métaphores avec les écrivains pittoresques de profession. Hélas! c'est à nous plus qu'à eux qu'il faut nous en prendre ; car, si d'avocats ils sont devenus hommes d'État, c'est qu'aux yeux de notre pays, plaider vaut parler, et parler vaut gouverner; et si, d'hommes d'État mis de côté, ils se sont faits écrivains romantiques, c'est qu'au goût de ce même pays entasser des figures vaut écrire bien.

M. Cuvillier Fleury a caractérisé avec beaucoup d'esprit et de force les affinités qui devaient amener tôt ou tard le mariage du romantisme et de la démagogie. Cela le conduisait naturellement à rechercher dans notre histoire l'origine et les premiers modèles de cet amalgame. C'est ainsi que des héros de février, il est remonté à ceux qu'ils s'honorent d'avoir pour ancêtres immédiats, entre autres Barère et Camille Desmoulins. Les feuilletons vengeurs que leur a consacrés l'habile critique du *Journal des Débats*, forment peut-être la partie la plus solide et la plus piquante de son volume.

Le bel esprit révolutionnaire, dans les écrits de Barère et de Camille Desmoulins, n'est pas tout à fait le romantisme démagogique de nos jours; mais rien n'en est plus près que les fleurs de rhétorique du premier et la bouffonnerie sanguinaire du second. Il faut lire de quels traits énergiques M. Cuvillier Fleury a peint Barère, le bel esprit de la Terreur, l'Isocrate de la guillotine ; cet homme qui dut la vie à l'art d'être trop méprisé pour exciter de la haine, et de faire descendre son ambition assez bas pour ne pas exciter d'ombrage. M. Cuvillier-Fleury fait justice, en quelques pages éloquentes, de ce personnage repoussant, qui se mettait par poltronnerie au service de passions qu'il n'avait pas, et qui tuait avec des phrases auxquelles manquait même la colère.

Barère n'a donné matière qu'à un article ; c'était proportionner la part à l'homme. M. Cuvillier Fleury en fait une plus grande à Camille Desmoulins ; il a eu raison. Il y a plus de doutes sur Camille Desmoulins que sur Barère. Si on les juge comme gens de plume,

Barère est un rédacteur, Camille Desmoulins est un écrivain. Et voilà son vrai titre dans un pays où peu s'en faut qu'on ne passe tout à qui manie bien la plume. Ce n'est pas d'ailleurs le seul côté spécieux de Camille Desmoulins.

Il profite de l'horreur qu'inspire Robespierre, et on le croit volontiers meilleur que celui qui le fit guillotiner. Il est d'ailleurs le premier qui, au fort de la Terreur, ait osé conseiller la clémence. Enfin il a parlé de sa femme en termes passionnés; et quoique, à y regarder de près, ce soit plutôt d'une tête montée que d'un cœur vraiment touché, c'en est assez pour disposer en sa faveur cette sorte de gens qui sont prêts à s'adoucir, même pour Robespierre, à cause de son affection pour ses serins de Canarie et du soin qu'il prenait de les nourrir de ses propres mains.

Dans une discussion très-serrée, où la passion naît de l'abondance des raisons et de l'évidence des faits, M. Cuvillier Fleury ôte successivement à Camille Desmoulins le bénéfice de toutes ces circonstances atténuantes. Il découvre, sous son appel à la clémence, d'abord l'humanité par trop facile chez un ambitieux arrivé où il voulait, et qui désire que tout le monde s'arrête; puis la peur d'un homme cherchant quelque appui dans l'opinion publique contre la prolongation d'un régime qu'il n'a plus la force d'empêcher, ou avec lequel il n'a plus le temps de se réconcilier. Il dénonce, dans le mari épris de sa femme, le journaliste sans pudeur qui entretient le public des doutes qu'on lui veut donner sur son honneur conjugal. Enfin, dans l'écrivain, il note la part du déclamateur, et les centons de littérature mêlés au jargon qu'il imitait, par prudence, des écrivains les plus éhontés de la presse démagogique.

Ce jugement sur Camille Desmoulins sera le dernier. Au surplus, l'homme est depuis longtemps abandonné même du parti révolutionnaire. Danton et Robespierre y ont encore des admirateurs, l'un à cause du *grand service* des journées de septembre, l'autre pour cette intégrité fastueuse dont il couvrait son ambition et ses jalousies; mais Camille Desmoulins est désavoué, et il n'y a pas d'apparence que le parti des victimes recueille cette mémoire répudiée par le parti des bourreaux.

Pour moi, j'avoue que, sauf peut-être ce même Barère, qui fut lâche comme Camille Desmoulins, sans avoir son talent, je ne connais pas de personnage plus haïssable que ce journaliste épicurien, qui faisait bonne chère avec le gain de ses pages homicides : vrai type de ces gens qui, par les fausses fureurs et les calomnies dont ils dînent, jettent le peuple dans la rue et, le combat engagé, ne trouvent pas de cave assez profonde pour s'y cacher. M. Viennet pensait à eux quand il écrivait ces deux vers d'une piquante fable, la *Bataille des chiens* :

> Et quand il pleut du fer, tous ces prêcheurs de guerre
> Ont toujours le secret d'être à l'abri des coups.

Le trait caractéristique du talent de Camille Desmoulins, la plaisanterie, ajoute à l'odieux du personnage. Il est le loustic de la terreur. S'il me fallait choisir, je ne sais si je n'aimerais mieux même la déclamation de l'école de Robespierre. Au moins cette déclamation était parfois sincère ; les têtes creuses sont souvent de bonne foi ; et tantôt une honnêteté âpre et orgueilleuse, tantôt le fanatisme de l'utopie peuvent prendre naturellement le ton déclamatoire ; mais comment excuser ou expliquer la bouffonnerie en un pareil temps, et qu'est-ce qu'un homme qui rit au milieu des ruines qu'il a faites, et qui plaisante avec le sang qu'il fait répandre ? Tout Camille Desmoulins est dans son fameux mot devant le tribunal révolutionnaire : « J'ai trente-trois ans, l'âge du sans-culotte Jésus-Christ ; » mot du loustic de tout à l'heure, mot d'un homme qui mourra mal, car il y avait une grossière caresse aux jurés dans cette impiété donnée comme gage de son cynisme révolutionnaire. Je sais qu'il ne faut pas, du fond de sa sécurité, insulter à la faiblesse d'un homme condamné si jeune à mourir, et qui regimbe contre l'échafaud. Mais nous jugeons Camille Desmoulins par tous ceux qui moururent avec lui ; nous le jugeons par sa femme qui, devant ce même tribunal, « ne montra ni crainte ni espérance, mais attendit modestement son jugement ; » enfin, nous avons bien le droit, que je sache, de le juger par la manière dont mouraient tous ceux que sa politique ou ses calomnies envoyèrent à l'échafaud.

Les apologistes de Barère et de Camille Desmoulins n'ont pas été bien avisés. Ils ont cru l'occasion favorable pour les décharger d'une partie de leur mauvaise renommée. On pouvait s'y tromper. Nous sommes en république ; tous nos édifices publics sont barbouillés de la fameuse devise : *Liberté, égalité, fraternité.* Nous voyons même dans nos rues plus d'une boutique à l'enseigne du triangle de 93. Si la France se résigne à tout cela, n'est-ce pas le bon moment de lui demander au moins de l'indulgence pour certains des inventeurs de cette devise et de cet emblème ? Non. Le moment ne sera jamais bon, s'il plaît à Dieu, pour relever de tels hommes de l'arrêt que l'histoire a porté contre eux. Et loin que le régime actuel leur soit favorable, il les enfonce plus avant dans leur irréparable disgrâce, parce qu'ils en sont à la fois la plus grande difficulté et la plus mauvaise recommandation. Si les partisans du régime républicain en voulaient l'établissement, non d'autorité, ni par droit divin, mais par le libre acquiescement du pays, il faudrait qu'ils donnassent ou qu'ils fussent en mesure de donner les premiers l'exemple du mépris pour les Barère, les Camille Desmoulins et leurs semblables. Je ne sais si, même au prix de l'énergique désaveu de ces héros de la première république, la seconde réussirait; mais tant que celle-ci se donnera pour la suite de celle-là et que les noms malheureux de l'une trouveront des apologistes dans l'autre, tous les regrets comme toutes les espérances monarchiques continueront d'être aussi sensés que légitimes.

Le volume de M. Cuvillier Fleury a obtenu le plus grand succès. Les éloges que nous en faisons n'auront même pas le mérite d'y ajouter; ils ne prétendent que l'expliquer. Ce qui a fait des lecteurs au volume, ce sont les impressions durables laissées par les articles. Toutefois, on ferait tort à l'auteur en attribuant ce succès au seul à-propos politique, et au soulagement profond qu'ont éprouvé les honnêtes gens à voir, dans des pages énergiques, raviver la flétrissure imprimée à certaines mémoires de la première république, et dénoncer les sophismes de certains fondateurs de la seconde. Il y a dans le livre de M. Cuvillier Fleury une autre sorte d'attrait; c'est un talent d'écrivain à la hauteur de sa cause, et qui, depuis ces trois dernières années, a singulièrement grandi.

Depuis longtemps M. Cuvillier Fleury occupe un rang élevé dans la presse. Mais il semble qu'il n'ait eu tout son talent que depuis la révolution de février ; et c'est un des rares exemples de gens à qui cette révolution a profité en quelque chose. A l'époque où d'honorables fonctions l'attachaient au service de la royauté de juillet, ce talent se ressentait de la délicatesse de sa situation. M. Cuvillier Fleury semblait craindre le préjugé public sur son indépendance, et cette crainte n'était pas sans raison dans un pays où l'on est si souvent dupe de l'indépendance spécieuse que donne la fortune, et où l'on croit si peu à l'indépendance réelle du caractère et des lumières. Pour mieux faire reconnaître la sienne, peut-être l'outrait-il un peu, et ceux qui en doutaient le moins, ses amis, regrettèrent quelquefois que, pour en convaincre des gens intéressés à n'y pas croire, il prît à son insu, dirai-je le mot? un certain ton d'émancipé. Aussi bien cela ne réussissait pas dans le camp opposé ; on y avait trop d'intérêt à nous donner comme d'un *familier du château*, ce qui venait d'un des plus fermes esprits politiques de notre temps, et d'un des amis de la royauté de juillet les plus incapables de la flatter. En sorte que, pour certaines personnes, et j'en étais,

M. Cuvillier Fleury était presque trop libéral, sans que pour l'opposition il cessât d'être trop monarchique.

La révolution de février, en rendant M. Cuvillier Fleury à la vie des lettres, ne lui a pas donné l'indépendance réelle qu'il avait déjà, mais elle l'a exempté de la nécessité d'en donner des gages. L'écrivain ne sent plus, du côté des opinions qu'il combat, cette crainte d'être récusé, qui lui faisait quelquefois enfler la voix; il parle en homme qui sait qu'on le croit. Resté libéral, comme avant février, mais sans la tentation de le paraître un peu plus qu'il ne l'est, sa fidélité même à ses affections et à ses croyances monarchiques est devenue une vérité de plus dans son talent. Son style, toujours brillant et ferme, et qui l'a été dès ses premières pages, est devenu plus simple, depuis que l'écrivain ne pense plus à prouver qu'il sent bien ce qu'il dit, et qu'il n'en dit pas plus qu'il ne sent. Là est le secret de la simplicité, sans laquelle les autres qualités perdent de leur prix. Voici certainement le livre qui exprime le mieux, parmi tous ceux que nos malheurs publics ont inspirés, les sentiments qui sont dans tous les cœurs honnêtes, et qui sauveront la France, si elle sait vouloir enfin ce qu'elle préfère. A cet égard rien n'est d'un meilleur augure que le succès de M. Cuvillier Fleury; car, par la même raison que les gens qui recherchent les mauvais livres sont déjà gâtés, ce n'est pas apparemment un public décidé à se laisser dévorer par l'esprit révolutionnaire, qui recherche un ouvrage où on lui apprend si bien à quels signes se reconnaît cet esprit, quels petits génies et quels cœurs subalternes ont été de tous temps ses coryphées, comment on le démasque et comment on le combat.

NISARD.

PRÉFACE

DE LA PREMIÈRE ÉDITION.

Les études qui composent ce recueil ont déjà paru toutes dans le *Journal des Débats* : ce sera leur meilleure recommandation auprès du public; — et elles sont toutes, quelque diverses qu'elles soient, postérieures à la révolution de 1848 : ce sera leur unité. En effet, le sentiment qui les a inspirées est celui qui a éclaté dans toute la France à la suite de cette révolution funeste, sentiment qui dure encore dans le plus grand nombre des esprits, et qui se compose de surprise, de regret, d'humiliation et de douleur.

Mes devoirs de critique m'ont appelé plus d'une fois à porter un jugement sur des livres qui se rapportaient à ces tristes événements, et sur des hommes qui, après y avoir mis la main pour les provoquer, prenaient la plume pour les raconter. Je n'ai jamais reculé devant ces devoirs, si pénibles qu'ils fussent, de la critique contemporaine. Le public m'en a su gré, dit-on ; ce sont ceux de mes travaux de ce genre qui m'ont semblé le mieux accueillis, que je reproduis dans ce recueil, sans y rien changer.

J'y ai joint quelques esquisses qui pourront servir un jour à ce grand portrait que l'histoire seule aura droit de peindre, le portrait du roi Louis-Philippe, et, enfin, quelques études qui se rattachent à la première de nos trois révolutions depuis soixante ans. Mais tous ces travaux sont sortis, s'il m'est permis de le dire, de la même source : l'amère tristesse que m'inspire le spectacle des maux de ma patrie et mon horreur profonde des passions, des maximes et des pratiques de la démagogie révolutionnaire.

C. F.

Paris, le 15 avril 1851.

PREMIÈRE PARTIE.

I

Le Roi Louis-Philippe.

Mens immota manet.....
(VIRGILE.)

I

Le roi qui vient de mourir dans l'exil (1) disait souvent une parole que plus d'un prince malheureux et méconnu avait pu dire avant lui, mais qu'aucun n'avait appliquée plus justement à sa destinée. Le roi Louis-Philippe disait : « On ne me rendra justice qu'après ma mort. »

Le prince que la révolution de Juillet a fait monter sur le trône de France a eu en effet un étrange malheur. Placé au faîte de l'édifice politique, dans cette position éminente où tous les regards pouvaient le chercher et l'apercevoir, aidant lui-même à cette naturelle curiosité du public par la bienveillance de son accueil, par son hospitalité facile et cordiale, ouvert à tous et vu de tous, personne en France ni en Europe n'a été plus mal jugé, plus méconnu, plus calomnié que lui. Et nous ne parlons pas seulement de ses ennemis, qui écoutaient leur prévention

(1) Cette notice a été écrite et publiée très-peu de jours après la mort du roi, le 8 septembre 1850.

ou leur intérêt. Beaucoup de ses amis mêmes ne l'ont pas connu. Où la nature, Dieu, l'expérience, la réflexion avaient mis en lui une qualité, souvent ils ont cru voir un défaut.

Étrange contradiction des jugements humains! Le roi était doux et bienveillant, et il a été l'objet de haines féroces; — clément, et il n'a obtenu la merci d'aucun de ses amnistiés; — libéral, et il est tombé du trône avec la réputation d'un partisan avide et intolérant du pouvoir; — sans ambition politique, et on a prêté à son opposition sous les rois de la branche aînée des motifs coupables et personnels; — ami des nobles dépenses jusqu'à la prodigalité, et on l'a accusé d'avarice; — loyal et franc jusqu'à l'indiscrétion, et on a donné à sa finesse un nom odieux; — fidèle à ses ministres jusqu'aux dernières limites de sa prérogative, et on l'a accusé de duplicité et de perfidie; — enfin courageux jusqu'à l'imprudence, et on lui a reproché d'avoir, par timidité de cœur et d'esprit, laissé dans le fourreau, un jour d'émeute, l'épée qui pouvait sauver la France! Personne, il est vrai, ne l'a accusé de manquer d'esprit; mais ce que la justice avare de l'opinion lui en laissait, elle le mettait au service de pensées étroites et de conceptions bornées. Ainsi, sur aucun point, le roi Louis-Philippe n'a obtenu, de son vivant, la justice qui lui était due et qu'il attend encore dans son tombeau.

Il m'a semblé qu'il était de l'honneur de notre temps, et de quelque intérêt pour l'histoire à venir, d'essayer de dire enfin la vérité sur ce roi tant méconnu. Nous nous sommes donc proposé dans ce but une double tâche, d'abord d'expliquer la cause de ces faux jugements sur le compte du roi Louis-Philippe, ensuite de redresser les erreurs de l'opinion abusée ou prévenue.

II

Le roi Louis-Philippe était, dans une certaine mesure, le représentant des idées, des opinions et des instincts de son époque ; et en même temps il en était, sous d'autres rapports, la contradiction vivante.

Voici comment le roi Louis-Philippe était le représentant sérieux et élevé des idées de son siècle. Il était libéral, humain, tolérant ; sans préjugés de caste, sans superstition d'aucun genre, sans étroite attache d'aucune école, sans prévention aristocratique ; gentilhomme pourtant et passionné pour l'honneur de sa maison, mais habile à composer avec les susceptibilités plébéïennes, d'un facile accès aux prétentions de la bourgeoisie parvenue, lui parlant volontiers le langage de ses intérêts, y mêlant le sien sans l'asservir ; sans fierté, non sans dignité ; ayant traversé la première époque révolutionnaire avec sagesse dans un âge tendre, les épreuves de la guerre avec un brillant courage et une habileté suprême dans une position précaire, l'exil avec noblesse, la pauvreté en souriant, les voyages avec un singulier profit pour son expérience ; et quand la fortune était revenue à sa famille pendant qu'elle abandonnait la France, ne triomphant pas contre le pays de ce retour heureux de sa destinée, restant fidèle à la cause de la patrie vaincue, à ses idées suspectes, aux conquêtes de la Révolution qu'avait consacrées la Charte, et rapportant dans son opposition à ce qu'on a appelé spirituellement « l'esprit rentré » les sages principes qui l'avaient suivi sur la terre étrangère ; proscrit, non émigré, car il ne le fut jamais ; il ne s'en est jamais repenti, et il est mort dans cette patriotique impénitence.

C'est ainsi que le roi Louis-Philippe, car nous le prenons, pour tracer cette esquisse, au moment où la révolution de Juillet l'a pris, quand sa vigoureuse maturité permet de saisir en lui sa vraie ressemblance ; c'est ainsi, disons-nous, que le roi Louis-Philippe nous représente l'esprit moderne.

Voici, d'un autre côté, par où ce prince était la contradiction vivante de son siècle.

Ce siècle est une époque d'universelle expansion, libéral à l'excès et jusqu'à l'extravagance, aimant à renverser toutes les barrières, en politique, en littérature, en philosophie, en industrie, au théâtre, au Parlement ; passionné pour le libre examen en toute chose ; affamé d'égalité, rêvant le progrès indéfini et l'amélioration sans fin et sans limites du sori de la race humaine. Telles sont, dans leur excès même, les vertus de notre temps, un grand désintéressement philosophique, une immense générosité publique, un prodigieux besoin d'émotions humanitaires, toutes les qualités qui tiennent à cette surexcitation philanthropique du cerveau chez les nations à qui le progrès des lumières a fait ouvrir les yeux sur les plus secrètes misères de l'étal social ; tous les bons mouvements qui résultent de cet ébranlement superficiel du cœur humain, agité par les révolutions populaires et préoccupé d'améliorations inconnues.

Oui, c'est là le caractère honorable et vraiment supérieur de notre époque ; mais qui ne comprend quel est son défaut ! L'exagération et l'intempérance des esprits, le goût des aventures, l'impatience du joug, la passion du changement, la recherche éperdue de l'impossible, et, par une contradiction qui n'a pas été assez relevée, à côté de la mobilité des opinions, l'âpre calcul et l'obstination des intérêts; auprès de l'abnégation idéologique, l'égoïsme ardent à la curée et impatient de la concurrence; parmi les rêves de la philanthropie les soucis du boutiquier, le comptoir adossé à l'école, et Barême balançant Platon!

Telle est la double et mobile physionomie de ce siècle étrange. Le roi Louis-Philippe, nous osons le dire, ne l'a reproduite que par ses bons côtés. Il n'était ni chimérique, ni aventureux, ni déclamateur, ni romanesque. Il avait une répugnance naturelle et invincible pour les utopistes. Cette métaphysique menteuse qui court après les abstractions et qui caresse les réalités, cette philanthropie bavarde du coffre-fort bardé de fer, toute cette exaltation factice et creuse aboutissant à des convoitises d'argent, d'honneurs ou de pouvoir, tout ce faux progrès acharné à la poursuite des chimères, lui causaient un dégoût irrésistible. Non qu'il aimât à rester en arrière pendant que le siècle aimait à marcher. Il se sentait perfectible, et il s'en vantait. Il avait eu au début de sa carrière la double école de la guerre et de l'exil. Aujourd'hui il avait celle du trône, et il y faisait chaque jour, comme il le disait lui-même, « son éducation. » Personne n'avait le premier mouvement plus décidé, plus rapide, « plus Bourbon, » disait un de ses plus illustres ministres; et personne aussi ne le modifiait ensuite avec plus de facilité sous l'influence des bons conseils ou des grandes nécessités politiques: « Je sens que depuis dix ans j'ai beaucoup gagné, » disait-il en 1840 à un de ses conseillers les plus fidèles, à M. le comte de Montalivet. Et, en effet, il observait, il étudiait sans cesse. C'est ainsi qu'il comprenait le progrès pour lui-même et pour l'État. Il le demandait à l'expérience et non à l'école.

III

Un organe éminent et sérieux de la publicité (1), en essayant de juger récemment le roi Louis-Philippe, lui reprochait d'avoir été gâté par l'expérience. Certes, on ne fera pas un pareil reproche à notre pays. En France aujourd'hui on oublie tout, on n'apprend rien. Le roi Louis-Philippe était précisément doué de la qualité opposée à ce défaut. Celui qu'on a osé nommer « un auguste aventurier » était le moins aventureux des hommes, celui qui donnait le moins au hasard. Mais au lieu que le progrès tel que le comprend notre époque est quelque chose de capricieux, de fantasque, d'aveugle et d'immodéré, le perfectionnement chez lui était plein de mesure, de calme et de clairvoyance. Il n'était, s'il est permis de le dire, progressif qu'à bonnes enseignes et pour de sérieux motifs. Il disait un jour : « Les Français croient avancer parce » qu'ils courent. Ils ne savent pas que, dépasser le but, » c'est faire moins que l'atteindre. » C'est lui aussi qui disait à un de ses ministres, qui se vantait de sa finesse : « Je suis donc plus fin que vous, puisque je ne m'en » vante pas. » Il n'y a qu'une chose dont il aimât à se prévaloir, et il avait bien raison, car il l'avait payée assez cher, c'était ce qu'il appelait sans cesse, et même au début de son règne, « sa vieille expérience. » En effet, elle avait commencé pour lui à l'âge où on la dédaigne, et elle avait marqué de son cachet cette austère et pensive jeunesse.

Sur toute chose, il savait saisir avec un coup d'œil ad-

(1) *Le Constitutionnel.*

mirable la mesure du possible que notre époque connaît si peu. C'était sa supériorité. Il est bien facile en effet de dire, un jour de bataille, quand de braves soldats sont là tout prêts à vous donner raison sur les débris sanglants d'une redoute, que « le mot *impossible* n'est pas français. » Cela est moins commode un jour de scrutin et autour de la table du conseil. Si le roi Louis-Philippe n'avait pas eu cette supériorité que donne un esprit passionné pour le possible sur un peuple qui l'était si peu, dites, la royauté de Juillet aurait-elle duré dix-huit ans ? Il est vrai qu'elle a péri ; mais elle a duré. « J'ai vécu, » disait l'abbé Sieyès à qui on demandait ce qu'il avait fait pendant la Terreur. « J'ai duré, » dira le roi, quand l'histoire interrogera son règne, duré chez un peuple où rien n'est durable. Ce qui l'a fait vivre, c'est d'avoir dominé tour à tour, par le seul ascendant du bon sens pratique, les esprits les plus ingénieux, les plus hardis, les plus austères, les plus féconds. Et n'est-ce pas M. Cousin qui disait, avec cet accent de sincérité philosophique qui le distingue, et au moment même où tombait le ministère dont le célèbre professeur faisait partie ; n'est-ce pas lui qui disait : « Il est notre maître à tous? »

Que l'anecdote soit vraie ou fausse, le mot était juste. Le roi Louis-Philippe a eu des ministres d'une noble indépendance et d'un talent illustre ; il les dominait sans les asservir. Engagés dans cette lutte sans repos de la vie parlementaire, et chaque jour blessés dans la mêlée, ces ministres venaient chercher auprès du roi la force dont les plus éminents esprits avaient besoin pour recommencer le combat. Le roi leur inspirait la vertu qui se communique le moins, surtout dans notre pays, la patience ; car il était patient : il savait attendre, et même il savait céder, ce qui est la moitié du mérite d'un roi constitutionnel. Mais il en avait un autre, il résistait. Sa patience n'était pas celle du dieu Terme ; et quoiqu'il eût dit : « Mon premier ministre, c'est le temps, » il ne refusait pas la lutte, on pouvait même croire qu'il l'aimait. « J'en ai bien » vu d'autres » était son mot favori. « Ce n'est rien de ré» sister à ses adversaires, disait-il ailleurs, tout le monde » sait cela; il faut savoir résister à ses amis. » Combien de ministres ne l'osaient pas ! Sa patience n'excluait pas une certaine ardeur spirituelle et douce, jamais agressive, qu'on eût prise quelquefois pour de la passion, si le fond de l'âme ne fût resté si calme. C'est ainsi qu'il a traversé tant de crises périlleuses avec un mélange de hardiesse et de temporisation, de décision et de prudence, alliant une raison tranquille à une vivacité pleine de charme et parfois d'enjouement, mettant au service de ce qu'on appelait alors « la pensée immuable » toutes les ressources d'une éloquence originale et d'une familiarité entraînante, toujours bienveillant dans les plus involontaires écarts de cette polémique naturelle où la contradiction l'emportait, toujours grand seigneur et respectable dans les plus faciles entraînements de sa bonté; car le roi était de ceux qu'on pouvait outrager à distance, derrière un journal. De près, personne ne l'eût osé. Ce que la fierté eût fait chez un autre, une certaine élévation de bonté l'opérait pour lui. Sa bienveillance imposait.

IV

Je n'écris pas une biographie. J'essaie, dans l'intérêt de la vérité, de restituer quelques traits d'une physionomie étrangement travestie. Mais on comprend déjà, d'après ce que je viens de dire, par où le roi Louis-Philippe ressemblait à son siècle, par où il en différait. Le roi ne prenait aucun souci de dissimuler ces différences. Il disait souvent : « Je suis l'homme de mon temps; mais je sers le » bon génie de ma nation contre le mauvais. » Le mauvais génie s'est vengé. Étrange destinée de ce roi excellent! A chacune de ces qualités qui auraient dû être le plus sympathiques à son pays, son bon sens inflexible mettait une réserve qui en gâtait tout l'effet populaire et toute la puissance de prestige et d'expansion. Mais il le savait et s'y résignait. Ainsi, il aimait passionnément la gloire de nos armes; il avait porté héroïquement la cocarde révolutionnaire sous le feu des Prussiens; et on sait ce que Dumouriez écrivait de lui après la bataille de Valmy : « Embarrassé par la difficulté du choix, je me » bornerai à mentionner, parmi ceux qui se sont le plus » vaillamment conduits, M. Chartres et son aide de camp, » M. Montpensier, *dont la présence d'esprit, au milieu d'une » des plus furieuses canonnades qu'on ait entendues, est très-» remarquable à leur âge.* » Le roi n'était donc pas suspect comme patriote et comme soldat, et de plus il avait envoyé chercher à Sainte-Hélène les restes mortels de l'empereur Napoléon; il avait achevé l'arc de triomphe de l'Étoile et il avait créé le Musée national et militaire de Versailles. Malgré tout, le chauvinisme, si cher aux Français, lui causait un profond ennui.

D'un autre côté, il aimait le peuple : sa bienfaisance était connue; sa prodigalité l'était moins, mais qui la met en doute aujourd'hui? Et c'est au peuple, c'est-à-dire aux ouvriers de tous les corps d'états, qu'il prodiguait en roi non-seulement les épargnes qu'avant 1830 avait ménagées l'économie du prince, mais encore les ressources ruineuses d'un immense crédit. Il était donc aumônier, bienfaisant, philanthrope dans la plus noble acception du mot; mais il n'y avait pas de puissance humaine qui lui eût fait lire une page de M. Louis Blanc, de M. Pierre Leroux, de M. Buchez ou de M. Proudhon. Et de même encore, il était lettré, lettré de la bonne école; M. Casimir Delavigne en savait quelque chose; et même un jour, dans un accès d'impartialité littéraire, il avait fait M. Victor Hugo pair de France. Mais, au prix de sa couronne, il n'aurait pas applaudi un drame romantique. Il était partisan sincère du gouvernement représentatif, associé de cœur à tous les actes des Chambres, et loyalement engagé dans ce concert qui a fait dix-huit ans sa force; mais, hormis quelques bons discours qu'il se faisait lire par une sœur chérie, il laissait voir un goût médiocre pour le bavardage parlementaire; et il était, à quelques égards, toujours le même homme qui disait, après le 10 août, quand Robert Kéraglio lui proposait de le faire élire à la Convention : « Je préfère à une place sur un banc de législateur la selle de mon cheval. »

Enfin, ce qui est plus sérieux, il avait un profond sentiment de l'utilité de la presse, il la voulait libre, il savait l'importance de son rôle dans l'État, mais (était-ce sa force ou sa faiblesse ?) il ne lisait pas les journaux. Il avait des journalistes dans ses ministères, parmi ses partisans, parmi ses amis ; il en avait même, je crois, dans sa maison. Malgré tout, il ne lisait guère que les journaux anglais, et encore à l'heure où, après son dîner, il avait l'habitude de s'endormir...

Il y avait bien une raison à cela : le roi savait que son nom, sa personne, ses actes étaient journellement outragés et travestis par la presse d'une certaine couleur, et il éprouvait une sorte de plaisir dédaigneux à n'en pas laisser arriver le retentissement jusqu'à son oreille. M. Guizot avait dit de ses insulteurs que « leurs injures ne s'élevaient pas jusqu'à la hauteur de son mépris. » Le roi pouvait dire des siens que leurs outrages ne pénétraient pas dans la sphère sereine et calme où son inviolabilité résidait. Il n'y a qu'un genre de diffamation auquel le roi eût été sensible, c'était qu'on pût l'accuser d'être impitoyable. Mais personne n'y songeait. Chose singulière ! la vertu qu'on lui contestait le moins, la clémence, était cependant celle dont il se montrait le plus jaloux. On eût dit qu'il avait besoin de faire ses preuves d'humanité, et il les faisait chaque jour en étudiant les dossiers des condamnés à la peine capitale avec le soin religieux d'un confesseur qui écoute une confession suprême. Chaque jour, et à chaque occasion que lui fournissait la politique (hélas ! trop souvent), il protestait de son horreur pour l'effusion du sang humain. On sait qu'il tenait un registre très-exact des condamnations exécutées et des grâces qu'il accordait ; et au bout de l'année, quand les grâces l'emportaient, l'année était bonne, même si l'on avait tiré sur lui deux ou trois fois.

Je me ressouviens, à ce propos, qu'un jour (la reine était présente), le roi me fit appeler. Il paraissait en proie à une sérieuse contrariété. « Tenez, lisez, » me dit-il en me tendant un journal que je reconnus, avec confusion, pour être la *Gazette allemande d'Augsbourg;* et comme je m'excusais : « Eh bien, écoutez ! » Et il me lut en français un article de cette Gazette où on lui reprochait d'avoir laissé dresser l'échafaud du régicide Alibaud. « Répondez » donc, ajouta-t-il avec une vivacité singulière, que je » suis roi constitutionnel, que j'ai des ministres, que je

» n'ai le droit de faire grâce que sous leur bon plaisir, » que les grâces se discutent en conseil, et que je n'ai que » ma voix..... Mais vous savez tout cela aussi bien que » moi. Dites-leur que je ne suis pas le maître. Si je » l'étais !....» On peut lire dans le *Journal des Débats* du 23 juillet 1836 (1) cette protestation du roi, que je n'avais fait qu'écrire en quelque sorte sous sa dictée.

(1) Voici l'article publié par le *Journal des Débats :*

« Nous avons eu souvent occasion de relever la légèreté avec laquelle quelques feuilles étrangères jugent nos affaires intérieures, et l'ignorance qu'elles montrent de la constitution politique de notre pays. En voici une nouvelle preuve que vient de donner la *Gazette d'Augsbourg*, dans un de ses derniers numéros. Cette feuille prétend que la responsabilité de l'exécution des condamnations judiciaires en France appartient tout entière au pouvoir royal : « Car, dit-elle, il » suffit de la signature du Roi, sans l'intervention de ses ministres, » pour sauver un condamné. »

» La *Gazette d'Augsbourg* oublie que le droit de grâce, une des prérogatives du Roi constitutionnel des Français et la plus belle assurément, est soumis comme toutes les autres au contre-seing d'un ministre responsable. Pour que le roi puisse faire grâce, il faut une ordonnance royale, et par conséquent la signature d'un ministre. C'est là un principe élémentaire de notre droit public, et il est pour le moins étonnant que les publicistes de la *Gazette d'Augsbourg*, qui régentent volontiers la France, soient à ce point ignorants des institutions qui la gouvernent.

» Ainsi restreinte, la prérogative royale n'en est pas moins belle ; car c'est au Roi qu'appartient l'initiative de toute proposition de grâce ; et on conçoit que l'ascendant que donne à la parole du monarque, dans des questions de ce genre, l'éminente position où la loi constitutionnelle l'a placé, profite souvent aux malheureux. Depuis la révolution de Juillet, le Roi des Français a ainsi accordé, *proprio motu*, un nombre considérable de grâces, et jamais la signature d'un ministre n'a manqué à cet exercice de sa haute prérogative.

» Il est arrivé pourtant, dans des circonstances délicates, et sous l'empire de considérations graves, que le Roi n'a pu s'abandonner au penchant de son cœur magnanime, parce que la responsabilité ministérielle, justement alarmée, a craint de s'engager et de se compromettre dans la clémence royale. Alors le Roi a dû céder ; il a cédé

C'est le même sentiment qui lui inspirait cette belle réponse à la demande en grâce que M. Victor Hugo lui avait adressée en faveur du condamné Barbès :

« Ma pensée a devancé la vôtre. Au moment où vous » me demandez cette grâce, elle est faite dans mon cœur. » *Il ne me reste plus qu'à l'obtenir.* »

J'ai rappelé cette réponse déjà citée, et voici pourquoi : elle ouvre pour ainsi dire un côté incompris de l'âme du roi. Elle montre chez lui une élévation que ses amis eux-mêmes ont parfois méconnue, parce qu'il fut un roi de pratique sérieuse et non d'aventures chimériques, un honnête homme et non un fou sublime ou ridicule, ce qui est la même chose, un prodigue intelligent et non un dissipateur fastueux et stérile. Oui, j'ai toujours entendu contester qu'il eût l'âme haute, parce qu'il ne l'avait ni aventureuse ni fantasque, et on lui a refusé la grandeur, parce que le piédestal où il s'élevait, au lieu de flotter dans le vide, s'appuyait à la terre. La grâce accordée au con-

non-seulement à l'intérêt public, dont les ministres sont les organes légaux, mais au vœu de la Charte qui soumet au contrôle respectueux de ses conseillers l'exercice de sa puissance souveraine ; il a cédé à regret, mais convaincu que sa royale condescendance aux exigences constitutionnelles de son conseil, est le plus bel hommage qu'il puisse rendre à la loi du pays et le plus noble exemple qu'il puisse donner. Les faits récents que cite la *Gazette d'Augsbourg* viennent à l'appui de ces réflexions ; car, dans cette cause que la magnanimité du Roi s'obstinait à restreindre à sa personne et qui était celle de la France entière, il a ressenti plus douloureusement que jamais la violence salutaire qui lui était faite. Salutaire, c'est nous qui le disons, car nous sommes persuadés que l'exécution rigoureuse des jugements criminels importe quelquefois à la sûreté du pays ; mais quand la raison du Roi cède à la sévérité de ses devoirs, son cœur proteste. C'est ainsi qu'il faut comprendre les faits que la *Gazette d'Augsbourg* commente avec si peu de mesure, et les principes constitutionnels qu'elle connaît si mal. »

damné Barbès, et dans les termes où elle l'était, était le fait d'un cœur magnanime. Songez qu'il s'agissait d'un ennemi de son trône et de sa personne, d'un adversaire irréconciliable...... Mais qu'importe ? Il ne se contente pas d'appuyer la grâce du condamné, il la sollicite. Où est donc la grandeur, si elle n'est pas là ? Certes, la politique lui conseillait toute autre chose.

J'ai insisté sur ce détail ; il jette un jour nouveau sur une des qualités du roi Louis-Philippe les plus contestées. Mais on se trompait : le roi n'était pas seulement humain, il était généreux. Sa nature n'était pas seulement libérale, intelligente et bonne par excellence, elle était élevée.

V

Et qu'était-ce, par exemple, à ce point de vue, que le système de la paix, si ce n'était une courageuse contradiction à cet esprit de propagande belliqueuse, débris vivace de l'esprit révolutionnaire, et qu'il fallait une âme de cette trempe énergique et calme pour refouler au fond des cœurs ? Qu'était-ce que le système de la résistance, si ce n'était le sacrifice prémédité et l'héroïque abandon de cette popularité enivrante qui avait inauguré le règne ? Aujourd'hui, en pleine République, on exalte justement quelques hommes de cœur, autrefois engagés dans l'opposition à la politique du roi, parce qu'à leur tour ils résistent au progrès aveugle et à la guerre insensée. Et le roi, qui avait la responsabilité morale de ce système, puisque les passions l'attribuaient à son initiative influente, le roi qui en portait la peine devant les factions, puisque les carabines régicides visaient à sa tête autant pour y tuer le système que l'homme, ce roi n'en aurait pas aujourd'hui la gloire aux yeux du monde? Il y a eu des despotes qui ont été grands pour avoir fait la guerre malgré leurs peuples et pour les ruiner, et il n'y aurait pas de grandeur dans ce rôle d'un roi constitutionnel qui a donné la paix à sa nation, et malgré elle, pour la sauver !

Il est vrai, nous le savons, que le roi Louis-Philippe avait pris en sérieuse considération et en grand souci ces appétits matériels qui, par un étrange accord avec les velléités belliqueuses et libérales de notre époque, travaillent la société française. Il leur avait, je ne dis pas tout sacrifié dans l'État, mais beaucoup donné. C'est ce qu'on a appelé « le règne de l'argent, l'adoration du veau d'or ;» et assurément la grandeur n'était pas là ; mais à qui la faute ? Le roi Louis-Philippe aurait voulu ne donner aux intérêts matériels que la part qui leur revient de droit dans l'administration d'un grand empire, et cette part est immense. Mais où aurait-il donc trouvé la puissance d'arrêter leur essor, que toutes les puissances de la paix et toutes les convoitises de la civilisation déchaînaient? Fallait-il faire la guerre à l'Europe pour donner une leçon de prudence à l'industrie française, déchirer les traités de Vienne pour faire pièce aux banquiers de Paris et remanier la carte pour calmer la Bourse? Étrange remède au mal qu'on déplore ! Mais si le système pacifique était le triomphe des intérêts matériels du pays, quel était le moyen, excepté la guerre, qu'un roi constitutionnel pût employer pour en arrêter le progrès ! Avait-il la puissance de Dieu pour dire au flux chaque jour grossi de la prospérité publique : « Tu n'iras pas plus loin ?»

Cet essor des intérêts positifs, favorisé par la politique du roi Louis-Philippe, avait fini par être indépendant de lui et plus fort que lui. Leur action dominait le gouvernement; elle menait les Chambres. Le roi n'avait pas le pouvoir de l'arrêter. Il n'y avait qu'une révolution qui eût cette puissance; celle de Février en a usé largement. On a reproché au dernier règne les corruptions de la prospérité publique. Nous avons eu, sous le gouvernement républicain, les corruptions de la misère générale; le pays a pu juger quel est celui des deux systèmes qui a déployé le plus de grandeur et qui a le plus contribué à la moralité de l'espèce humaine.

Oh! sans doute, si le roi Louis-Philippe eût témoigné plus de complaisance aux défauts de son époque, s'il y avait eu au fond de cette âme moins de cette fermeté inaccessible, hormis sur un point que nous avons marqué, à l'injustice des opinions humaines; si cette conscience qui recherchait surtout sa propre satisfaction et qui l'avait trouvée, elle l'a bien prouvé devant la mort, se fût montrée plus jalouse de l'approbation du monde, on ne lui reprocherait pas aujourd'hui, même sur sa tombe à peine fermée, les vertus mêmes qui honoreront le plus sa mémoire! Quoi qu'il en soit, ne demandez pas à une autre cause qu'à cet antagonisme que nous avons signalé le secret de ces faux jugements. Le roi Louis-Philippe a eu le sort d'Aristide. On s'est lassé de l'entendre appeler le Juste.

Qu'on me permette une réflexion. Si le roi Louis-Philippe, au lieu de monter sur le trône le plus périlleux de l'Europe à l'âge où presque tous les hommes se reposent, avait été, en 1830, non pas ce sage jeune homme qu'il était à dix-huit ans, au moment où la révolution de 89 l'entraîna sans le surprendre et le convertit sans l'exalter, mais un de ces jeunes rois avides de renommée, impatients de repos, rêvant la conquête, qui étouffent dans le vieux monde,

Æstuat infelix angusto limite mundi,

qu'aurions-nous vu? Une tentative belliqueuse de la France suivie d'une défaite inévitable et d'une catastrophe immense ; car nous n'étions pas prêts pour la guerre européenne en 1830 ; et le général Cavaignac, apparemment, ne nous trouvait pas mieux préparés en 1848, puisqu'il restait sourd à l'appel de l'Italie avec la meilleure armée du monde. Quoi qu'il en soit, en 1830, le pays appauvri et humilié aurait élevé des autels au roi batailleur. Le roi pacifique est mort dans l'exil avec 30 millions de dettes personnelles contractées au service de l'État, et il n'a pas même un tombeau sur un coin de ce sol immense qu'il a enrichi et fécondé !

VI

La révolution de Février a été l'explosion depuis longtemps prévue de cette impopularité du roi, qui était devenue, vers la fin du règne, à la fois très-générale et très-superficielle, comme si elle eût diminué de profondeur en s'étendant. Qu'y avait-il en effet dans cette impopularité qui a fait sombrer un trône dans l'abîme sans fond où nous cherchons vainement ses débris? Il y avait, j'ose à peine le dire, le puéril dépit d'une nation qui a un roi plus sage qu'elle. Il y avait une société qui s'ennuyait d'être gouvernée prudemment, et à qui les aventures de ses romans et les scandales de son théâtre ne suffisaient plus. Il y avait un roi, bon politique, nullement charlatan, homme sérieux et positif, très-actif et très-prévoyant, qui se contentait de gouverner selon les lois, de donner protection à tous les intérêts, et qui disait aux gens : « Vivez tranquilles; semez, labourez, commercez, échangez, enrichissez-vous. Faites des livres et tâchez de les écrire en bon français; faites des tableaux et portez-les dans mes Musées. Soyez libres en respectant la liberté ! Soyez religieux en respectant les consciences ! Soyez libéraux sans troubler l'État ! Soyez progressifs, si vous le voulez, pourvu que le mieux ne soit pas la corruption du bien. »

Mais quoi! un roi qui parle un pareil langage, qui ne demande à son peuple que d'être heureux, qui ne lui procure aucun spectacle extraordinaire, aucune émotion exceptionnelle, qui ne sait ni inventer l'impossible, ni pourchasser le chimérique, ni exalter l'inconnu, un roi qui est franc, sincère, pratique, le roi légal d'une nation libre! Un pareil régime avait duré dix-huit ans! N'était-ce pas trop? Si vous recherchez les vraies causes de la révolution de Février, les voilà!

Le roi le savait. La nation était folle, et il n'y a qu'un remède à la folie des nations, c'est la ruine; car c'est la seule leçon qu'elles comprennent. On a reproché au roi de n'avoir pas tiré l'épée. Quoi! contre la démence d'un peuple! Un tyran aurait fait braquer des canons à mitraille à toutes les avenues de son palais. Le roi Louis-Philippe le pouvait-il? l'aurait-il voulu? Il est vrai qu'il n'est pas tombé en roi, comme ce monarque des bords de l'Indus dont l'héroïsme est classique; mais il a fini en sage. « Contre une insurrection morale, m'a-t-il dit depuis, il n'y avait ni à attaquer ni à se défendre. On a dit que j'ai envoyé l'ordre de ne pas tirer. Cela est faux (1). Mais à quoi bon cet ordre? Il était dans l'air... »

(1) Ceci était publié six mois avant l'apparition de la récente et d'ailleurs très-curieuse brochure de M. Edouard Lemoine.

L'insurrection morale, celle des esprits aveuglés et des opinions perverties contre la politique du roi Louis-Philippe, réduite à ces termes, qu'était-elle donc? Moins que rien dans ses causes, irrésistible dans ses effets. On ne voulait, je le sais, qu'entraîner le roi dans le mouvement et lui mettre à la main, presqu'en se jouant, au sortir d'un banquet, une plume réformiste, comme on avait mis, deux mois avant de le renverser, un bonnet rouge sur la tête de Louis XVI. Mais à ce jeu-là, les monarchies croulent, même les plus solides. « La République est faible, » me disait encore le roi, ce n'est pas une raison pour » qu'elle périsse. Les gouvernements en France ont plus » de facilité à s'établir parce qu'ils sont faibles, qu'à » durer quand ils sont forts. Faibles, tout leur vient en » aide. Les bourgeois de Paris ne m'auraient pas renversé, » s'ils ne m'avaient cru inébranlable. » Mot juste et profond, après lequel il n'y a plus rien à dire sur cette révolution qui a eu tout l'odieux d'une catastrophe et tout le ridicule d'une duperie.

VII

J'ai essayé de peindre la physionomie du roi Louis-Philippe par le côté qui contrastait en elle avec nos défauts; mais par combien d'autres elle nous ressemblait! Le roi associait, à cet antagonisme intelligent, des qualités auxquelles ses relations cosmopolites, le don merveilleux des langues et un certain vernis britannique, plutôt d'habitude que de sentiments, n'avaient rien ôté de leur saveur toute française. Le roi Louis-Philippe aurait été dans la Chambre des Lords d'Angleterre un *leader* éminent. Il était dans un salon français le conteur le plus spirituel et le plus charmant. Ce qui le caractérisait, en toute chose où sa politique n'était pas directement intéressée, c'était une certaine profusion vraiment française qu'il appliquait à tout, non pas sans compter, mais au contraire avec un discernement qui en rehaussait le prix. C'est ainsi qu'il était intarissable dans ces causeries où l'abondance du détail s'alliait à la finesse du trait, à la sûreté de la mémoire et à la variété piquante des souvenirs anecdotiques. C'est ainsi qu'il était magnifique dans sa représentation, hospitalier avec éclat, ses salons ouverts à toutes les classes de la société, sa table splendide et ses commensaux toujours nombreux. C'est ainsi qu'il aimait à donner à ses fêtes des proportions inconnues avant son règne, et que, pour célébrer cette fête de son cœur, le mariage de son fils aîné avec la princesse Hélène, objet de tant d'espérances que Dieu n'a pas brisées toutes, il avait imaginé cette inauguration populaire du Musée de Versailles, où deux mille parvenus de toutes les professions utiles et libérales de la société française furent servis, comme le roi lui-même, dans le palais de Louis XIV.

C'est ainsi qu'on retrouvait en lui les qualités expansives de notre caractère national. Il en avait l'antique finesse, la raillerie bienveillante, l'oubli des injures, la bonté ouverte et facile, l'affabilité affectueuse et prévenante. On lui a supposé des antipathies personnelles qu'il n'a jamais eues. Il a vécu en bonne intelligence avec tous les ministres qu'il a choisis ou subis, et il n'est pas d'homme politique un peu bien situé, fût-il de cette coterie mesquine et tracassière qui lui suscitait tant d'obstacles, qui n'ait eu à s'honorer de son accueil. Ceux qui se mettaient en frais de haine à son égard par la supposition de celle qu'ils inspiraient, perdaient leur peine. Le roi, c'était peut-être sa faiblesse, n'a jamais su haïr personne, pas même M. Duvergier de Hauranne. Au temps où la presse régicide le désignait chaque jour, par la provocation et l'outrage, aux poignards des assassins : « Il faut que tout le monde vive ! » disait-il tranquillement. Et un jour que, dans un de ses voyages, il entrait dans une ville de province, ayant aperçu sur la muraille un de ces emblèmes grotesques où sa noble figure était grossièrement travestie : « Tenez ! dit-il en se penchant, avec un sourire, à l'oreille d'un de ses aides de camp, *elles* sont arrivées avant nous ! »

Tel était ce roi, digne, en dépit de ces outrages, de son aïeul Henri IV, par la souriante intrépidité de son âme et par la finesse incomparable de son esprit, ce roi, qu'on a montré stupidement accroupi sur un sac d'écus, escomptant, pendant qu'il règne, les profits de la royauté, et tremblant, le jour de sa chute, devant M. Crémieux ! Tel était ce roi tant calomnié ! Mais personne ne lui a du moins refusé le don d'une rare prévoyance. Eh bien ! s'il a été le plus prévoyant des hommes, il en a été aussi le plus généreux. Car, à cette révolution qui le faisait roi à des conditions qu'il est permis de juger aujourd'hui rigoureuses, et au prix d'épreuves terribles, il a tout donné, sa fortune, son avenir, sa famille ; et il avait raison ; mais pourquoi a-t-on dit pendant dix-huit ans le contraire ? Pour soutenir l'éclat de cette royauté, dont les passions politiques sapaient incessamment la base, et il la sentait trembler sous le poids de tant d'efforts ; pour cette royauté il faisait trente millions de dettes, pris sur la fortune privée de sa famille, et il faisait bien. Mais pourquoi la reconnaissance publique ne lui en tenait-elle aucun compte ? « Dans cet abîme de malheurs où je suis tombé avec ma » famille, écrivait-il à Claremont, je trouve une consola-

» tion à pouvoir me dire que la France jouit et même » s'enorgueillit de ce que ces dépenses ont été faites, et » qu'elle regrette amèrement qu'elles aient cessé... Mon » seul tort, et mes enfants seuls pourraient me le reprocher, » c'est de ne m être pas arrêté aux limites de mes ressour- » ces pour accomplir les obligations du rang où le vœu » national m'avait élevé, et de m'être trop flatté que la » France n'en laisserait pas peser le fardeau sur le patri- » moine de mes enfants... »

Mais non, il ne se flattait pas, car écoutez ce qu'il disait un jour : « Je joue la partie de l'Etat contre les anar- » chistes. Voyons les enjeux. J'y mets ma vie, ma fortune, » celle de mes enfants, et, ce qui est bien plus, j'y joue » le repos et le bonheur de mon pays. Et qu'y mettent-ils? » Rien qu'un peu d'audace. Ils essaient deux, trois, quatre » fois de renverser le gouvernement. Le jour où ils réus- » sissent ils ont tout, et l'Etat perd tout. En attendant le » succès, ils risquent la prison où ils entrent à grand » renfort de fanfares populaires. Ils ont l'appui des jour- » naux, des partis, des hommes d'Etat de l'opposition, » dont la politique consiste toujours à réclamer des amnis- » ties pour faire pièce aux ministres pourvus de porte- » feuilles. Tel est le jeu des anarchistes contre l'Etat. On » est toujours sûr d'y gagner, de leur côté, avec de la » patience; on n'y engage que sa liberté; mais même sans » y gagner une révolution qui vous fera ministre, colonel » de légion ou président de l'Assemblée *nationale* (*oh!* » *prophète!*), on y gagne la célébrité surfaite que donne la » fausse popularité, à défaut de gloire. Si on n'est pas Mira- » beau, on est Barbès. » C'est ainsi que parlait le roi. Noble et touchante inconséquence! Le roi qui tenait ce langage signait l'amnistie.

VIII

Mais j'entends dire : Ce trône dressé en un jour d'émeute sur tant d'écueils redoutables, pourquoi ne l'avait-il pas laissé à son héritier légitime?

Question facile à posér aujourd'hui, mais que personne ne faisait en 1830, au moment où la royauté de Juillet venait si courageusement s'asseoir à cette place périlleuse. Non, personne ne demandait alors s'il y avait une arrière-pensée ambitieuse dans ce dévouement qui sauvait la France; personne, ni parmi ces hommes jeunes et ardents qui se disaient le parti de l'avenir, ni parmi les fidèles de la royauté déchue qui formaient le parti du passé. Il y a dans l'histoire des peuples des instants rapides où l'évidence de certaines nécessités politiques luit tout à coup pour tout le monde, et où tous les partis honnêtes s'y accordent sans se concerter : nous sommes depuis 1848 dans une de ces crises. On y était surtout en 1830. Quoi! le parti du passé, celui sous lequel une monarchie de quatorze siècles venait de crouler en quelques heures, ce parti dont le roi Louis-Philippe disait, avec une ironie si expressive, qu'il avait « *une grande puissance négative*..., » ce parti aurait relevé avec cette seule force le trône qui venait de tomber? Rendons-lui plus de justice, il n'y prétendait pas, et le roi Louis-Philippe pouvait écrire, sans se flatter, à l'empereur Nicolas : « Les vaincus eux-mêmes m'ont jugé nécessaire à leur salut. » Ce qu'il écrivait alors, il l'écrivait vingt ans plus tard, dans la paix de sa conscience et de son exil : « J'ai cru en 1830, je le crois au-» jourd'hui plus que jamais, que si j'eusse refusé le trône, » les conséquences de la révolution de Juillet auraient

» ressemblé à celles de la révolution de Février; elles » eussent été pires, car avec l'anarchie nous eussions eu » la guerre. » Le roi Louis-Philippe accepta donc la royauté comme un immense devoir que les circonstances lui imposaient. Croire qu'il avait mis la main à cette révolution qui lui apportait le fardeau d'une telle couronne, c'est fermer les yeux à l'évidence du contraire. On a dit de son père, et on pouvait dire plus justement de lui que, s'il y avait un *parti d'Orléans* qui voulût renverser le trône de la branche aînée, il n'en était pas. Mais autant il avait été prudent, fidèle et loyal pendant la durée des deux règnes, autant il avait exagéré dans les derniers moments les scrupules de sa loyauté; et autant, quand cette grande nécessité du salut de la France lui fut révélée et qu'elle eut pris, par le concours de la représentation nationale, un caractère de légalité suffisant pour le contraindre, autant il se livra avec fermeté et décision au mouvement politique qui emportait la France à sa suite. Jamais homme, en effet, n'était arrivé au pouvoir dans des circonstances à la fois plus difficiles et plus impérieuses. Jamais homme n'avait représenté dans une telle mesure, à lui tout seul et pour tout un pays, l'inévitable nécessité. Et parce que cette royauté n'avait pas été reconnue par les chambellans, acclamée au son des cloches et saluée par les maîtres de la garde-robe, ce roi qui se dévouait n'était qu'un usurpateur! Oh! la France, en le saluant de son adhésion unanime, lui avait montré d'abord plus de justice!

IX

On nous dit encore : Mais si sa politique le perdait par l'impopularité, pourquoi ne la changeait-il pas?

Cette politique n'était pas seulement la sienne, quoi qu'on en ait dit; elle était la politique du bon sens, celle que l'intérêt public imposait au gouvernement de la révolution, décidément maîtresse du pouvoir et qui avait besoin de se modérer parce qu'elle triomphait. La politique du roi était celle dont M. de Rémusat écrivait en 1838 : « L'imagination, la passion, la force, voilà ce que la ré- » volution avait déchaîné, tout en s'accomplissant au nom » de la raison, tout en s'appuyant sur la justice, tout en » inaugurant le bon droit. Il fallait donc choisir... On » devait ou regarder la révolution comme faite, et ne vi- » ser qu'à la durée du résultat, ou la prendre comme un » commencement *et perpétuer l'état révolutionnaire*, en » un mot s'établir dans ses conquêtes ou *conquérir l'in-* » *connu* (1). »

Conquérir l'inconnu ! J'ai montré que tout l'effort de la politique royale, aidée par les plus hautes raisons, les plus nobles courages et les plus admirables talents du pays, que tout cet effort avait eu pour but d'échapper à l'entraînement des passions chimériques et aventureuses de notre époque. Changer sa politique ! Mais dans la carrière où la révolution de Juillet le poussait en lui criant : Marche ! il n'avait pas le choix entre ces deux routes, ou tomber après un long règne, usé par la calomnie, flétri par l'ingratitude, mais après avoir donné quelques années d'un vrai bonheur à son ingrat pays; — ou se précipiter du premier bond dans l'inconnu en y jetant la France, comme ces fous furieux qui mettent le feu au temple pour se faire un nom !

En préférant la bonne politique à la mauvaise, le roi

(1) *Passé et Présent*, t. II, p. 119, Notice sur Casimir Périer.

Louis-Philippe en a du moins laissé l'exemple et l'héritage à son pays. Que faisons-nous aujourd'hui? Que fait le gouvernement? Que fait l'Assemblée? Que font tous les honnêtes gens, si ce n'est lutter pour les conquêtes sérieuses de la Révolution française contre les chimériques fureurs du parti révolutionnaire? Et dans cette lutte, quelle est notre force, si ce ne sont ces traditions de résistance modérée, de ferme courage, de vigilance et de patience, que le dernier règne nous a transmises? Quelle est notre ressource, si ce n'est cette armée formée à une discipline si puissante, entretenue par ce noble duc d'Orléans, et, après lui, par ses frères, dans une activité si glorieuse, cette armée si héroïque et si calme, épée de l'ordre, rempart du pays! « Sa politique a triomphé sur sa tombe, » disait de l'illustre M. Pitt un de ses successeurs. Mais c'est de notre roi lui-même que sir Robert Peel disait ces belles paroles, que nous aimons à opposer aux anathèmes posthumes et aux inqualifiables insultes de la presse anglaise; sir Robert Peel disait de ce *grand homme de bien* : « Si le roi Louis-Philippe a exercé une si haute in-
» fluence sur les destinées de son pays, c'est moins parce
» qu'il en est le monarque et qu'il a les attributs de la
» royauté, que parce que, grâce à la réunion d'un si
» grand cœur, d'une si rare énergie, d'une expérience si
» exemplaire et d'une si haute sagesse, il sera placé dans
» l'estime de la postérité au-dessous seulement de Napo-
» léon (1). »

(1) Chambre des Communes, séance du 11 mars 1839.

X

Méconnu dans sa politique, calomnié dans sa vie publique, le roi Louis-Philippe se réfugiait dans la famille. La famille, c'était comme le sol natal de sa pensée et de son esprit. Il y puisait la sérénité, il y retrouvait la force. L'inquiète curiosité du pays l'y suivait; et je constate ici un reste de pudeur publique : la calomnie s'arrêtait à ce seuil de sa vie intime où pénétrait pourtant l'œil de la France. Car, chose étrange! le roi, si mal connu comme homme public, tout le monde le connaissait comme homme privé, et tout le monde l'estimait. Quelques-uns même avaient fait, de cette estime du pays pour le père de famille, un argument contre le chef de l'État. « Bon père, bon époux, » tous les partis étaient prêts à écrire cet éloge sur la tombe toujours préparée de la royauté de Juillet, pourvu qu'on leur permît d'ajouter : « Roi médiocre. »

J'ai vu à l'œuvre ces vertus de l'homme privé; et si quelques-uns sont en position d'en parler mieux que moi, il en est peu qui les aient contemplées de plus près dans la sphère sereine et tranquille où s'accomplissait leur action. Eh bien! je proteste ici encore qu'inspirées par les sentiments les plus élémentaires du cœur humain, et simples à leur source, comme tout ce qui est naturel et vrai, ces vertus participaient pourtant, dans leur influence extérieure, de la grandeur de l'homme qui les pratiquait. Ce père si tendre était un guide éclairé, prudent et ferme; le même homme qui pouvait écrire la lettre qu'a citée récemment le *Journal des Débats* (1), avait tracé pour l'éduca-

(1) *Feuilleton* de M. Janin du lundi 2 septembre 1850.

tion de ses fils un plan admirable, qui rendait assurément plus facile la tâche de l'instituteur que celle de l'élève. Car la vie était dure à ces descendants de l'antique race de nos rois, jadis fainéants, et si leur enfance s'écoulait dans les plus sévères apprentissages de l'esprit, leur jeunesse appartenait à la guerre, leur âge mûr aux affaires, leur vie entière au pays, leur culte, après Dieu, à l'égalité sainte que le collége leur apprenait, à la patrie, dont l'image les suivait sous le drapeau, à l'honneur, qui n'était pas pour eux une simple tradition de noblesse attachée à un écusson, mais à la fois l'instinct éclairé du cœur et en toute chose le jugement inspiré par la raison.

Telle était l'éducation que le roi voulait pour ses fils, libérale et savante, littéraire et pratique, mêlée d'expérience par le frottement avec les hommes et d'indépendance par la solitaire inspiration du cœur. Les fils du roi ont conduit des armées, assisté à des conseils souverains; ils ont simplement et noblement quitté de grands commandements au premier signe, même contestable, de la patrie; ils ont, ce qui est plus rare dans un âge si tendre, supporté l'injustice sans dépit, et mis sur le compte de passions éphémères les rigueurs, hélas trop durables, de leur pays. Ils étaient prêts pour la mauvaise fortune; ils le sont pour la bonne. Ils sont de cette race où il y a de l'étoffe, aux jours de malheur, pour le professeur du collége de Reichenau, et aux jours de la faveur publique, pour un roi de France.

Telle était l'influence du roi, comme père de famille, sur ses enfants. Je l'ai vue à l'œuvre. On n'a jamais obtenu, avec des moyens plus doux et avec une action moins apparente, l'exécution d'un plan de conduite plus soutenu et plus sévère. J'ai dit ailleurs que la bonté du roi imposait. Elle avait surtout ce caractère dans sa famille. *Le père* était tout, bien avant qu'il fût le roi, et le joug de ce maître aimable était léger, mais il était fort, comme celui du Seigneur.

Le roi était un bon père, il l'était en prince, c'est-à-dire avec le sentiment et le souci de sa haute mission. Mais il aimait sa sœur, il aimait sa femme comme le plus simple et le meilleur des hommes. La reine Amélie, doucement fière, noblement résignée, montée sur le trône comme sur un des degrés du ciel, grande par le cœur, humble par la piété, populaire par la bienfaisance, avait mérité les hommages du monde. Mais l'honneur et la joie de sa vie mortelle, c'était l'affection du roi son mari!

On a eu tort d'appeler le roi Louis-Philippe « un roi bourgeois, » si l'on a voulu dire qu'il n'avait que les instincts et les goûts d'un marchand dans sa boutique. « C'est une espèce de moquerie et d'injure, dit Montai-» gne, de vouloir faire valoir un homme par des qualités » mésadvenantes à son rang, quoyqu'elles soyent aultre-» ment louables, comme qui loueroit un roy d'estre bon » peintre, ou bon architecte, ou encore bon arquebusier » ou bon coureur de bagues (1). » Le roi Louis-Philippe, je l'ai montré plus haut, avait à un très-haut degré et dans une mesure qu'il a expiée par une illustre impopularité, les qualités de son rang, mais il n'en avait ni le charlatanisme officiel, ni la sotte ivresse, ni l'enflure guindée, ni la préoccupation étroite et absorbante. Il ne visait en rien à l'effet, ni au spectacle. Sa représentation, que j'ai montrée magnifique, n'était ni écrasante ni exclusive. Autrefois la royauté se retranchait dans l'étiquette; avec

(1) *Essais*, liv. I, chap. XXXIX.

le roi Louis-Philippe, elle se répandait. Est-ce là ce qui caractérisait « un roi bourgeois? » Eh bien, soit! laissons-lui ce titre, pourvu qu'on y ajoute ce commentaire.

Le roi avait une qualité qui, travestie en défaut par la moquerie des factions, a peut-être donné l'idée de cette préoccupation étroite et bourgeoise qu'on lui a prêtée. Le roi avait le don si rare de s'intéresser à tout ce qu'il faisait, aussi bien à un détail de son administration domestique qu'à une affaire d'Etat, aussi bien à une ordonnance pour l'abatis d'un chêne communal à deux cents lieues de Paris, qu'à une note diplomatique qui décidait de la paix du monde. Il écrivait avec le même soin matériel une lettre à la reine Amélie et une dépêche à l'empereur Nicolas, et on sait qu'il voulut écrire, à son aise et sans se presser, la signature même qu'il mit au bas de son acte d'abdication. C'eût été un tort et une faiblesse, si ce soin des minutieux détails eût pris sur le temps ou sur la puissance d'attention qu'il aimait à donner à des intérêts plus sérieux. Mais le détail avait beau faire; il n'occupait que l'extérieur en quelque sorte dans l'attention du roi. Son esprit habitait une région plus haute, et il suffisait de regarder à cette noble physionomie, à cet œil doux et profond, à ce front penché et vieilli où brillait le feu intérieur d'une pensée toujours active et toujours puissante, à cette bouche bienveillante et fine qui ne s'ouvrait qu'à l'expression des idées saines et des sentiments honnêtes; il suffisait, dis-je, de voir le roi pour comprendre que ces préoccupations familières et domestiques, où on le croyait absorbé, n'étaient chez lui que l'accessoire et la distraction de pensées plus sérieuses et plus durables.

XI

Je termine ici cette incomplète étude.

J'ai essayé de rehausser de quelques degrés le piédestal où s'élevera, pour l'avenir et pour l'histoire, cette grande renommée historique. D'autres y placeront la statue. Il y faudra un esprit plus libre, un cœur moins ému, une main plus habile. Je n'ai voulu qu'une chose : indiquer la voie et montrer la carrière que le talent remplira.

Mais si l'on me demandait de résumer, avant de finir, l'origine de tous ces faux jugements que j'ai signalés, et contre lesquels le roi a fait appel, en mourant, à la justice de l'histoire, ils se rapportent suivant moi, à deux causes :

Le roi tenait d'une main ferme le frein avec lequel les peuples ont besoin d'être gouvernés dans les temps de crise. « Les peuples, dit Bossuet, ont dans le fond du » cœur je ne sais quoi d'inquiet qui s'échappe, si on leur » ôte le frein nécessaire. » Le roi Louis-Philippe avait dans l'esprit le principe de cette résistance et il l'appliquait avec une fermeté inflexible ; et en même temps il avait au fond de l'âme une mansuétude qui fléchissait dans la répression. Il savait manier le frein qui retient mieux que l'arme qui réprime. Il était résistant jusqu'au point où la résistance touche à l'obstination, et clément jusqu'à la limite où la clémence confine à la faiblesse. Que ce soit l'honneur de sa mémoire ! Car les faiblesses de la clémence sont celles des grands cœurs. Il était ce que Pline dit de César, « clément jusqu'à s'en repentir, » *usque ad pœnitentiam clemens* ; et s'il a eu un regret pourtant, pendant ces dures années de l'exil qui séparent son trône de sa tombe, ce n'est pas celui-là. « La grandeur, a dit Pas-« cal, a besoin d'être quittée pour être sentie. » Le roi avait trop senti les aiguillons de la grandeur pendant qu'il régnait, pour la regretter après l'avoir perdue. Personne n'a pu le soupçonner d'un lâche retour vers le passé, ni d'avoir donné à la pensée de la mort, dans cette détresse de l'exil et de la souffrance, plus que ne comporte l'esprit d'un sage dans l'âme d'un chrétien. Mais tombé du trône, le roi Louis-Philippe n'a plus songé qu'à ce tombeau qu'il n'a pas encore. C'est à Claremont qu'il a écrit, au sujet de sa sépulture, les lignes qu'on va lire, que je puise (comme les citations qui précèdent) dans les souvenirs les plus fidèles et jusqu'ici les plus secrets de ma mémoire, et que je cite en finissant, parce que toute grandeur, et aussi tout éloge, aboutit là :

« ..... Je demande, quel que soit le lieu de ma mort, » que mon corps soit transporté sans pompe à la cha-» pelle de Saint-Louis, à Dreux, afin d'y être enseveli » dans le tombeau situé en avant de l'autel de la sainte » Vierge. Je demande en outre que lorsqu'il aura plu à » Dieu de rappeler à lui ma bien chère et bien-aimée » épouse, la reine Marie-Amélie (et son vœu est d'accord » avec le mien), son corps soit aussi transporté dans » cette chapelle de Saint-Louis, à Dreux, afin d'y être » enseveli à côté du mien, dans le double tombeau que » j'ai fait préparer dans ce dessein, voulant que nos dé-» pouilles mortelles soient réunies après notre mort » comme nos cœurs l'ont été si affectueusement pendant » notre vie...

» Je recommande l'accomplissement de ce vœu à nos » bien-aimés enfants et petits-enfants. J'ai la confiance » que, quelle que puisse être la suite des événements qui

» nous ont si douloureusement éloignés de notre patrie,
» le souvenir de notre dévouement ne sera pas effacé, et
» qu'aucun obstacle ne sera apporté à ce que nos restes
» mortels reposent en paix dans son sein (1)... »

(1) Voir à l'*Appendice* les réflexions et les détails relatifs à la mort du roi Louis-Philippe, publiés par l'auteur dans le *Journal des Débats*, les 28 et 29 août 1850.

II

Mme la duchesse d'Orléans

AVANT ET PENDANT LA JOURNÉE DU 24 FÉVRIER 1848.

Réponse à M. Capefigue (1).

(12 AVRIL 1849.)

M. Capefigue vient d'entreprendre un nouvel ouvrage dont il nous donne aujourd'hui le premier volume. C'est beaucoup peut-être quand on songe au peu de temps écoulé depuis l'élection du prince Louis Bonaparte ; c'est bien peu quand on regarde au contenu du livre et à sa valeur. M. Capefigue, en effet, dans ces prolégomènes qui ont trois cents pages, s'est contenté de nous dire sur la société et sur les gouvernements de l'Europe ce que chacun en savait comme lui ; il nous révèle un secret connu de tout le monde. Des causes et des symptômes de la révolution de Février, de ses incidents pendant la lutte, l'auteur, hormis sur un point, ne nous apprend non plus que ce qu'il emprunte aux souvenirs les moins périssables du vulgaire, ce qui compose la physionomie en quelque sorte officielle et convenue de cette révolution si fatalement mémorable.

(1) *La Société et les Gouvernements de l'Europe depuis la chute de Louis-Philippe*, tome Ier.

Ne cherchez donc pas la nouveauté dans le livre de M. Capefigue, il n'y en a point. En fait d'appréciation historique, ne lui demandez pas non plus d'être original et indépendant ; M. Capefigue vous dira : « Je persiste à rattacher le principe de notre grande ruine à la philosophie du dix-huitième siècle, au matérialisme immonde de Hobbes et du baron d'Holbach. » Ainsi soit-il, et ne disputons pas là-dessus.

Mais M. Capefigue, si peu neuf comme historien, si peu inventeur comme philosophe, qui voit les choses, et c'est peut-être un mérite, à peu près comme tout le monde, est beaucoup moins timide quand il s'agit des personnes. Esclave, je ne dis pas tant de la vérité que de la vulgarité dans ses tableaux d'histoire, il s'émancipe dans le portrait. On dirait qu'il lui en coûte moins de défigurer les hommes que les faits. Il oublie que la ressemblance des uns se lie à celle des autres, et que placer des personnages de fantaisie sur la scène où se joue ce drame de la vie humaine, les affubler de masques odieux ou ridicules, au gré de sa passion ou de celle d'autrui, c'est jeter sur la réalité même, dans la portion qu'on respecte, le discrédit qui s'attache à la fiction concertée et à la partialité systématique. M. Capefigue oublie encore, dans l'entraînement trop souvent inexplicable de ses jugements sur les personnes, que c'est surtout par l'injustice passionnée des appréciations individuelles, par l'exagération ou la fausseté des couleurs dont le pinceau de l'historien compose la physionomie de ses personnages, que l'histoire tient au pamphlet, la chronique au scandale, l'injustice ou l'ignorance à la diffamation. M. Capefigue, quand il a écrit son livre, avait oublié tout cela. Je ne l'accuse que de cet oubli ; je n'ai pas le droit d'incriminer ses intentions. Cette réserve une fois faite, je vais essayer de prouver dans quelle série d'erreurs étranges, sur un des points les plus considérables de son travail, l'a conduit cette méconnaissance, assurément involontaire, des conditions et des exigences de la vérité historique.

J'écarte tout ce qui n'est qu'accessoire à ce point principal dans le livre de M. Capefigue, bien que l'accessoire y tienne, par l'espace matériel, plus de place que le fond. Je passe tous les jugements contestables qui remplissent ces pages d'une prolixité laborieuse. Je jette un voile sur tous ces portraits d'un dessin si fantasque, d'un coloris si faux. Ainsi, que M. de Montalivet « ne fût dévoué au roi Louis-Philippe qu'avec certaines tendances d'une fausse politique, certaines antipathies pour les traditions et avec les plus détestables principes; » — que M. le général Jacqueminot « fit de l'opposition au cabinet » dans lequel siégeait M. Duchâtel; — que M. Thiers, dans la nuit fatale du 23 au 24 février, « fût plein de confiance en lui-même; » — que le roi Louis-Philippe « fût d'une légèreté extrême; qu'un de ses défauts saillants fût, quand il avait bien usé, bien épongé les hommes, de s'en débarrasser au plus vite; » — enfin qu'au jour suprême de la royauté, au moment de l'abdication, il ait fallu tenir « sa main tremblante; » — à toutes ces affirmations d'une vérité si douteuse, je réponds par la notoriété publique, par l'évidence, ou même simplement par la vraisemblance, ce *criterium* de l'historien, si infaillible et si peu consulté. Quelle vraisemblance, en effet, pour ce qui regarde M. Thiers, qu'un homme d'un aussi grand sens politique et d'une sagacité aussi éprouvée eût fait étalage de sa confiance dans un moment aussi critique et à quelques égards aussi désespéré que l'était la nuit du 23 au 24 février? Mais s'il eût éprouvé cette confiance en lui-même, est-ce que le plus simple bon sens ne lui eût pas inspiré de la dissimuler dans une pareille extrémité? M. Capefigue confond, je ne sais trop pourquoi, la présomption et le courage. Quelle vraisemblance aussi que ce roi, que les passions politiques ont indignement défiguré, mais sur le noble front duquel elles n'ont jamais découvert une pensée cruelle ni lâche, quelle vraisemblance qu'il ait eu besoin du secours d'une main étrangère pour tracer ces lignes suprêmes, *novissima verba*, qui étaient son dernier adieu et son dernier sacrifice à la France? Mais aussi bien les témoins n'ont pas manqué à cette mort volontaire de la royauté constitutionnelle de Juillet. Ils ont pu compter les pulsations de cette agonie. La conscience du roi a reculé devant l'affreuse nécessité de la guerre civile. Sa main, elle n'a pas plus tremblé que son cœur!

Mais passons et arrivons au point capital du livre de M. Capefigue. Si en effet ce livre n'a pas été écrit pour faire ressortir, entre toutes, la physionomie de madame la duchesse d'Orléans, pour assigner à son action une importance spécialement déplorable parmi les causes qui ont amené la révolution de février; s'il n'a pas pour objet de montrer cette princesse se plaçant à la tête d'un complot contre la régence éventuelle de M. le duc de Nemours, et mêlée dans ce but à une série d'intrigues dont la dernière est venue à la fois triompher dans l'insurrection légale de la minorité parlementaire et échouer sur les barricades de Février et sur les bancs envahis du Palais-Bourbon; si ce livre n'a pas cet objet, il n'a aucun sens, et l'appréciation injuste, violente, je dirais diffamatoire si j'étais un juge et non un critique, cette appréciation du caractère et de la conduite de madame la duchesse d'Orléans n'aurait non plus aucune portée historique. Or, je ne puis croire que M. Capefigue ait cédé à l'entraînement d'une animosité puérile envers une princesse malheureuse, qui, même au temps de la prospérité de sa maison, n'avait pas d'ennemis; je n'imaginerai non plus jamais qu'un homme sérieux ait cru pouvoir se livrer, envers cette auguste infortune, au plaisir très-peu innocent d'une boutade sans conséquence et sans portée. Ce serait là un jeu de style, une fantaisie d'écrivain, M. Capefigue le sait bien, que ne se permettrait pas un homme d'honneur. M. Capefigue a donc eu un but sérieux. Il accuse historiquement la conduite, les tendances et le caractère de madame la duchesse d'Orléans. Subissons l'accusation; subissons-la, l'amertume au cœur et la rougeur au front, en songeant qu'elle va chercher dans son exil et dans son veuvage inconsolé cette princesse dont le souvenir arrêta, devant sa porte, émus de respect et de compassion, ceux qui, après avoir envahi et dévasté les Tuileries, brisèrent le 24 février le trône de son père et de son fils.

Etrange ordonnance du livre de M. Capefigue! Dans tout ce qui se rapporte aux causes de la révolution de Février, à l'état des esprits, aux doctrines et au personnel des partis politiques, M. Capefigue n'est guère, comme je l'ai fait remarquer en commençant, qu'un vulgarisateur habile des idées et des opinions qui ont cours. Sur un seul point il s'en écarte; c'est sur la part que madame la duchesse d'Orléans aurait prise, selon lui, à ces mémorables événements. Mais tandis qu'il accumule les preuves à l'appui des opinions que personne ne conteste, il se contente d'affirmer celle qui est exclusivement son fait, sa création, comme s'il n'avait qu'à la produire pour la prouver. Ce luxe d'argumentation quand il est d'accord avec tout le monde, cette indigence de preuves quand personne ne pense comme lui, c'est là le double et inexplicable caractère de ce livre singulier, dont toute l'importance paraît être dans une allégation isolée, sans lien avec le corps de l'ouvrage, sans affinité visible avec les sentiments généralement modérés et bienveillants de l'auteur, opinion exprimée avec une violence, une ardeur de personnalité et une crudité d'expression dont il est temps de faire juges nos lecteurs :

« Autour des Tuileries (le 23 février), il y avait, dit » M. Capefigue, plusieurs intrigues ministérielles que j'ai » déjà signalées; l'une comprenait les anciens conserva- » teurs dissidents.... L'autre intrigue allait plus loin et si » hardiment qu'elle atteignait le pouvoir même du roi » pour établir une régence....... La régence promettait de » satisfaire toutes les ambitions; et cette phase du pou- » voir, on l'avait préparée de toutes les manières sans » l'avouer pourtant. La duchesse d'Orléans, l'âme de » toutes les menées contre le ministère, était parvenue à » répandre ces trois idées : Que Louis-Philippe, vieux et » entêté, ne pouvait plus régner; que la reine Marie- » Amélie, pieuse princesse, était l'expression des jésuites; » enfin que M. le duc de Nemours, d'une morgue aristo- » cratique, cachait une incapacité profonde sous ses de- » hors si froids, si compassés; d'où la princesse Hélène » faisait conclure la nécessité de sa propre régence. » C'était le thème des poëtes, des professeurs de l'Uni- » versité qui entouraient sa personne et flattaient ses » goûts. »

Ainsi, ce n'est pas seulement le jour où la régence de madame la duchesse d'Orléans est devenue une nécessité révolutionnaire, que la princesse est accusée de l'avoir voulue; la duchesse s'était préparée à cette chance; elle l'avait provoquée; elle était entrée dans cette voie fatale avec une de ces ambitions de femme qui ne reculent devant aucun moyen; car l'injure et la calomnie ne sont-elles pas les plus vils de tous? « Madame la duchesse d'Orléans, dit ailleurs M. Capefigue, servait déjà de point central à une combinaison de régence opposée à celle de M. le duc de Nemours; » et ailleurs : « La régence de madame la duchesse d'Orléans, intrigue très-ancienne, qui se reportait à la mort du malheureux prince, espoir de la Couronne. » Ainsi encore, c'était de Dreux même que la veuve du prince royal avait rapporté aux Tuileries l'ardente convoitise d'une régence contestée! C'est cette pensée, recueillie sur une tombe à peine fermée, qui la jetait dans les intrigues d'une conjuration parlementaire, qui lui inspirait la haine de toute sa famille, qui par sa bouche soufflait l'outrage sur l'inviolabilité royale, calomniait la piété d'une reine, raillait le dévouement et l'abnégation d'un frère; c'est cette pensée qui, poursuivie pendant six ans sans relâche, la veille même de la chute du trône, la précipitait tête baissée dans un complot révolutionnaire où elle trouvait réunis, par le concert le plus inattendu, « tout le tiers-parti, la gauche dynastique, la gauche extrême, MM. Crémieux, Arago, Dupont (de l'Eure), et même, ajoute naïvement l'auteur, même MM. Marie, Garnier-Pagès, sans oublier M. Emile de Girardin, l'agent le plus actif de cette négociation pour la régence! »

En vérité, on croit rêver en lisant ces lignes. Mais l'hallucination est complète chez celui qui les a écrites. Les haines politiques sont ordinairement plus habiles. M. Capefigue rêve tout éveillé. C'est dire qu'il est sincère. Que serait-il donc s'il ne l'était pas?

Les hommes politiques que M. Capefigue associe dans un si étrange concert lui demanderont compte, si cela leur plaît, des informations qui l'ont guidé dans cette découverte, et des preuves sur lesquelles il appuie une affirmation si péremptoire. Ce n'est pas ma mission de les défendre. Je doute seulement qu'il se trouve quelque part une trace sérieuse, une preuve historique, une induction de quelque valeur pour établir la réalité d'un pareil complot, soit qu'il ait précédé la révolution de Février, soit qu'il ait éclaté du sein même de l'éruption qui a tout perdu. Non, ce complot n'était nulle part, ni dans le passé ni dans le présent. Je dirai tout à l'heure à quel moment, de quelle manière la pensée de la régence de madame la duchesse d'Orléans sortit du mouvement révolutionnaire qui, après l'avoir produite, l'emporta. Mais, le complot eût-il existé, j'affirme que madame la duchesse d'Orléans en eût toujours été absente, non-seulement de sa personne, mais par la pensée, par l'intention, par toutes les tendances et tous les sentiments de son cœur et de son esprit.

Les princes ont un grand malheur. Ils vivent loin du monde, ce qui les condamne à de singulières méprises sur les hommes et sur les choses. Mais le monde vit loin d'eux, ce qui les expose à ses jugements non moins étranges sur leurs propres actes et sur leurs personnes. Par exemple, il est incroyable, M. Capefigue le reconnaît et il le prouve, à quel point le roi Louis-Philippe lui-même était peu connu. Madame la duchesse d'Orléans n'a pas échappé à cet inconvénient de la grandeur. Beaucoup l'ont admirée parce que l'admiration est un de ces sentiments qui percent les murailles et franchissent les distances; on l'a admirée par une sorte d'instinct secret de sa noblesse, de sa pureté et de sa vertu. Mais on l'a peu connue. Elle vivait, depuis la mort du prince royal, dans une retraite profonde, inaccessible, tout entière à ses devoirs de mère, de veuve, de fille et de sujette du roi. Je n'étais pas du pavillon Marsan, et le témoignage que j'oppose en ce moment aux affirmations de M. Capefigue serait plus justement suspect, si je les appuyais. Mais y avait-il un pavillon Marsan? Ceux qui ont vécu aux Tuileries pendant le règne du roi savent bien que non. Un esprit d'étroite union et de soumission intelligente animait la famille royale tout entière. Si quelque part cette subordination envers le chef de l'Etat était plus empressée, plus délicate, la réserve plus attentive, l'isolement des affaires publiques, des hommes politiques et des partis plus étudié et plus scrupuleux, c'était sous le toit habité par la duchesse d'Orléans. Pour le roi, le pavillon Marsan était de verre. L'auguste veuve laissait couler sa vie, solitaire et pure, sous les regards de sa famille. Mais ceux du monde n'y pénétraient pas.

Par quel privilége M. Capefigue y aurait-il donc découvert « cette coterie d'historiens et de poëtes, et ces hommes de l'Opposition, ces disgraciés de la Couronne, ces universitaires en renom, ces pamphlétaires, ces députés du tiers-parti, » enfin toute cette cour mystérieuse et subreptice que l'imagination de l'historien groupe autour de la mère du comte de Paris, dans les conciliabules du pavillon Marsan? Quoi! M. Capefigue a vu tout cela! et ceux qui habitaient les Tuileries n'en ont rien vu! et le roi, qui était encore plus intéressé que M. Capefigue peut-être à savoir ce qui se passait dans sa maison, le roi n'a rien su! Et cependant la duchesse d'Orléans conspirait contre la régence de M. le duc de Nemours! elle conspirait avec M. Thiers, qui s'était prononcé contre la régence des femmes dans un discours mémorable! elle conspirait, le testament du prince royal à la main, ce testament qui disait : « Si par malheur l'autorité du roi ne pouvait veiller » sur mon fils aîné jusqu'à sa majorité, Hélène devrait » empêcher que son nom ne fût prononcé pour la régence. » En laissant, comme c'est son devoir et son intérêt, tous » les soins du gouvernement à des mains viriles et habi- » tuées à manier l'épée, Hélène se dévouerait tout entière » à l'éducation de nos enfants. »

J'en ai dit assez sur ce premier point, car je n'ai pas la prétention de plaider une cause ; j'oppose des impressions sincères, des souvenirs personnels et ineffaçables, une sorte de notoriété publique à une erreur grossière, faite pour déshonorer l'histoire si elle s'y accréditait, et l'historien, si l'erreur de sa plume pouvait être attribuée au calcul de son esprit. Les allégations de M. Capefigue, en ce qui concerne la conduite de Mme la duchesse d'Orléans avant la révolution de Février, n'ont pas même le mérite d'être des moitiés ou des quarts de vérités. Elles ne tiennent à la vérité par aucun point, pas plus qu'à la vraisemblance. Elles sont le contraire de la vérité. Comment le prouver ? On ne prouve pas la lumière ; on la montre.

J'aborde une dernière question, la régence de Mme la duchesse d'Orléans, le 24 février. « Mme la duchesse d'Orléans, » dit M. Capefigue, plus habile et plus dissimulée, garda » quelque convenance dans cette circonstance solennelle... » Au fond, on savait sa pensée, son désir, son ambition : » toute sa vie s'était consacrée à la réaliser... On savait ses » négociations avec la gauche ; si bien que lorsque le roi » Louis-Philippe, le 24 février à onze heures trois quarts » (M. Capefigue est un historien exact !), signa son abdi- » cation, la reine put dire à Mme la duchesse d'Orléans :

« Eh bien ! Hélène, *vous voilà satisfaite*, vous êtes régente ! »

Ce mot, n'en déplaise à M. Capefigue, il n'est pas de la reine, qui ne l'a jamais dit ; il doit être de M. Capefigue, et il résume en effet avec une fatale concision tout le système d'incriminations que l'auteur fait peser sur la duchesse d'Orléans. Vous voilà satisfaite !! Et le trône croulait, et la couronne tombait, déjà brisée par sa chute, sur la tête d'un enfant, et le peuple insurgé s'approchait, la marée montait, suivant la saisissante expression de M. Thiers, la fusillade retentissait au guichet de l'Échelle ! Cependant la duchesse d'Orléans était *satisfaite !* et c'était la reine, la pieuse, la bienveillante Amélie, si tendre à sa famille, si douce à ses ennemis, qui jetait ce sinistre adieu à sa fille d'adoption, cette malédiction sanglante à la veuve de son fils, cet outrage au seul pouvoir resté debout dans cette immense ruine ! Non, ce mot n'est pas vrai ! j'en prends à témoin toutes les mères qui liront ces lignes !

C'est ici le lieu de dire un mot des phases diverses par lesquelles passa cette idée de la régence de Mme la duchesse d'Orléans, avant d'aboutir à la démarche qui vint échouer dans l'enceinte du Palais-Bourbon. Que pendant la période d'agitation fébrile qui précéda de peu de jours le banquet projeté du 22 février, cette idée fût entrée dans la tête de quelques meneurs dynastiques ou autres ; que quelques esprits aventureux ou malveillants eussent caressé l'espoir des extrémités auxquelles la maison d'Orléans allait être réduite, et préparé l'expédient qui pouvait arrêter le mal à la limite où leur ambition triomphait, cela est possible ; je me hâte de dire cependant que, dans ma conviction la plus intime, aucun des chefs des grands partis politiques, aucun des publicistes importants de la presse parisienne, et à plus forte raison aucun des meneurs sérieux du parti républicain ne partageaient l'illusion ou la complicité de ces espérances. On a dit depuis de quelques républicains de la veille, fourvoyés dans l'insurrection, « qu'ils se seraient contentés de la régence de la duchesse d'Orléans, » et qu'ils le disaient dans la nuit du 23 au 24 février. Je le crois bien ; mais cela prouve-t-il qu'il existât un complot bien arrêté entre les partisans spontanés ou convertis de cette idée, et qu'elle eût préexisté aux circonstances impérieuses qui la firent naître? Non assurément.

L'idée de la régence de Mme la duchesse d'Orléans s'est produite aux Tuileries dans la matinée du 24 février. Elle y est entrée avec la soudaineté, la force et l'éclat de la foudre révolutionnaire qui l'apportait, dans un moment où la réflexion n'était plus permise aux hommes, si haut qu'ils fussent placés, car le retentissement de la révolte atteignait toutes les hauteurs. L'idée de cette régence, je sais qu'on a dit, qu'un publiciste célèbre l'avait consignée sur un brouillon destiné à servir de modèle à l'abdication du roi; quoi qu'il en soit, cette idée est entrée d'elle-même au château, portée par le vent qui soufflait des barricades; elle y est entrée, comme la pensée de l'abdication elle-même, avec la même puissance irrésistible et souveraine. L'abdication, c'était le salut du roi; la régence de la duchesse d'Orléans, c'était le salut de la royauté, on le croyait du moins. Ce sont ces deux intérêts suprêmes, sauver le roi, préserver le trône, qui ont dominé tous les esprits au milieu de cette crise affreuse, dont toutes les minutes semblaient marquer des siècles sur l'horloge du palais menacé. Aussi la famille royale ne fit-elle aucune opposition à cette double mesure de salut. Le prince dépossédé, le duc de Nemours, fut le premier à y souscrire avec une résignation magnanime. Toute la famille y donna la main en vue de ce double et impérieux intérêt. Si le roi ne mit pas le nom de la duchesse d'Orléans à la suite de son acte d'abdication, ce fut par un scrupule de légalité qui lui défendait de rapporter, de son autorité privée, une loi votée par les trois pouvoirs; mais il s'abstint également de nommer M. le duc de Nemours; ce qui était une reconnaissance implicite de la régence de la duchesse d'Orléans. En réalité, l'opposition à cette mesure ne vint que d'un côté, du côté de la duchesse elle-même. Ce fut elle, elle seule, qui essaya de suspendre un instant l'irrésistible cours des événements, en se jetant en travers de sa destinée avec toute la vivacité de ses alarmes de mère et de femme. « Mais quand vous aurez ôté la couronne de la tête du roi, disait-elle à un député, l'aurez-vous assurée sur celle de mon fils ? » Et au roi lui-même : « Sire, personne n'est préparé à me voir régente, et moi moins que personne. Et c'est sur une faible femme qu'on rejette, dans une pareille crise, un poids que vous jugez trop pesant pour vos épaules ? » Son langage avait en ce moment une animation inexprimable. Quelques-uns s'y trompèrent, jusqu'à ce point qu'un des ministres en parut blessé. Au fond de cette vivacité, était-ce, je le demande aux esprits les plus prévenus, l'ambition qui dominait, ou bien le sentiment d'une impuissance qui semblait croître en effet avec le danger ? L'ambition ! M. Capefigue a-t-il bien pu écrire ce mot accusateur en présence des événements qui s'accomplissaient alors aux Tuileries ? On voit bien qu'il n'y était pas. L'ambition de la régence ! Mais qui donc pouvait avoir l'ambition de disputer ce débris de couronne ou ce lambeau de pourpre royale à l'orage déchaîné qui les emportait ? Ambitionner la régence dans un pareil moment, cela était impossible; s'y résigner, je le comprends.

La duchesse d'Orléans se résigna. Pour sauver le navire en perdition, on avait jeté par-dessus le bord la royauté de Louis-Philippe, puis la régence du duc de Nemours; on n'avait encore sacrifié ni la monarchie elle-même ni la Charte. La duchesse d'Orléans subit le périlleux honneur de les défendre la dernière; elle le subit sans espoir d'y réussir, mais préparée à toutes les chances pour tomber dignement. Le roi parti, la cour des Tuileries évacuée par les troupes, le peuple maître de la place, la fusillade retentissant à travers la grille, la princesse se retira au pavillon Marsan. « C'est là qu'il faut finir, » dit-elle à ses officiers, et entrant dans le salon où elle avait fait placer le portrait du duc d'Orléans par M. Ingres, elle s'assit avec ses deux fils sous cette noble image, comme pour y chercher une inspiration et au besoin un refuge. En même temps elle fit ouvrir tous les appartements d'honneur comme pour une réception; les balles seules entraient... On sait le reste; car quelques instants après, la duchesse sortit des Tuileries sur l'invitation de M. le duc de Nemours, qui lui fut transmise, assure-t-on, par M. Dupin, et de ce moment elle fut sous les yeux du monde entier. M. le duc de Nemours était à cheval, à la gauche de la princesse, au moment où elle sortit du pavillon Marsan, et il la protégea de sa personne, pendant le trajet jusqu'au pavillon de l'Horloge, contre les balles qui continuaient à pleuvoir du Carrousel dans la cour intérieure. Il protégea la régente, sans affectation d'héroïsme, avec un courage simple et naturel. M. le duc de Nemours fut, ce jour-là, ce qu'il avait été toute sa vie, l'homme du devoir, j'allais presque dire de la consigne, tant son esprit, dans une si haute fortune, renfermait de noble résignation et de subordination exemplaire. Ce jour-là, en faisant escorte à Mme la duchesse d'Orléans, qu'une rafale de l'orage populaire venait de pousser, en le dépouillant, à la première place auprès du trône de son neveu, M. le duc de Nemours, je le sais, n'a encore fait que son devoir; mais il l'a accompli avec cet empressement fraternel, cette promptitude de zèle et cette intrépidité de dévouement qui ne pouvaient lui être inspirés, dans un pareil moment, que par la conscience de l'irréprochable honneur de cette cause suprême qu'il défendait. Et qui n'a compris, en voyant entrer dans la Chambre des députés la sœur appuyée sur le bras du frère, la régente proclamée à côté du régent dépossédé, que ces deux esprits, que ces deux âmes étaient d'accord?

Mais cette scène appartient à l'histoire; je n'ai pas mission de la raconter. Je n'ai voulu qu'une chose en traçant ces lignes rapidement écrites, sous l'impression immédiate d'une lecture faite en conscience : opposer la protestation d'un homme d'honneur à l'injuste erreur d'un écrivain prévenu ou mal informé. D'autres écriront cette histoire. Je sais que le récit des derniers moments de la royauté de Juillet a tenté le génie poétique d'un écrivain illustre, qui change volontiers l'histoire en roman et la politique en méditations (1). Mais quel que soit l'entraînement habituel de cette imagination brillante, cette fois je ne m'en défie pas. On peut refuser la vérité aux vainqueurs, on la doit aux vaincus; et le même homme qui a laissé s'appesantir sur une femme et sur un enfant cette parole, froide comme l'acier du glaive, qui a brisé sur leurs têtes une couronne élective et populaire, ce même homme voudra rendre peut-être à la duchesse d'Orléans, aujourd'hui proscrite, la jus-

(1) Voir plus loin l'examen de cette *Histoire de la révolution de Février*, par M. de Lamartine.

tice que M. Capefigue lui refuse et que mon obscure voix ne peut lui donner!

Mme la duchesse d'Orléans n'a pas gouverné la France comme M. de Lamartine; mais elle a occupé pendant cinq ans, à côté d'un prince populaire, la première marche du trône constitutionnel, et son veuvage avait trouvé, même dans le palais d'un Roi, un asile respecté par les émeutiers et les pamphlétaires. Que ce souvenir lui serve de protection dans son exil, dût-il être éternel, et qu'il la console des attaques de M. Capefigue, dût son livre, qui est né hier, durer encore demain!

III

Des causes de la Révolution de Février.

..... *Quomodò cecidit potens!*

(27 SEPTEMBRE 1849.)

Puisque M. Capefigue a renoncé, dans le second volume de son histoire (1), au paradoxe injurieux et diffamatoire qu'il avait si malencontreusement soutenu dans le premier, n'y revenons pas plus que lui. C'est un procès jugé ; son désistement nous suffit. Disons même qu'il y a plus de loyauté que notre triste époque n'en comporte dans cet hommage tardif et incomplet que l'auteur rend à la vérité. La justice, même négative, est encore la justice. Ne plus accuser, c'est presque absoudre. Ne plus nous montrer, à la place de « cette princesse habile et dissimulée, qui était l'âme de toutes les menées contre la monarchie, qu'une noble mère qui vient défendre avec son pauvre enfant les derniers débris de sa couronne, » c'est reconnaître qu'on s'était trompé. A Dieu ne plaise que je triomphe de cet avantage contre M. Capefigue ! Tout est triste dans une pareille controverse, la victoire aussi bien que la lutte ; et qui oserait se hasarder sur ce terrain baigné par tant de larmes récentes et jonché de tant de ruines, s'il n'était soutenu par le zèle de la justice, le dévouement au malheur et l'amour de la vérité ?

(1) *La Société et les Gouvernements de l'Europe depuis la chute de Louis-Philippe*. 4 vol. in-8°, 1849.

Ce début devrait être pour moi le signal de m'arrêter dans l'examen que j'ai entrepris de cette histoire d'une désastreuse époque, trop rapprochée de nous pour être jugée, si une question que pose hardiment M. Capefigue, et cette fois avec une parfaite convenance d'expressions, n'était venue me défier en quelque sorte et me solliciter à la résoudre. Cette question, d'autres l'ont posée. Elle a été sur les lèvres des hommes politiques et sur celles du peuple. Elle a exercé la sagacité de critiques habiles et provoqué la curiosité des moins érudits ; elle est restée comme une énigme insoluble. Je n'ai pas la prétention d'en avoir trouvé le mot. Ce rôle d'Œdipe ne convient à personne moins qu'à moi. Mais une question nous est faite, à nous autres vaincus (sans combat) de février 1848 ; je veux essayer d'y répondre.

Ce sera le seul côté par où je toucherai cette fois à l'œuvre de M. Capefigue. Ce second volume, consacré à l'histoire du gouvernement provisoire, et qui le suit depuis le 24 février jusqu'au 15 mars, est le récit d'une des plus humiliantes défaillances de la raison, du bon sens, de l'esprit et du cœur d'une grande nation dont les annales du monde aient conservé le souvenir. Personne n'a le droit de s'en plaindre, car tout le monde a failli dans cette panique universelle. Quelques hommes armés (« Nous étions une poignée, » a dit à la tribune M. Charles Lagrange) ont mis la main sur cette société qui s'est laissé faire. Ce qui s'est passé alors, ce que nous avons vu, personne ne peut le raconter aujourd'hui comme le dira l'histoire. Il y faudrait la plume de Tacite ou l'alexandrin vengeur de Cinna. Toute autre formule serait impuissante. Elle aboutirait à l'injure ou à la flatterie. Elle accuserait la bassesse de l'esprit ou sa violence. Flatter le gouvernement provisoire, qui l'oserait? Le calomnier, qui n'en rougirait?

Je ne discuterai donc pas avec M. Capefigue le bilan des profits et pertes de la France pendant cette désastreuse époque. La plume qui réglera ce compte-là aura besoin d'être tenue par une main plus ferme et plus désintéressée que ne sont les nôtres. Les nôtres tremblaient, quand l'audace de quelques meneurs les portait au pouvoir. Ce qu'ils y ont fait, nous l'avons souffert. Notre tolérance a été leur investiture, notre silence a été leur force. Nous ne sommes pas leurs juges, ayant été leurs justiciables. Nous ne pouvons écrire leur histoire, ayant accepté leur joug. Jamais la tyrannie n'avait plus lourdement pesé sur un peuple ; car elle prétendait changer en un jour nos institutions, nos mœurs, notre langage ; elle nous rejetait tantôt à soixante ans en arrière par la ridicule exhumation des fantômes de 93, tantôt à plus d'un siècle en avant par l'anticipation violente des conséquences, d'ailleurs contestables, de notre premier affranchissement révolutionnaire. Elle décrétait, sous l'action usurpatrice des clubs, et pour satisfaire une poignée de sectaires, une forme de gouvernement que la France électorale avait seule le droit de choisir. Elle promenait sur toute la surface du pays la ruine par le discrédit, le chômage par la défiance, la misère par l'impôt, la terreur par les commissaires, le démenti de dix-huit ans d'opposition par le scandale des agences électorales, la propagande du désordre dans les esprits et de la haine dans les cœurs par les *Bulletins de la République*. Telle était cette tyrannie que je ne qualifie pas, je cite ses actes. Mais quelle qu'elle fût, nous l'avons subie, nous, la nation de 1789 et de 1830, nous qui avions fait, au nom du droit, deux révolutions contre l'ancien régime, et qui en acceptions une troisième, faite, au nom de la force, contre le nouveau. Les révolutionnaires de 1848 étaient une poignée! Le mot de M. Charles Lagrange provoque une réponse; mais cette réponse ne nous absout pas. Nous étions une nation entière contre cette poignée d'hommes, et nous nous sommes soumis! Notre soumission a fait leur droit. Qu'importe que nous ayons aujourd'hui, par l'inévitable retour de la fortune, le pouvoir de juger nos dominateurs d'alors? En conscience, qui oserait monter à ce tribunal où M. Capefigue s'est tant pressé de les assigner? Qui a le droit de rendre la sentence du 24 février? Est-ce le vainqueur? est-ce le vaincu? Laissons faire à l'histoire. Son tour viendra. Le gouvernement provisoire a trop profondément blessé, jusque dans les entrailles du pays, le sentiment du droit public et de la fierté nationale, et en même temps il a été trop promptement accepté et trop facilement obéi, pour qu'une si grande violation de tous les principes, accompagnée d'une tolérance si extraordinaire, ne défie pas la justice des contemporains. Dans ces grandes catastrophes des empires, où personne ne sait si c'est la patience publique qui produit l'audace du petit nombre, ou l'audace de quelques-uns qui entraîne la connivence de tous, où est le mauvais citoyen? où est le coupable?

Devine si tu peux et choisis si tu l'oses!

M. Capefigue s'est trop pressé. Colère ou complaisance, pamphlet ou panégyrique, il n'a pas toujours su tourner assez habilement ce double écueil. Il est tel de ses jugements, par exemple, qui semble se ressentir de la peur de ces barricades qu'il aperçoit *sanglantes*, et qu'il appelle *glorieuses ;* tel autre où le ressentiment tourne à la satire. Quand on écrit l'histoire de 1848, il ne faut ni flatter le portrait de M. Caussidière, ni enlaidir celui de M. Dupont (de l'Eure). Il ne faut ni conduire le gouvernement provisoire au Capitole, ni l'enfermer à Bedlam. Il faut le laisser à l'Hôtel-de-Ville. Pour son châtiment ou pour sa gloire, c'est bien assez !

J'arrive à la question qui fait pour moi l'intérêt du livre de M. Capefigue. J'ai dit qu'elle avait été déjà posée plusieurs fois et avec une précision provocante, sans avoir été résolue. Voici ce qu'écrivait en mars dernier, pour un journal politique, un critique engagé dans les doctrines de l'école socialiste (1) :

« Un Roi trône sur un peuple de 35 millions d'hommes. Il a autour de lui une armée de 400,000 soldats ; il a dans sa main la pairie et la Chambre des Députés, des généraux éprouvés, des fils populaires dans l'armée, qui ont partagé les fatigues des campagnes d'Afrique ; il a toute la force morale d'un règne incontesté, une administration nombreuse et solidaire de sa politique, habituée à compter sur la perpétuité de sa dynastie ; il a la plus incontestable réputation d'habileté... il a la durée... il a une politique qui est la sagesse vivante, incarnée dans la trinité des grands pouvoirs ; il a dans son cabinet un des plus grands talents de tribune ; il a, en un mot, toutes les forces organisées et intellectuelles du pays accumulées devant lui comme à plaisir pour sa défense. Un vent vient à souffler, et toute cette accumulation de puissance... s'évanouit en quelques minutes, etc., etc. »

M. Capefigue dit la même chose en moins de mots :

(1) M. Pelletan, dans la *Presse*.

» Voilà un gouvernement auquel on a travaillé pendant dix-huit années. Il avait pour lui une brave armée, une administration sérieuse, une police attentive, des fortifications, des enceintes bastionnées. Or, ce gouvernement tombe entre deux soleils, devant une petite minorité... »

Telle est la question. Le critique que je viens de citer essaye de la résoudre, et il le fait timidement, en homme peu sûr de son fait, avec une louable hésitation ; mais enfin il indique une solution telle quelle : « Ce règne (le règne du roi Louis-Philippe) n'a-t-il pas eu ses erreurs et ses contre-sens ? n'a-t-il pas été le règne de l'écu plutôt que de l'esprit ? » Et puis c'est tout. M. Capefigue n'en dit pas davantage : « Tout le monde a-t-il été prévoyant et habile ? » se demande-t-il. « Où étaient les courtisans ? » dit-il ailleurs. Naguère on avait une cour brillante ; où étaient alors les serviteurs ? » Voilà, il faut l'avouer, une grande manière et tout à fait concluante d'expliquer cette immense catastrophe de février. On avait commis des erreurs, des contre-sens, on sacrifiait trop à l'argent, on a manqué de prévoyance, les courtisans n'étaient plus là !... Quoi ! le trône de Juillet a croulé parce qu'il lui a manqué, au dernier moment, l'assistance de quelques commensaux du palais, l'appui de quelques bras dévoués ? Rassurez-vous, M. Capefigue : si le trône avait pu être sauvé, ce n'est pas le secours des amis particuliers et des serviteurs du Roi qui lui eût manqué ; ils étaient tous là !

Mais que pouvait le courage de quelques officiers et le dévouement de quelques amis contre l'orage qu'avait déchaîné la politique ? Il est puéril de poser une pareille question. Il ne l'est pas moins d'attribuer à quelques erreurs de gouvernement une chute aussi épouvantable, non-seulement d'un roi, mais d'une monarchie tout entière ! Si les péchés véniels, qui sont essentiellement rachetables pour les individus, ne le sont plus pour les sociétés ; si, parce qu'un gouvernement a commis quelques fautes, il n'est plus bon qu'à tuer ; si toutes les erreurs sont mortelles en politique, que devient l'ordre dans le monde social ? sur quel fondement l'asseoir ? Sur quelle base établir, je ne dis pas la perpétuité, mais la simple durée, celle qui donne la confiance aux esprits et le mouvement aux affaires, celle qui permet aux traditions de prendre racine, qui fait les hommes d'Etat, les bonnes lois et les bonnes mœurs ? Ou faites gouverner le monde par des anges, ou, s'il ne peut être gouverné que par des hommes, faites donc la part de la faillibilité humaine. Permettez aux gouvernements de commettre des péchés véniels. Ne les condamnez pas à mort pour si peu. Des erreurs et des contre-sens ! « Allez ! mon fils, disait le chancelier Oxenstiern, parcourez le monde, et vous verrez le peu qu'il faut de sagesse, de raison et de science pour gouverner ses semblables ! » Le chancelier Oxenstiern n'aurait donc pas expliqué comme M. Capefigue la chute du gouvernement de Juillet. M. Capefigue trouve au contraire que le roi Louis-Philippe a montré souvent une grande habileté et une grande sagesse. Est-ce pour cela qu'il a péri ? Hélas ! en pressant cette question, peut-être y trouverons-nous la solution vainement cherchée jusqu'à ce jour. C'est parfois un grand tort en politique, quand on a affaire à des insensés, que d'avoir trop raison. Mais n'anticipons pas. Quand il en sera temps, j'y reviendrai.

Il y a une justice au fond de l'humanité, il y a une logique dans la suite des choses humaines. Non, les petites causes ne produisent pas les grands effets. C'est là un jeu d'esprit avec lequel on peut faire une comédie charmante, témoin M. Scribe. Mais la loi providentielle qui régit le monde ne se paye pas de ces fantaisies. Non, le roi Louis-Philippe n'est pas tombé de son trône pour avoir commis simplement quelques erreurs : il n'y aurait plus de gouvernements possibles à ce prix; il n'est pas tombé pour avoir satisfait outre mesure à l'exigence des intérêts matériels : plût à Dieu qu'il eût pu leur donner une satisfaction plus générale et plus complète! il serait encore aux Tuileries. Quand on parle des erreurs et des contre-sens du dernier règne, entend-on par hasard parler du *droit de visite*, de *l'indemnité Pritchard*, de *l'abandon d'Ancône*, ou d'autres questions de cette force, véritables machines d'opposition, fusées d'artifice parlementaires dont le bon sens de leurs inventeurs eux-mêmes fait aujourd'hui justice? Est-ce *l'adjonction des capacités* qui a ébranlé le trône, *la réforme* qui l'a renversé? Considérés à la distance où la dernière révolution de Février les place loin de nous, ensevelies dans les ruines d'un si grand désastre, ces questions ne peuvent plus compter que pour la valeur qu'elles auront dans l'histoire, et cette valeur n'est rien. Un trône ne se serait pas affaissé sous un poids si léger, un trône surtout qu'appuyaient toutes les forces si complaisamment énumérées par M. Capefigue. Tout le monde sait en effet sous quel effort est tombée la royauté de Charles Ier d'Angleterre. La chute de Louis XVI, celle de Jacques II, n'avaient pas des causes moins profondes. Le 18 brumaire était le vœu d'un peuple entier. En 1814, c'est l'Europe coalisée qui renversait l'Empereur. Charles X a levé la main pour détruire la charte, le contre-coup l'a renversé. Voilà des révolutions qui avaient des causes d'une gravité manifeste et d'une profondeur incontestable! voilà des catastrophes devant lesquelles l'historien s'incline comme devant des arrêts de la Providence! Mais *l'indemnité Pritchard!* Quoi! c'est pour si peu que vous laissez rouler dans la poussière ce trône si fortement appuyé, M. Capefigue! Tandis que tous les gouvernements qui ont précédé celui de Juillet n'ont succombé que sous le poids des malheurs publics ou pour avoir audacieusement violé les lois, en voici un qui tombe au milieu d'une prospérité immense, et pour avoir respecté les lois qu'on viole contre lui! car ce sont ses adversaires eux-mêmes qui nous le disent :

« Le roi voulait la paix, il pratiqua la liberté... Sa dernière parole en quittant les Tuileries fut une protestation pour la légalité.... Il a pu emporter cette consolation dans son exil, qu'il a dignement continué l'œuvre de la Restauration en relevant la fortune de la France des désastres de l'Empire. »

C'est donc là une question jugée, je ne dis pas seulement par M. Capefigue, mais par le bon sens public, par cette sorte d'équité de Philippe à jeun, qui n'attend pas la postérité pour rendre ses arrêts, car il lui suffit souvent du lendemain. Oui, très-peu de temps après la chute du dernier roi, c'était une vérité devenue commune, sinon populaire, qu'il était tombé étant en pleine possession, du moins apparente, des éléments de la force et de la durée, et que sa chute ne s'expliquait ni par de grands désastres militaires, comme celle de Napoléon, ni par une grande violation des lois, comme celle de Charles X, ni par des fautes capitales, comme celles qui avaient précipité Louis XVI, mais par de simples péchés véniels, je veux dire « ces erreurs et ces contre-sens » sur le nombre desquels je ne dispute pas. La quantité n'y fait rien. A mon avis, elle ne dépassait ni ce que la faiblesse humaine, ni ce que la fragilité royale elle-même peut porter. En présence de cette vérité, qui est aujourd'hui, on peut le dire, au fond de la conscience de tous les honnêtes gens et de tous les gens d'esprit de tous les partis, car le contraire n'est pas seulement une erreur, mais une sottise ; devant cette vérité, où donc trouver le nom de cette énigme incomprise : la révolution de Février? Comment expliquer que d'une série de causes si insignifiantes soit sorti un désastre d'un si effroyable retentissement et d'une portée si lointaine? C'est ce que je vais essayer d'éclaircir, dans la mesure de mes seuls moyens, c'est-à-dire avec ma sincérité et mes souvenirs.

Je ne veux pas faire le procès au gouvernement monarchique constitutionnel ; j'y aurais mauvaise grâce. Je l'ai servi fidèlement pour ma part, plus que modeste, d'écrivain et de citoyen ; et je dirais volontiers, comme le disait Paul-Louis Courier de la Charte octroyée de 1814 : J'ai donné en plein dans celle de 1830. C'est-à-dire que, de même que le spirituel pamphlétaire croyait que la Charte de 1814 n'engageait pas seulement le peuple, mais les Bourbons, j'ai cru, moi, que la Charte de 1830 n'engageait pas seulement la branche cadette des Bourbons, mais le peuple avec elle. Mais qu'est-il arrivé? La monarchie constitutionnelle était une machine très-compliquée, très-délicate, d'une élasticité merveilleuse, se prêtant, sans les contrarier, à tous les mouvements du corps social, capable de les régler doucement sans les ralentir ; machine bruyante mais d'un grand produit, agitant les esprits mais déliant les bourses, d'ailleurs très-ménagère de la dignité humaine, très-avare de sang humain, et plus propre aux grandes conquêtes de la paix qu'à celles de la guerre, plus favorable à la délibération qu'à l'action; au demeurant, une très-belle et très-noble forme du gouvernement des sociétés. Cette machine toutefois avait un défaut. Elle usait les hommes avec une promptitude déplorable, et en même temps elle s'usait elle-même par le discrédit des agents chargés de diriger ses rouages et de gouverner ses freins. Que ce fût le défaut du gouvernement ou le vice de l'esprit public, tout le monde a été témoin de ce fait pendant les trente années d'expérience de la monarchie constitutionnelle, et particulièrement pendant les dernières : en très-peu de temps le frottement des institutions a usé les hommes politiques, et les institutions elles-mêmes ont été compromises dans l'affaiblissement des hommes; en sorte que la durée, qui est la condition de toutes les œuvres sérieuses sur cette terre, la durée, faut-il le dire? était devenue une cause de faiblesse dans le gouvernement de la France!

On disait, vers la fin du règne du roi Louis-Philippe : Le ministère du 29 octobre a trop duré. Pourquoi avait-il trop duré? Je le demande en ce moment à la conscience de ceux de ses adversaires qui se croyaient implacables et qui, en se croyant généreux aujourd'hui, ne sont plus que justes : Pourquoi ce ministère avait-il trop duré? Est-ce parce qu'il avait commis trop de fautes, encouru trop de défaites, éprouvé trop de malheurs? Non, mais c'est parce que le jeu des institutions l'avait trop usé. Il avait trop vécu, au gré de ses adversaires, trop vécu pour leur ambition, pour cette noble soif du pouvoir que les institutions surexcitaient sans l'assouvir, usant du même coup et ceux qui tenaient le timon des affaires et ceux qui le disputaient, jetant les mêmes rides précoces et la même impuissance fatale au ministère et à l'Opposition. Ce spectacle, nous l'avons vu. Nous avons vu pendant dix-huit ans tous les hommes qui ont passé aux affaires, ne fût-ce que quelques jours, entraînés par ce mouvement de rapide démolition, et en même temps la Constitution elle-même s'altérer et se décomposer profondément; si bien que lorsqu'elle a péri, le 24 février 1848, elle n'était plus qu'une masse inerte sur laquelle les factions se sont ruées comme les grenouilles de la fable sur le soliveau. On a cru que le roi a manqué ce jour-là aux institutions : ce sont les institutions qui ont manqué au roi; ou plutôt le roi et la Constitution monarchique étaient, le 24 février, usés l'un et l'autre, l'un par l'autre; le Palais-Bourbon faisait échec aux Tuileries, la tribune usait le trône, la presse usait la tribune; voici comment :

Les hommes éminents qui ont concouru, dans notre pays, à la fondation du gouvernement représentatif (je parle de la monarchie), s'étaient singulièrement préoccupés de l'équilibre des pouvoirs réguliers, et la base sur laquelle ils l'avaient établi était, il faut le dire, un chef-d'œuvre d'habileté, de sagesse et de prévoyance. La balance des trois pouvoirs n'était pas un vain mot inscrit au frontispice d'une Constitution; c'était un fait dont témoignait chaque jour le mouvement même de la mécanique constitutionnelle, si savant et si pratique, si régulier et si complexe. Mais en dehors de cet équilibre légal, la Constitution avait, non pas créé, mais provoqué, pour ainsi dire, un autre pouvoir, lequel était sans contre-poids comme il était sans règle, et dont la force bien ou mal dirigée devait tôt ou tard entraîner les trois autres, à supposer même qu'ils fussent d'accord. Ce pouvoir était celui de l'opinion publique. On n'y avait pas songé. Tout cet appareil ingénieux de pondération dont la Constitution était remplie, on n'en avait pas voulu détourner le rouage le plus insignifiant pour l'appliquer au règlement de l'opinion ; et on se laissait dériver ainsi vers l'abîme, le gouvernement marchant dans un sens, l'opinion publique poussant dans un autre, jusqu'à ce que la distance entre les deux devînt effrayante. Mais à qui la faute? Les uns accusent le gouvernement, les autres le pays; j'accuse, moi, les institutions elles-mêmes qui livraient le gouvernement, hommes et choses, et qui se livraient elles-mêmes sans défense à l'action corrosive et à l'influence désordonnée de l'opinion. Comme je n'ai point une Constitution à proposer, puisque les républicains de la veille en ont fait une à laquelle j'obéis, je n'ai pas non plus à dire comment je comprends que la Charte monarchique aurait pu préserver le pouvoir et se préserver elle-même de cette destruction; je signale un fait, c'est ce défaut d'équilibre qui existait sous le dernier régime entre les pouvoirs réguliers sortis de la Charte et le pouvoir extra-légal de l'opinion publique; ce dernier, quelle que fût sa direction, son tempérament et sa portée, fatalement destiné à détruire les autres, au risque de périr lui-même dans le désordre général : car, que reste-t-il, je le demande, de l'opinion réformiste constitutionnelle qui a servi d'avant-garde à la révolution de Février? Qu'en reste-t-il, si ce n'est une immense ruine et une humiliante déception?

Je ne veux rien dire contre la presse. Hier encore elle était aux arrêts. Le moment, et je dois dire aussi le lieu, seraient mal choisis pour l'attaquer. Je n'y ai d'ailleurs aucun goût. Historiquement, il est permis de juger son action dans l'ensemble des forces plus ou moins régulières qui concouraient, sous le régime monarchique, à la formation de l'opinion publique. Eh bien ! Il est permis de dire que cette action, même constitutionnelle, était disproportionnée avec la force de résistance des hommes publics et des institutions elles-mêmes, et que, sortie d'elles, car la presse était une des filles légitimes de nos Chartes monarchiques, sortie des institutions, la presse les dévorait.

Et, chose singulière! si l'on en excepte un petit nombre de ses organes voués à la démolition systématique de la royauté, presque tous les autres ont désavoué, depuis, la complicité du désastre. De fait, ils ne visaient pas à la couronne. C'est la force de l'arme et l'irrésistible puissance de la charge qui ont porté les coups à cette hauteur. Ai-je besoin de le rappeler? Comment agissait la presse, même constitutionnelle, contre les hommes? par ce dénigrement quotidien qui, répété sans relâche et recueilli par la malignité frondeuse d'un public immense, tournait les qualités en imperfections, donnait des proportions énormes aux moindres défauts. Et comment la presse était-elle parvenue à user les institutions? en se substituant à elles, par l'exagération même et la continuité infatigable de son action. Je ne m'étonne pas qu'elle n'eût pas conscience de sa force. Personne ne l'avait. La goutte d'eau ne sait pas qu'elle a la puissance de creuser le granit; le salpêtre ne sait pas qu'il contient la foudre; l'obscur soldat qui creuse la mine n'est pas celui qui donnera l'ordre de mettre le feu aux poudres. Dans ce travail de démolition par la presse aveuglée et prévenue, il y a un agent contre lequel les Constitutions ont oublié de se prémunir, je veux dire le temps, cet auxiliaire redoutable de la polémique. Calomniez, ne fût-ce qu'une fois, il en restera toujours quelque chose! Voilà ce qu'on disait avant les excès de la presse. Attaquez, attaquez toujours, et le temps vous fera les rois du monde ! Voilà ce qu'on dit aujourd'hui. Car il vient un moment, en effet, où la puissance de l'attaque se multiplie par la durée, comme celle de la pesanteur par la vitesse. Le choc est irrésistible, la chute inévitable. C'est à ce moment que tombent les trônes, que les dynasties prennent le chemin de l'exil, qu'un vieux roi, proscrit de 1793, vient reprendre, après soixante ans, sa place solitaire au foyer de l'étranger, et qu'un publiciste étonné nous demande, d'une voix insouciante, en secouant sa plume toute couverte de la poussière d'une révolution : « Pourquoi est-il tombé, ce Roi puissant et sage, qui avait un préfet de police, des forts détachés et des courtisans ? »

Etrange contraste ! l'homme de France qui avait été le plus attaqué par la presse était aussi celui qui s'était le moins occupé d'elle, qui avait le moins cru à sa puissance. Et il y avait à cela une bonne raison : le roi n'aimait pas la presse, mais il ne la craignait pas. Personne en France ne lisait moins que lui les journaux français. Ce n'est guère qu'en parcourant, le soir, un numéro du *Times* ou du *Morning-Chronicle*, qu'il se faisait une idée de l'opinion des feuilles parisiennes par leur reflet en Angleterre.

Le flux les emporta, le reflux les rapporte.

Et cette lecture provoquait toujours chez lui, au lieu de l'irritation qu'on aurait pu craindre, une disposition toute contraire : c'était l'heure de la sieste royale. De cette indifférence pour le journalisme, il était résulté deux choses également heureuses, l'une pour la presse, l'autre pour le roi. Le roi n'avait pas persécuté la presse, la presse n'avait pu troubler la sérénité domestique du roi. Les lois de septembre, on sait qu'elles furent rédigées, sous le coup de l'attentat de Fieschi, par l'indignation publique. Mais, le premier moment passé, la presse reprit son allure provocante. Plus tard, *le National* publia sa galerie des *pritchardistes*, monument de licence et d'impunité; *la Démocratie pacifique* inaugura la propagande socialiste; *la Réforme* prit naissance dans un embrassement de M. Ledru-Rollin. Qu'on lise dans la *Revue rétrospective* de M. Taschereau le rapport remarquable que le préfet de police adressait, le 19 janvier 1847, au ministre de l'intérieur, on verra ce que les lois de septembre ont empêché. Au fait, jamais la presse n'avait joui d'une plus complète liberté; aussi jamais elle n'avait exercé, avec une force plus irrésistible, son redoutable pouvoir; jamais elle n'avait jeté plus d'hommes, plus de renommées, plus d'intérêts sérieux, plus de questions audacieusement tranchées, plus de menaces, plus de calomnies et plus de bruit dans le gouffre béant qui attirait à lui la monarchie de Juillet tout entière.

Le roi, que ce soit sa faute ou son excuse, le roi l'ignorait. Cette sérénité, que son dédain pour la presse lui inspirait quant à sa personne, il l'éprouvait quant aux affaires. Il ne voulait pas savoir à quel point la presse les avait gâtées, ne regardant qu'à la réalité prochaine et visible, préoccupé des résultats positifs, l'œil sur la carte diplomatique de l'Europe, l'oreille au bruit des boules du scrutin, et dédaignant de voir au-dessous de lui, dans cette région sans nom où se formait l'opinion publique, le nuage sinistre que chaque jour rendait plus épais, et dont les flancs recélaient la foudre. Il se fiait, trop peut-être, mais à coup sûr très-justement, à son habileté éprouvée et à ce qu'il appelait (*voir* sa correspondance avec le roi des Belges, dans le recueil précité), à ce qu'il appelait, ce qu'il appelle encore, hélas! « sa vieille expérience. » Et il est incroyable notamment à quel point, dans les derniers jours, il resta insensible aux agitations et aux menaces des partis. Il réfuta, avec cette véhémence familière qui chez lui était encore de la bonté, quelques-uns de ses plus intimes conseillers qui essayèrent de l'avertir. A l'un des plus dévoués, qui lui prédisait les dispositions trop manifestes en ce moment de la garde nationale parisienne : « Vous regretterez, mon cher R....., dit-il en l'interrompant, vous regretterez amèrement dans huit jours de m'avoir tenu ce langage. » On l'entendit dans la soirée du 22 qui disait en souriant : « Les Parisiens savent ce qu'ils font; ils ne troqueront pas le trône pour un banquet. » Presque au même instant, un homme d'un grand esprit et d'une haute raison disait, lui aussi : « Quoi ! renverser le trône ! mais cela est impossible. Il n'y a rien à mettre à la place. » Telle était l'illusion qui, dans ces hauteurs où résidait l'inviolabilité royale, éblouissait les plus clairvoyants.

Cependant l'orage s'annonçait par des signes incontestables. Pour qui savait les lire, les journaux disaient tout. La démence de l'opinion fourvoyée y avait des organes d'un sang-froid parfait, prêts à tout, sûrs d'eux-mêmes et de leurs complices, mais où les secrètes réserves des factions s'entrevoyaient pourtant dans les équivoques de la polémique, où les canons des fusils et les jets de flamme incendiaire brillaient derrière les protestations pacifiques. Voilà ce qu'il aurait fallu voir. Les navigateurs sont obligés de savoir lire dans les signes précurseurs de la tempête. La place des ministres, celle du roi, était au banc de quart. Pourquoi n'y fut-il pas? Ce n'est pas sérieusement que M. Capefigue prétend que le courage lui manqua; non, mais on se fiait (noble confiance!) à la bonne cause, à la force des institutions, à la supériorité des hommes. On avait respecté la Charte, on s'appuyait sur les lois, on était en règle avec la légalité; faire plus, c'était commencer la guerre civile. Dans certains bureaux de la presse parisienne, on caressait fatalement cette espérance; aux Tuileries, elle faisait horreur! Voilà pourquoi aucun préparatif n'avait été réellement fait pour une bataille dans les rues. Le 22 février, les troupes laissèrent le pavé à des rassemblements de l'aspect le plus sinistre. Le lendemain, une note parut dans les journaux semi-officiels qui annonçait, de la part de l'autorité, les intentions les plus conciliantes et les plus pacifiques. Cette note avait été rédigée au château. Un des fils du roi l'avait, pour ainsi dire, dictée. Telles étaient les dispositions de ce que M. Capefigue appelle la cour. Celles du ministère n'étaient pas plus belliqueuses. On croyait à une émeute; on n'était pas prêt pour une guerre. Je le demande à tous ceux qui ont pu assister de sens rassis à cette agonie si tranquille et si résignée de la royauté de Juillet : A quel moment précis les dépositaires de l'autorité, depuis le plus auguste jusqu'au plus responsable, eurent-ils le sentiment d'un danger sérieux et d'une défaite irréparable? N'est-ce pas au moment où les insurgés répondirent par ce cri fatal et en quelque sorte périodique des révolutions parisiennes : *Il n'est plus temps!* A ce moment, en effet, la révolution était consommée. Il n'y avait plus qu'à baisser la tête, si l'on ne voulait pas tirer l'épée.

La révolution de Juillet avait été la victoire de la presse; celle de Février fut la victoire du journalisme. Au lieu de sortir d'un mouvement légal et régulier de l'opinion publique, comme en 1830, la révolution de 1848 fit triompher la révolte de l'opinion abusée contre la légalité impuissante : elle fut le résultat de cette lutte disproportionnée que le journalisme avait livrée aux institutions et aux pou voirs. Elle constata la suprématie des journaux insurrectionnels. Aussi tout périt en un instant sous leur pression désordonnée et furieuse, tout périt, sans qu'il restât rien de cette royauté si puissante que quelques portefeuilles bourrés de papiers secrets où l'inquisition du vainqueur ne parvint pas à découvrir un mot suspect, une ligne compromettante, une phrase équivoque, un sentiment antifrançais. Le gouvernement personnel était percé à jour par ceux-là mêmes qui avaient enfoncé les coffres-forts et les secrétaires, et on n'y trouvait pas plus le secret de son impopularité que celui de sa chute. Où était-il donc? Comment! vous le cherchez, M. Capefigue! et que signifiait donc ce spectacle qui éclatait à tous les yeux? Entre tant de ruines, la presse révolutionnaire restait seule debout. Des journalistes mettaient dans leur poche la clef des deux Chambres. Les dynasties du *National* et de la *Réforme* remplaçaient celle de Juillet. M. Ledru-Rollin, M. Marrast et M. Flocon succédaient aux Bourbons! et vous nous demandez pourquoi le trône est tombé!...

Moi, à mon tour, je pose la question qui suit:

Je mets en regard du trône, que ne protégent plus ni un clergé puissant, ni une noblesse privilégiée, ni des Parlements subordonnés, ni le prestige religieux du droit divin, ni le respect superstitieux du peuple, ni aucune des institutions du passé; je mets en regard de ce trône de Juillet, que couvre une inviolabilité de convention, écrite sur une feuille de papier, et que d'autres feuilles de papier contestent tous les matins, je mets devant lui l'ancienne noblesse qui lui est hostile; la nouvelle, qui quelquefois donne son dévouement, plus souvent le prête; le clergé, qui fait contre lui une croisade; la presse libérale et révolutionnaire, qui, d'un bout à l'autre de la France, obéit, pour battre ce trône en brèche, à un mot d'ordre venu de Paris; Paris qui, à chaque élection, lui envoie des républicains; la République qui, à chaque émeute, lui envoie des coups de fusil; les sociétés secrètes qui lui préparent des machines infernales et qui tiennent école de régicide contre lui; au dehors, l'Europe qui le jalouse, l'Autriche et la Russie qui le surveillent, l'Angleterre qui lui conteste ses alliances, l'Italie qui le compromet, la Suisse elle-même qui le brave; au dedans, toutes les ambitions déchaînées, les ministres tombés, implacables; les minorités indociles; la seule force du gouvernement, la majorité, accusée de réaction si elle résiste, de tyrannie si elle réprime; la pairie sans hérédité, c'est-à-dire sans lustre, sans autorité et sans indépendance; le pouvoir ministériel tantôt flottant suivant le caprice des ambitions parlementaires, tantôt, s'il a pour lui le talent et la durée, soulevant des coalitions irrésistibles; une portion de la presse tombée de la hauteur d'une institution dans la vulgarité d'un métier; dans l'opinion, quelque chose d'inquiet, de violent et de factice; dans l'administration, une soumission hésitante, une responsabilité timide, le souci et l'incertitude du lendemain; dans le Parlement, toutes les conditions de la force, le nombre des fidèles, le talent des chefs, les clientèles dévouées, le crédit sans limites, et, malgré tout, l'impuissance du bien; car reculer c'est trahir le mandat de la France constitutionnelle, et avancer c'est périr! Je mets tout cela en regard de ce trône que votre Constitution monarchique a placé là, tout seul, en face de ces redoutables difficultés, fragile débris battu par tous les flots de l'opinion incessamment surexcitée, pouvoir irresponsable où les prétentions, les craintes, les passions, les anathèmes de la France entière aboutissent, dignité inviolable à qui il faut des lois de septembre pour imposer le respect, et contre laquelle, quand on ne peut plus l'accuser, on conspire ; oui, c'est ce trône ainsi défendu dont vous demandez comment il est tombé entre deux soleils ! Moi je vous demande de me dire par quel miracle d'habileté, de patience et de sagesse il a pu durer dix-huit ans?

J'ai dit que le roi, qu'on avait placé en 1830 sur ce trône éphémère, croyait à son expérience. Il ne croyait pas à sa force. Il savait bien à quelles conditions il régnait. Il savait bien sur quels fondements fragiles sa royauté reposait. Sa seule erreur est de n'avoir pas compté, parmi les causes qui faisaient originairement sa faiblesse, celles qui résultaient de sa durée. Le tempérament débile de sa royauté, il a pu croire, illusion bien permise à sa fermeté et à son courage ! il a pu croire que le temps l'avait fortifié. Le temps le minait. La vieillesse était venue plus vite pour la couronne que pour la tête vénérable qui la portait. Le roi était vieux, l'homme était encore plein d'énergie, de verve, d'activité ; jamais sa mémoire n'avait été plus fraîche ; mais, hélas ! elle lui servait bien plus, dans les derniers temps, à compter les succès que les mécomptes de sa politique !

Après avoir duré dix-huit ans, malgré les vices de sa Constitution, dans cette atmosphère de surexcitation énervante où elle était condamnée à vivre, la royauté de Juillet a péri, non pas pour avoir donné une indemnité à Pritchard (encore ne fut-elle jamais payée), ou pour avoir, le 24 février, fait mettre la crosse en l'air (car cet ordre ne fut pas donné) ; elle a péri quand le germe de vie que la monarchie de 1830 avait reçu de l'avare dévouement de ses fondateurs, quand ce faible germe fut épuisé..... N'y cherchez pas, qui que vous soyez, amis ou ennemis, une autre cause.

A ce moment, fallait-il lutter, répandre des flots de sang, galvaniser, dans les horreurs d'une bataille, le cadavre de la monarchie! Vous qui l'avez tuée, bourgeois imprévoyants et coupables, en lui retirant la seule force qui la faisait vivre, c'est vous qui lui reprochez aujourd'hui de n'avoir pas combattu!

Il fallait tirer l'épée! il fallait se battre! nous disent aujourd'hui les pourfendeurs du lendemain. Mais le jour même, on criait : *Vive la Réforme!* ou on restait chez soi. Le roi avait essayé, timidement il est vrai, la répression du désordre. Il ne voulut pas prendre sur lui, devant Dieu et devant la France, la responsabilité de la guerre civile!

J'ai dit plus haut les motifs de cette répugnance du roi pour la guerre civile. Bien des fois il avait bravé l'émeute, souri de dédain au régicide, poussé son cheval dans la fumée des machines infernales : il était brave, ses ennemis mêmes ne lui refusaient pas cette qualité qu'ils avaient si obstinément mise à l'épreuve. Mais la guerre civile lui faisait horreur. J'ajoute que la pensée d'une pareille extrémité l'effrayait. Le roi avait admirablement joué cette partie savante et légale du gouvernement représentatif; il l'avait jouée longtemps avec loyauté et honheur. La violence l'avait à la fin interrompue. Une bande d'émeutiers s'était jetée sur les joueurs et avait saisi les enjeux. Le roi avait perdu la couronne, non la partie. Mais « ces jeux sanglants de la force et du hasard, » la guerre étrangère, la guerre civile, non-seulement le roi Louis-Philippe les réprouvait comme philosophe, les détestait au nom de la morale et de l'humanité; il s'y croyait impuissant comme roi. Ce fut quelquefois peut-être la faiblesse de sa politique ; ce fut, à coup sûr, après celles que j'ai signalées, la cause définitive de sa chute. Quoi qu'il en soit, quand il ne pouvait plus être sauvé que par un suprême et énergique emploi de la force, le roi ne le voulut pas.

Pourquoi fut-il obéi? Comment ne se trouva-t-il personne ni dans son entourage, ni dans ses conseils, ni dans sa famille, pour mettre une épée dans cette main qui se suicidait en se désarmant? Il faut en dire la raison.

Le roi savait la faiblesse de l'institution royale de Juillet. Mais, personnellement, il se sentait une grande force ; la supériorité de l'homme relevait, et il le savait bien, l'impuissance constitutionnelle du roi. Son habileté patiente, sa modération courageuse, son expérience libérale, la pureté de sa vie, la noble bienveillance de son accueil, l'attrait puissant et la facilité substantielle de son langage, la connaissance qu'il avait à un si haut degré des affaires du continent, et cette forte éducation politique qu'il devait à un long séjour sur le sol anglais, toutes ces qualités lui assuraient l'empire sur les hommes avec qui il traitait directement. C'est là ce qu'on appelait le gouvernement personnel, faible compensation, après tout, de ce qui manquait de force constitutive à la monarchie selon la Charte de 1830! Mais tout autour du monarque et près de son foyer, l'autorité royale rayonnait avec une puissance qu'elle n'avait pas ailleurs. Presque aucun des ministres du roi n'avait échappé à son action ; quelques-uns l'avaient combattue et subie. Dans sa famille surtout, cette supériorité du chef s'exerçait sans contradiction et sans contrôle. Le roi était le meilleur des pères, c'était déjà une raison pour être respecté ; mais il était vraiment roi chez lui, dans ce sens qu'il n'eût pas permis que son autorité politique y rencontrât le moindre obstacle, ou que le faisceau des volontés et des sentiments de sa famille, seul accord véritable qui existât peut-être dans tout le royaume, y fût brisé par la résistance ouverte d'un seul. Tous les esprits n'étaient pas également dociles peut-être sous sa main paternelle, mais insensiblement tous se ralliaient à l'accord commun. On a cité une lettre, volée dans un secrétaire ; on n'aurait pas cité un acte.

Qu'on se reporte maintenant à la situation critique où se trouvait le gouvernement le 24 février, et qu'on mette en présence de cette extrémité les dispositions que je viens de signaler, à savoir la subordination traditionnelle de tous les agents directs et immédiats du roi, et la soumission sans réserve de ses fils. Il fallait tirer l'épée, nous dit-on ; — le roi ne le voulait pas. Cela répond à tout. Pour rançon de la guerre civile, il jetait sa couronne à l'émeute. Héroïsme ou faiblesse, il abdiquait, ne voulant pas frapper en roi ce peuple qu'il avait gouverné en père. Napoléon avait dit : « J'abdique, comme étant le seul obstacle au rétablissement de la paix du monde ! » Louis-Philippe disait : « J'abdique, parce que la révolution m'accule à la guerre civile. » Et il aurait fallu que ces ministres, non pas d'un jour, mais d'un matin, que ces généraux, ces chefs de corps subordonnés, que le préfet de police peut-être se substituât au roi pour relever cette épée qu'il jetait aux pieds de la garde nationale infidèle avec un si douloureux dédain ! Il aurait fallu que les princes, ses fils, prissent à leur compte une tentative de résistance à force ouverte que, du haut de son trône encore debout, il repoussait comme un crime ! Il aurait fallu que le duc de Nemours, que l'armée estimait, qu'elle eût suivi, désobéît à son père pour la première fois de sa vie, et se jetât, le sabre à la main, entre l'abdication conseillée par les politiques et l'émeute d'où était sortie la nécessité de l'abdication ! C'était trop demander... Le roi a péri parce que personne autour de lui, en cet instant fatal, n'a osé faire violence à sa volonté. Il avait été fort par le gouvernement personnel, c'est-à-dire en donnant à la politique de la France, par son intervention parfaitement constitutionnelle, la suite et la tradition qui ont fait durer son gouvernement dix-huit ans au milieu de difficultés inouïes. C'est l'habitude envieillie du gouvernement personnel qui, au dernier moment, a soumis toutes les volontés, enchaîné tous les courages, glacé tous les cœurs. Ce qui avait fait longtemps sa force a fait, à cette heure-là, sa faiblesse. Le roi régnait et gouvernait. Il a tenu le gouvernail jusqu'au bout, même pour le briser, et personne n'osa arrêter la main avec laquelle il en jeta les débris dispersés à la tempête !

Cette explication ne justifie pas seulement les serviteurs les plus immédiats du roi, ceux de ses conseils et de sa maison ; elle n'absout pas seulement ses fils ; elle explique la conduite de l'armée. L'armée ne reçut pas d'ordres. M. Odilon Barrot s'est défendu, avec raison, de lui avoir fait dire de ne pas tirer. Personne ne donna cet ordre ni un ordre contraire. L'armée flotta deux jours entre une velléité de rigueur sans décision et une clémence incertaine, entre un service de police sans dignité et une inaction compromettante ; livrée à toutes les contradictions, à toutes les anxiétés, souvent sans munitions, quelquefois sans pain, mêlée sans cesse à la population insurgée qui l'approchait avec des cris pacifiques, la désorganisait fraternellement et la désarmait en l'embrassant. Non, on ne mit pas la crosse en l'air devant une résistance ouverte; personne ne donna cette ignominieuse consigne; mais les armes tombèrent des mains, comme le trône lui même allait tomber, au milieu d'une surprise. S'il y eut une faute commise par les commandants de la force armée, ce fut celle-là; quant à des ordres, ils n'en avaient pas. Est-ce leur condamnation ou leur excuse? Mais qui donc oserait aggraver la responsabilité des subordonnés dans cette immense chute du pouvoir suprême qui entraînait tout? Dans ces moments critiques, un homme de résolution et de génie peut tout sauver. Mais il y faut le génie. Disons qu'il y faut aussi l'initiative d'un gouvernement établi et résolu à se défendre. Bonaparte lui-même, en vendémiaire, qu'était-il autre chose que l'agent de Barras et l'officier aux ordres de la Convention?

Si l'armée de février avait été commandée comme celle de vendémiaire, elle se serait battue!... Je ne dis rien de plus. Il est trop facile de gagner, sur le papier, pour son propre parti, des victoires rétrospectives. Dire que l'armée aurait infailliblement gagné la bataille de février, ce serait accuser la volonté, royale et trop obéie, qui a refusé cette bataille; et je n'accuse pas; je réponds à ceux qui accusent; je réponds à ceux qui s'étonnent qu'une royauté puissante, appuyée sur la plus brave armée du monde, soit tombée sans coup férir entre deux soleils; je leur réponds : Le malheur des temps, les vices de la Constitution, l'aveuglement de l'opinion publique, les excès de la presse et les passions déchaînées des hommes avaient creusé un gouffre sans fond au pied du trône. La royauté de Juillet a vu l'abîme, et s'y est jetée, croyant encore se vouer à la paix publique.

Quand Judas Machabée mourut, tout le monde le pleura,

et quelques-uns demandèrent, comme le fait aujourd'hui M. Capefigue du roi Louis-Philippe : « *Quomodò cecidit potens?*... Comment est-il tombé, cet homme puissant qui sauvait le peuple d'Israël ? »

Mais l'auteur sacré ajoute : « *Et factum est : post obitum Judæ emerserunt iniqui in omnibus finibus Israel, et exorti sunt omnes qui operabantur iniquitatem*..... Et il arriva qu'après la mort de Machabée les méchants se montrèrent sur tous les points du royaume, et l'on vit les agents d'iniquité s'élever de toutes parts. »

Ces mots seront peut-être le jugement de l'histoire sur l'abdication du 24 février... Certes, la chute du roi Louis-Philippe a donné la paix à la France, comme la mort de Judas Machabée a fait régner la vertu dans Israël (1) !

(1) Voir à l'*Appendice* la correspondance à laquelle a donné lieu ce jugement porté par l'auteur sur les causes de la révolution de Février.

IV

Le Roi Louis-Philippe et l'Émigration.

... L'émigration ! c'est la guerre des pygmées contre les géants.

(*Lettre du duc d'Orléans au duc de Wellington.* — 12 juin 1815.)

(25 NOVEMBRE 1849.)

Voici un livre (1) qui a été publié, il y a quelque temps, sans la permission de son auteur. La raison en est bien simple : l'auteur avait été roi des Français, et il ne l'était plus. Tout était permis contre lui dans ce généreux pays de France, même de publier ses manuscrits sans son aveu. Cela s'appelle le droit des barricades. J'ignore quel était celui des éditeurs, hommes très-honorables, sur le *Journal* du roi Louis-Philippe. Quoi qu'il en soit, on a fait pis depuis la révolution de Février : publier des livres, cela vaut mieux, après tout, que de les brûler.

Le *Journal* de 1815 avait été déjà imprimé, mais il était resté inédit. Voici comment : Le duc d'Orléans, se trouvant à Twickenham à cette époque, eut l'idée d'écrire un exposé de sa conduite avant et pendant les Cent-Jours. Tout le monde sait que l'imprudente réaction qui avait succédé à l'éphémère triomphe de Napoléon n'avait

(1) *Mon journal : Événements de* 1815, par Louis-Philippe d'Orléans. Paris, 1849, 2 vol. in-12.

pas épargné le duc d'Orléans. On aurait bien voulu mettre sur son compte quelques-uns des griefs qu'on avait contre le parti libéral tout entier. On parlait de la tiédeur du prince quand il avait fallu résister à Bonaparte, de sa lenteur quand il avait fallu rentrer à la suite d'une invasion. Peu s'en fallait qu'on ne l'accusât de trahison. Le duc d'Orléans songea à se défendre. Un de ses aides de camp prit un brevet d'imprimeur à Londres. La défense du prince, écrite de sa main, fut imprimée sous ses yeux. L'édition tout entière fut enfermée dans une malle, pour être publiée en France, si le soin de son honneur l'exigeait, pour rester secrète, si les circonstances rendaient la publication inutile. C'est en effet ce qui arriva. On s'arrêta prudemment sur la pente qui conduisait aux abîmes. Le duc d'Orléans revint en France, et le *Journal de* 1815 ne sortit pas de sa cachette. Il fallait la main violente et l'indiscrète curiosité d'une révolution pour l'en tirer.

Ce livre est une intéressante page d'une grande histoire. Dans la longue vie du roi Louis-Philippe, les quelques jours qui précédèrent ou qui suivirent le 20 mars 1815 ne sont qu'un instant; mais le rôle qu'il y joua, les missions qu'il reçut, les résolutions qu'il prit, l'attitude qu'il persista à garder en face des passions qui entraînaient tout, donnent de l'importance à ce rapide récit. Personne ne sera tenté de juger le roi de Juillet sur la seule lecture du *Journal de* 1815; personne ne pourra se flatter de connaître le duc d'Orléans sans l'avoir lu. La sincérité du narrateur, malgré la vivacité des colères et des ressentiments de l'époque, ne peut être mise en doute. Aujourd'hui ces colères sont éteintes et ces ressentiments sont morts. La froide main du temps s'est appesantie sur la plupart des acteurs de ces luttes ardentes; et l'exil commun des deux branches de la maison de Bourbon, l'alliance de toutes les opinions honnêtes en face de la dissolution sociale, ne laissent plus de place au souvenir des anciennes querelles. Il n'y a donc plus qu'une chose à éclaircir dans les événements de 1815 et dans la part que M. le duc d'Orléans y prit, non plus une question de parti, mais une question d'histoire.

Trois faits ressortent de ce récit avec une évidence souvent voilée par l'excessive modération du narrateur, mais toujours transparente pour le critique : d'abord la difficile position du prince entre la solidarité que lui imposait l'honneur dans la destinée de sa famille, et l'antagonisme secret de ses antécédents, de ses opinions et de ses tendances; en second lieu, au moment du débarquement de l'Empereur, l'absence complète d'illusions de sa part sur le résultat final de cet héroïque retour; enfin, de la part du sage et spirituel Louis XVIII, une confiance naturelle mais combattue, une sorte de malveillance involontaire et mêlée d'estime pour le caractère, la bonne renommée et l'incontestable capacité du duc d'Orléans. Ces trois faits vont successivement se révéler et se produire dans l'analyse rapide que je veux faire du *Journal de 1815*.

Le 5 mars, M. de Blacas venait en toute hâte chercher le duc d'Orléans au Palais-Royal, à onze heures du soir, pour le conduire aux Tuileries. « Je vais mettre mon uni» forme, dit le prince. — Cela n'est pas nécessaire, ré» pond le duc. — Quoi ! aller en frac aux Tuileries ! mais » cela va faire une histoire dans tout Paris ! » Les circonstances étaient donc bien graves ! Le duc d'Orléans ne savait rien, mais il pressentait quelque révélation extraordinaire. En frac aux Tuileries ! Cependant on arrive. On traverse la salle des gardes. Les gardes du corps, couchés sur des matelas, par terre, ouvraient les yeux avec étonnement de voir passer à cette heure un prince du sang, et en frac ! Le duc d'Orléans entra chez le roi.

« Eh bien ! Monsieur ! lui dit le roi, Bonaparte est en » France. — Oui, Sire, répondit le prince que M. de Blacas venait d'informer de la nouvelle, et j'en suis bien fâché. — Ah ! j'aimerais autant qu'il n'y fût pas, dit le » roi ; mais puisqu'il y est, il faut espérer que ceci sera » une crise heureuse qui nous en débarrassera... — Je le » souhaite, mais je crains le contraire, » répond le prince. La conversation continue quelque temps sur ce ton. Mais, on le voit, dès le premier moment, l'antagonisme éclate entre le roi et le prince, entre la confiance de l'un et les alarmes trop justifiées de l'autre, entre l'illusion qui ferme les yeux aux Tuileries et la prudence qui les ouvre au Palais-Royal. « Je compte sur la garnison de Valence, dit le » roi. — La garnison de Valence, composée du 4e d'artillerie à cheval, ne fera rien contre Bonaparte, dit le » prince. — Je vous destine à aller à Lyon sous mon frère. » — Je serais plus utile à Votre Majesté en réunissant un » corps de troupes entre Lyon et Paris à tout événement. » — Pas du tout, reprit le roi en interrompant le prince assez sèchement. Vous serez beaucoup plus utile à mon » frère, qui vous donnera à commander une division. — » Et votre Majesté n'est pas inquiète de rester ainsi seule » à Paris .. — Je vous suis fort obligé ; mais je n'ai besoin » de personne, et il vaut mieux que vous alliez à Lyon. » Adieu ; graissez vos bottes, et revenez me voir demain » matin. »

Cependant le comte d'Artois était parti. Le duc d'Orléans le suivit de près. Le 9 mars il était à Lyon. « Quelles » nouvelles? demanda le prince en arrivant. — Ah ! les

» nouvelles, elles ne sont pas jolies, » répondit Monsieur. En effet, l'empereur était à Grenoble. Il y avait trouvé cent trente pièces de canon, des munitions de toute espèce, un immense approvisionnement de fusils. A Lyon au contraire, il n'y avait ni un canon, ni un fusil, ni une balle, ni un écu. « Voilà notre position, Monsieur, disait le comte d'Ar-» tois ; la voilà au naturel ! — L'affaire ne peut pas être » longue, » répondait le duc d'Orléans, et il commandait ses chevaux de poste. Le soir, arrive le maréchal Macdonald. On tient conseil. On lui explique la position : Lyon à défendre, les troupes suspectes, ni fortifications, ni canons... « Cela va beaucoup simplifier la défense de la place, » dit en riant le maréchal. Le conseil fini, on alla aux nouvelles. Napoléon marchait sur Lyon. Le lendemain, ce qu'on appelait alors l'ennemi avait ses avant-postes à la Verpillière. Les troupes de Lyon refusaient le service. Il n'y avait plus qu'une chose à faire pour les princes, c'était de partir comme ils étaient venus. Aucun d'eux n'y manqua, et ils firent bien. On en voulut beaucoup au duc d'Orléans d'avoir prédit ce qui arrivait ; on eût dit qu'il était coupable de la défection des troupes, parce qu'il l'avait jugée inévitable. « Quand M. Necker, écrit Mme de Staël, disait au roi et à la » reine : Êtes-vous assurés de l'armée? on croyait voir dans » ce doute un sentiment factieux. Car un des traits qui ca-» ractérisent le parti des aristocrates (vieux style) en France, » c'est d'avoir pour suspecte la connaissance des faits. Ces » faits, qui sont opiniâtres, se sont en vain soulevés dix » fois contre les espérances des privilégiés ; toujours ils les » ont attribués à ceux qui les ont prédits, jamais à la na-» ture des choses. »

De retour à Paris, le duc d'Orléans débuta par se plaindre au roi du rôle qu'on venait de lui faire jouer à Lyon et de la figure qu'il y avait faite. « Vous n'y êtes allé, lui » dit le roi, que comme un homme qu'on pousse par les » épaules... — Sire, répliqua le duc, le sacrifice que j'ai » fait à Votre Majesté en lui donnant, contre ma convic- » tion, cette marque de mon obéissance, doit interdire dé- » sormais tout soupçon sur mes motifs, quand je me per- » mettrai d'examiner, avant d'accepter une mission, si j'ai » l'espoir et les moyens de réussir... » Louis XVIII était un homme d'esprit. Il avait besoin du duc d'Orléans ; il l'estimait ; il fit mine de ne pas le comprendre et il parla d'autre chose.

Cependant le coup était porté : il fallut compter avec le duc d'Orléans. Les événements marchaient. On en revint, mais trop tard, aux idées du prince ; on songea à rassembler un camp sous Paris. C'eût été le salut, peut-être, quelques jours plus tôt. Aujourd'hui, c'était une vaine tentative, et qui ne pouvait avoir pour résultat que de fortifier l'armée de Napoléon en dégarnissant le nord de la France. Ce qui importait, au contraire, c'était de s'y ménager un refuge. Le duc d'Orléans mit tout en œuvre pour faire prévaloir cette opinion, et finalement elle l'emporta, puisque Louis XVIII donna au prince le commandement supérieur de l'armée du Nord. « Lorsque j'entrai chez le » roi, écrit-il, ses yeux se fixèrent sur les miens avec une » curiosité inquiète, et je crus m'apercevoir qu'il craignait » que je ne vinsse m'excuser... Mais aussitôt que le roi » eut compris que j'acceptais, sa physionomie devint aussi » gracieuse qu'elle l'était peu d'abord. »

On était au 15 mars. Les aigles de l'empire, laissées dans la décoration des Tuileries, « semblaient, dit un récit » du temps, redevenues menaçantes. » Aucun esprit sérieux ne pouvait plus mettre en doute en effet la prochaine arrivée de Napoléon à Paris, et l'impossibilité de lui résister ailleurs que dans les places fortes de l'extrême frontière. Si la mission donnée au duc d'Orléans avait un sens c'était celui-là. Mais il fallait s'expliquer : le roi voulait-il, après sa retraite de Paris, rester en France? voulait-il faire appel aux armées étrangères? Sur ces deux points, les sentiments de Louis XVIII pouvaient sembler d'accord avec les dispositions bien connues du duc d'Orléans. On citait de lui un mot qui aurait pu passer pour héroïque : « J'attendrai Bonaparte dans mon fauteuil... La victime sera » plus grande que le bourreau! » D'un autre côté, le roi autorisait le prince à repousser toute intrusion des troupes étrangères dans son armée. Nobles sentiments mais vaines paroles! promesses, non pas trompeuses, mais peu sincères, que le cœur dictait peut-être, qu'un premier mouvement poussait sur les lèvres, mais auxquelles les événements allaient donner un cruel démenti. Pour le duc d'Orléans cependant, toute la question était là : Appellerait-on l'étranger?

La question n'était pas simple. Appellerait-on l'étranger? Louis XVIII répondait : Non. Réponse facile; l'étranger marchait déjà sans être appelé. Mais comment le recevrait-on? Combattrait-on dans ses rangs, ou à sa suite? Recommencerait-on l'émigration? Verrait-on les princes, comme l'écrivait plus tard le duc d'Orléans au comte Thibaut de Montmorency, « s'enrégimenter, comme Français, dans les » corps français formés au milieu des armées étrangères, et » sous leur influence? » Telles étaient les questions qui préoccupaient l'esprit du prince, quoique, dans sa conscience, il leur eût depuis longtemps donné la solution la plus libérale et la plus patriotique.

Le duc d'Orléans quitta Paris le 17 mars. C'est à ce moment qu'éclate entre le roi et lui cette sourde lutte d'opinion et de conduite qui est en partie l'intérêt de ce récit. La mission du prince dans les départements du Nord n'est en effet marquée par aucun incident digne d'une mention particulière. Il passe des revues, il visite des fortifications, il entend des harangues et y répond avec modération et dignité ; on l'écoute, on l'entoure, on le recherche. Il arrête l'effet de quelques mesures désastreuses ; il se montre vigilant et prévoyant, plein de droiture et de dévouement. Sa prévoyance toutefois a un défaut : elle n'a pas le secret de la cour, et elle agit comme si la cour n'avait pas de secret.

Je voudrais essayer de caractériser ici cette situation éminemment délicate du roi vis-à-vis du prince, du prince à l'égard du roi, situation qui dure jusqu'au moment de leur sortie du territoire français et même quelque temps après, comme on le verra tout à l'heure. Chose singulière ! Louis XVIII donne au duc d'Orléans, dans ce grand péril de la royauté, la plus haute marque de sa confiance, mais sans lui dire son dernier mot. Il lui confie sa vie, mais non son secret. De son côté, le duc d'Orléans donne tout son dévouement au roi, mais jusqu'à la limite inflexible que le patriotisme du citoyen a marqué à la loyauté du sujet. Il y a quelque chose en effet entre ces deux personnages, quelque chose qui n'est pas, quoi qu'on ait pu dire, l'antipathie de deux caractères ou le choc de deux natures inconciliables, mais où s'arrête pourtant, d'un côté l'effusion, de l'autre la subordination. Il y a entre eux la révolution française, puisqu'il faut l'appeler par son nom. Le roi l'a combattue, le prince l'a servie. Le roi la subit, le prince l'adopte. Le roi veut faire la part du feu, le prince celle de la lumière. Et non-seulement il y a la différence du goût, mais celle du commentaire. Dans les sages concessions faites par la royauté restaurée aux principes révolutionnaires; « la forme, écrit le prince, a presque toujours gâté » le fond. Le roi n'est pas revenu en France avec la détermination de cultiver la nation française comme un » amant soigne une maîtresse dont il veut s'assurer les bonnes grâces, mais comme un père oubliant les erreurs de » ses enfants et croyant qu'il les retrouve (quoique un peu » grandis depuis leur séparation) dans les mêmes sentiments que lorsqu'ils étaient sortis de chez lui pour entrer au collége. » (*Lettre au duc de Wellington*, tome II, page 132.)

Mais quel était donc ce secret du roi, ce secret qu'on ne disait pas au prince, et contre l'existence duquel on semblait même protester en lui donnant une si importante mission sans le lui dire? Quel était ce secret? C'était, qu'on me passe le mot, quelque chose comme celui de la comédie. Tout le monde savait bien que le retour de Napoléon aux Tuileries serait le signal d'une nouvelle coalition contre la France. Le congrès de Vienne ne s'en cachait guère, témoin sa déclaration du 13 mars. La force des choses y poussait. Comment le duc d'Orléans l'aurait-il ignoré? Cette seconde invasion de la France était dans l'air. On la respirait avec toutes les brises venues du nord de l'Europe, on l'apprenait par tous les courriers, on en avait chaque jour en quelque sorte, dans ces nouvelles redoutables, le bruit lointain et l'infaillible symptôme. Comment ce qui était si public pour tout le monde pouvait-il être secret pour quelqu'un? Mais la menace d'une seconde invasion était publique; les dispositions du roi ne l'étaient pas. Je ne parle pas de la cour. Voici ce qu'on y disait, un peu plus tard, il est vrai, à Lille, le 22 mars, à propos du mauvais accueil que les troupes avaient fait au roi : « Puisque

» ces messieurs font la moue, il n'y a qu'à envoyer un » courrier à Tournay, faire baisser le pont-levis, et intro- » duire dans Lille vingt bataillons anglais qui les mettront » à la raison !... » On disait cela à la porte du roi ; mais le roi, dans son cabinet, en présence du duc d'Orléans, parlait des armées étrangères à peu près comme le duc d'Orléans lui-même. Le fond de sa pensée restait caché. Là était le secret. Que le prince l'eût pénétré ou qu'il l'ignorât, c'était pour lui même chose. A la cour, on n'a pas le droit de savoir ce que le roi n'a pas dit. La certitude elle-même ne peut se passer de la confidence.

Le prince n'en reçut aucune. « J'avais parlé au roi des » rapports que les circonstances pourraient établir entre » lui et les puissances étrangères, et je saisis cette occa- » sion de lui manifester mon opinion sur le mal qu'il » ferait à sa cause, en appelant leurs armées pour la sou- » tenir... Il me semble, lui dis-je, que si une invasion a » lieu, il serait d'une grande importance pour le roi, non- » seulement de ne pas s'en mêler, mais de marquer » qu'il ne s'en mêle point. — C'est ma manière de voir, » et je ne m'en éloigne pas, reprit le roi. » Le prince était donc parti, ainsi que je l'ai dit, se croyant fort de cette assurance.

Mais le temps a marché, l'empereur approche. Le roi, qui, le 15 mars, quand le duc d'Orléans était venu lui demander ses ordres, pour le cas où Napoléon arriverait à Paris, avait répondu avec un grand air d'étonnement : « Il ne faut pas seulement faire cette supposition-là ! » le roi prend en toute hâte la route du Nord. Le 22, il arrive à Lille presque à l'improviste, sans que le prince, qui ne l'attendait guère, eût reçu, en temps utile, aucun avis de son approche. Plus tard, cependant, on lui fit un crime de n'avoir pas deviné ce qu'il n'avait pas même dû prévoir. Quoi qu'il en soit, Lille n'était plus pour le roi de France une position tenable. La population était bonne, les dispositions de la garnison plus que douteuses. Pour garder la place au roi, il fallait en faire sortir les troupes qui seules pouvaient la défendre, et si on les y laissait, personne ne pouvait répondre de la sûreté du monarque. Pour échapper à cette alternative, de dégarnir la place ou de compromettre la retraite du roi, il semblait qu'il n'y eût qu'un parti à prendre, passer la frontière. Le patriotisme en suggéra un autre au duc d'Orléans. Dans un conseil tenu devant Louis XVIII, il proposa que le roi se retirât à Dunkerque et s'y établît avec sa maison militaire. La position était forte, et Napoléon ne pouvait songer à en faire le siége avant d'avoir envahi la Belgique. En outre, à Dunkerque, le roi se trouvait affranchi de la dépendance des troupes alliées et entièrement en dehors de leur ligne d'opérations; il pouvait donc y attendre les événements sans encourir le reproche d'avoir participé à l'invasion de son royaume. Ces arguments et beaucoup d'autres, développés avec chaleur par le duc d'Orléans pendant une discussion qui dura cinq heures, entraînèrent l'adhésion des deux maréchaux présents au conseil, celle de M. de Blacas lui-même, et enfin le roi parut prendre son parti. Il était minuit. Les chevaux furent commandés pour une heure. L'ordre fut donné au comte d'Artois de conduire la maison du roi à Dunkerque, au maréchal Macdonald de partir au bout d'une demi-heure, à tout le service de se tenir prêt pour le départ. Mais ici la scène change avec la soudaineté d'une décoration d'opéra. Le duc d'Orléans à peine rentré chez lui pour se reposer un instant, arrive un des secrétaires de la suite du roi. « Le roi me charge, dit-il, de prévenir mon-

» seigneur qu'il ne se dérange pas cette nuit : *S. M. ne » part plus!* » Le secrétaire sorti, entre le duc de Trévise : » Mais qu'est-ce donc que tout cela? dit-il au prince. » Voilà le roi qui ne part plus! — Je n'y comprends rien, » dit le duc d'Orléans. Et en effet, il ne sut jamais, ni lui, ni le duc de Trévise, ni le maréchal Macdonald, le motif d'un changement aussi subit et aussi extraordinaire. Le lendemain, cependant, le roi lui dit : « Je n'ai pas voulu sortir de Lille, la nuit, comme un voleur... — Mais à présent il fait jour, reprit le prince. — J'aime mieux rester à Lille. — Je souhaite que votre Majesté le puisse, mais je crains que ce ne soit pas long. — C'est ce que nous verrons, » dit le roi. Il n'est pas nécessaire d'ajouter que, quelques heures après, le roi passait la frontière, laissant au duc d'Orléans, au lieu d'instructions précises dont il aurait eu si grand besoin, une énigme à deviner... Louis XVIII était plein de malice, le duc d'Orléans plein de finesse. La partie était donc entre eux, sauf le respect, parfaitement égale. On va voir comment elle fut jouée.

Le roi de France se retire à Gand, le duc d'Orléans se rend en Angleterre, où sa famille l'avait précédé. A Gand, dès le 17 avril, le roi écrit au prince une lettre où se trouve cette phrase qui semble un ballon d'essai : « .. .. Je ne » tarderai pas à vous appeler près de moi, où je vous verrai » toujours avec autant de plaisir que de confiance. » Le prince répond en protestant, au nom des princes français et au sien, et avec toutes les formes du respect le plus humble, contre toute idée de servir ou même de figurer au milieu des armées étrangères. Le 10 mai, nouvelle lettre du roi, cette fois plus pressante : « ..... Mon dessein est de » paraître dans mes États dès que la moindre portion de » terrain en deviendra accessible, mais d'y paraître à la

» tête d'un corps français, entouré des princes de ma mai-
» son.... *J'ai formé, dans cette vue, un plan que je vous com-*
» *muniquerai*; et je crois, mon cher neveu, que le moment
» est venu de vous rappeler près de moi sans délai. Partez
» donc tout de suite.... » Fallait-il partir?... Certes, le but à atteindre valait la peine du voyage; le mot de l'énigme était au bout. Le roi promettait enfin de dire son secret. « J'ai formé un plan..., » cela disait tout. La confiance du roi envers le prince ne s'était jamais avancée si loin. Cette fois il l'appelait à lui pour lui révéler le fond même de sa pensée. Fallait-il partir? Le prince répond, en date du 17 mai : « Votre Majesté daigne me dire qu'elle me com-
» muniquera son plan dès que je serai arrivé auprès d'elle;
» mais j'attacherais un grand prix à le connaître avant de
» m'y être rendu; car s'il se trouvait, comme j'en ai quel-
» que crainte, que je ne crusse pas pouvoir entreprendre
» ce dont Votre Majesté peut avoir l'intention de me char-
» ger, il deviendrait alors bien plus pénible pour moi d'être
» obligé de m'éloigner d'elle que de continuer à vivre dans
» la retraite où je suis aujourd'hui... »

Cette lettre, où la résolution du prince revêtait une forme à la fois si fine et si décidée, cette lettre suspendit, on le pense bien, la correspondance directe de Louis XVIII avec le duc d'Orléans. Elle ne parut terminer ni les espérances ni même les instances du roi. Déjà, le 16 mai, le comte de Lally-Tollendal écrivait au prince dans le même sens, au nom du conseil. Sir Charles Stuart, ministre d'Angleterre à Gand, écrivait le 26 mai et le 13 juin, au nom de la diplomatie; lord Wellington, le 6 juin, comme généralissime de l'armée anglaise. Ces lettres, je le sais, avaient un caractère confidentiel; elles étaient en réalité des dépêches d'une sérieuse portée politique, auxquelles la position respective de chacun de leurs auteurs donnait, si je ne me trompe, l'importance que je crois pouvoir leur attribuer. A toutes et à chacune, le duc d'Orléans répondit comme il l'avait fait au roi, en déclinant toute intention de participer activement à l'invasion de la France, même dans les conditions les plus habilement calculées pour ménager l'odieux d'une pareille intervention de la part d'un prince français. Les instances étaient pressantes, les raisons spécieuses, les offres séduisantes. On alléguait « la force incalculable » que donnerait au faisceau des princes la présence de celui qui en était momentanément séparé ; on faisait briller à ses yeux, de l'autre côté de la Manche, une épée de connétable... Le duc d'Orléans resta ferme contre ces séductions et ces arguties. Ses réponses, qu'on trouvera dans le second volume de son *Journal*, sont des chefs-d'œuvre de raisonnement ; ce sont aussi d'incontestables témoignages d'abnégation patriotique. Finalement, l'opposition du duc d'Orléans prévalut, non-seulement pour le préserver de la faute dont il signalait les périls avec une obstination si courageuse, mais pour en sauver l'odieux à la famille des Bourbons tout entière ; et le 12 juillet, après le retour du roi Louis XVIII à Paris, le prince put lui écrire ces nobles lignes par lesquelles je veux finir ce récit : « Quant à la répugnance que j'ai cru pouvoir ne pas cacher au roi que j'éprouverais pour m'agréger à un rassemblement d'émigrés français formé au milieu des armées étrangères, j'ose me flatter que la déclaration que Votre Majesté a publiée à Cambrai, dans laquelle elle annonce avoir défendu à tous les princes de sa maison de paraître dans les rangs étrangers, a pleinement établi que le roi partageait les sentiments qui m'inspiraient cette répugnance. »

Ces lignes, d'une franchise si conciliante, sont la fin de cette correspondance, je voudrais pouvoir dire de cette querelle. Mais je m'arrête où le *Journal de* 1815 s'arrête lui-même. A quoi bon aller plus avant dans ces souvenirs? Si loin de nous par le temps, ces souvenirs le sont plus encore par le changement, et, si l'on veut, par le progrès des idées et des sentiments publics. L'émigration, *cette guerre des pygmées contre les géants,* comme l'écrivait le duc d'Orléans au duc de Wellington (le 12 juin 1815), l'émigration, si quelqu'un pouvait y songer aujourd'hui, ne serait plus qu'un ridicule ajouté à une impuissance. L'armée d'Alost est aussi impossible que celle de Condé. Gand est aussi arriéré que Coblentz. Quand donc on rappelle, dans un intérêt historique, des faits que leur éloignement sauve de tout commentaire irrité, ce n'est pas aux passions qu'on s'adresse, c'est à la curiosité de ses lecteurs. J'ai essayé de faire connaître le véritable esprit qui ressort du *Journal de* 1815. Ce livre, d'une sincérité si attachante, et qui n'est offensant pour personne, jette, sans y prétendre, une éclatante lueur de dévouement patriotique sur le noble chef de la maison d'Orléans. Il révèle, dès 1815, cette alliance du prince et du citoyen, cette rare union des vertus acquises et des aptitudes héréditaires que la nation a couronnée librement en 1830, qu'elle a délaissée en 1848. N'importe! C'est là un caractère inaltérable; et ni la main violente d'une révolution, ni les injures des romanciers (1), ni le prestige d'une voix éloquente n'auront la puissance de l'effacer!

(1) Allusion à un récent ouvrage de M. le vicomte d'Arlincourt, et à un récent discours de M. Berryer.

V

Le Roi Louis-Philippe et l'ancien régime.

Le ciel même peut-il réparer les ruines
De cet arbre séché jusque dans ses racines?
(*Athalie.*)

(13 JANVIER 1850.)

Réimprimer des livres! c'est peut-être la seule littérature possible par le temps qui court. Parler des livres qu'on réimprime, c'est peut-être la seule critique. Invoquer le passé, lui demander ses conseils, c'est peut-être la seule sagesse du présent. Examinons donc le livre (1) qu'un écrivain éminent, M. de Salvandy, a eu l'idée de rendre au public après dix-huit ans.

Pour le succès du livre, l'idée était heureuse. Publié une première fois à la fin de 1831, au moment où la royauté de Juillet luttait encore contre les premiers périls de son établissement, ce livre est publié une seconde fois, près de deux ans après sa chute, en présence de dangers plus redoutables et qui semblent nés de la même cause. Quelle que soit l'utilité de cette réimpression, M. de Salvandy a donc saisi très-habilement cette double opportunité présentée par la fortune, en dépit du temps, à la publication

(1) *Vingt Mois*, ou *la Révolution et le parti révolutionnaire*, par M. de Salvandy, 1 vol. in-8° (réimprimé, 1849).

de la même pensée. J'ajoute qu'à toutes les époques, un livre si évidemment honnête par l'intention, si remarquablement écrit, avec tant de chaleur, d'abondance et de relief, avec une supériorité de style et d'induction historique si brillante, aurait obtenu le succès que sa réimpression obtient aujourd'hui, grâce à tous ces mérites sans doute, et aussi grâce à nos malheurs !

Je veux seulement faire en commençant une observation qui en amènera, comme on pourra le voir, plusieurs autres. Entre l'enfance du gouvernement de Juillet, qui a inspiré à M. de Salvandy de si sérieuses alarmes, et sa mort, qui a paru les justifier, il y a eu sa jeunesse énergique et sa maturité robuste, dont naturellement l'auteur de *Vingt Mois* ne dit rien. Il était tout simple en effet que M. de Salvandy ne prévit pas, à la fin de 1831, que le gouvernement de Juillet parcourrait avec tant d'éclat ces deux phases de son existence, et même qu'il finirait par avoir M. de Salvandy pour ministre de l'instruction publique. Mais en 1849 ? M. de Salvandy le savait : pourquoi n'en tient-il aucun compte? C'était là pourtant un fait considérable. Pourquoi semble-t-il le supprimer dans l'histoire comme dans son livre? Pourquoi enlève-t-il au bilan de la royauté de Juillet ces seize années de prospérité victorieuse et continue, compensation éclatante de quelques-unes de ses faiblesses originelles et de ses fautes involontaires? Pourquoi, en un mot, ayant à juger cette royauté, aujourd'hui morte, la remet-il, en 1849, sur la sellette de 1831? Pourquoi se reprend-il aux infirmités et aux vagissements de son enfance, au lieu de la suivre dans le paisible développement de sa maturité et de sa puissance? Pourquoi? Ceci demande que nous reprenions nous-mêmes les choses d'un peu plus haut.

La révolution de Février a fait tomber bien des masques, mais elle a dissipé aussi bien des illusions honnêtes; elle a rejeté bien des âmes timorées et sincères dans l'examen curieux et dans le regret du passé. En un mot, elle a été suivie d'une réaction, puisqu'il faut l'appeler par son nom. M. de Salvandy s'est trouvé, lui, sans effort, reporté à son point de départ de 1831 ; et il n'a eu besoin d'aucune complaisance pour lui-même, ayant fait ce chemin en arrière, pour croire à l'infaillibilité du livre qu'il avait publié à cette époque, en frondeur plus qu'en conseiller du monarque élu en Juillet. La fable d'Épiménide est vraie dans les temps de révolution. Quand la foudre révolutionnaire éclate, il semble qu'elle vous réveille. On dormait près de l'abîme. Le temps qu'on a dormi, on ne s'en souvient plus. M. de Salvandy a eu beau être deux fois ministre, et ministre très-éveillé, depuis l'époque de la première édition de son livre, il semble que la révolution de Février lui rouvre à la fin les yeux sur les périls qu'il avait entrevus et signalés en 1831. Elle le replace dans les opinions et dans les idées qu'il avait alors. Elle supprime dans son souvenir les années qu'il a vécu en dehors de ces idées. C'est là comment s'explique, par le plus naturel et le plus légitime retour de l'esprit à d'anciennes convictions, la réimpression, en 1849, de l'ouvrage publié dix-huit ans plus tôt par l'éminent auteur de *Vingt Mois*.

En 1831, M. de Salvandy était légitimiste ; un légitimiste, je le sais, qui avait mis des habitudes un peu frondeuses au service d'un principe abstrait et absolu. Sous la Restauration, personne n'avait de plus libres allures, un plus franc langage, et en même temps, au service de cette cause qui inclinait au bon plaisir, personne n'apportait un esprit plus indépendant, une plume plus trempée d'encre libérale, un patriotisme plus éprouvé et plus pratique. Ce chevalier de Robert le Fort avait été garde d'honneur de Napoléon. Cet écrivain, qui invoquait Fontenoy, s'était battu à Lutzen. Ce zélé champion de la légitimité restau rée, c'est lui qui avait poussé, en 1815, dans une brochure restée célèbre, ce cri de l'indépendance nationale : « *Répondez à coups de cloche aux exigences de l'étranger !* « *Que les vêpres siciliennes soient nos traités avec la coali-* « *tion* (1) ! »

Quoi qu'il en soit, en 1831, quand M. de Salvandy publia l'écrit que nous examinons aujourd'hui, personne ne put prendre le change sur sa couleur et sur sa portée. C'était à la fois, et malgré toutes sortes de tempéraments d'une habileté merveilleuse (*voir* notamment le chap. IV du liv. Ier), c'était une œuvre et une démarche légitimiste. Non pas que l'auteur voulût plaire au parti lui-même, se faire pardonner les récentes et honorables libertés de son langage et de sa plume ; non pas même qu'il se posât, après la chute de l'auguste dynastie qu'il avait noblement conseillée, en courtisan du malheur. Ce rôle eût été digne de l'élévation habituelle de ses sentiments. Celui qu'il adopta avait plus de portée : il entreprenait, non pas de calmer les ressentiments d'un parti au profit de sa personne, ou de brûler quelques restes d'encens sur l'autel d'une royauté tombée, mais de rendre la vie aux principes mêmes sur lesquels cette royauté s'était appuyée, de relever son culte abandonné, de rebâtir, avec les ruines du temple écroulé, un nouvel et plus solide édifice.

Et, chose singulière ! à qui demandait-il ce miracle ? où

(1) *La Coalition et la France.*

cherchait-il l'ouvrier qui devait mettre en œuvre les matériaux de cette construction ? Pour refaire la légitimité, il s'adressait à la révolution de Juillet. C'est à elle que l'éloquent auteur de *Vingt Mois* demandait la restauration, sinon des hommes, du moins des principes qui avaient été la base du gouvernement légitime. Et, conséquence non moins étrange! tandis que les partis qui s'avançaient, les uns avec une imprévoyance puérile, les autres avec une impatience fanatique, vers un avenir encore impossible, réclamaient l'exécution de ce qu'on a appelé si longtemps les promesses de Juillet, M. de Salvandy, lui, demandait aussi l'accomplissement de ces promesses, non pas au profit de l'avenir, mais du passé. Juillet avait-il fait d'autres promesses que celles qui étaient dans la Charte révisée de 1830? Je ne le crois pas ; mais s'il en avait fait d'autres, je le demande, était-ce à la légitimité? était-ce aux légitimistes ? Cependant M. de Salvandy le proclame; et il fait un livre en 1831, au milieu des émotions de cette époque agitée, quelques mois après les désordres de Saint-Germain-l'Auxerrois, il fait un livre pour signaler la violation de ces promesses. Il intitule un chapitre : *Infractions aux véritables promesses de Juillet, ou le désordre par les pouvoirs et par les lois.*

Il écrit :

« Napoléon, lorsqu'il rétablit la royauté au sein de la » France révolutionnaire, ne crut pas pouvoir environner » le trône d'assez de prestiges pour lui assurer le respect » public... *Il prétendit appuyer au ciel ce trône qui n'avait* » *pas de racines*... Il eut hâte de s'allier au sang des rois, » de relever à son usage l'abbaye de Saint-Denis, *de* » *s'appuyer à ses tombeaux, de cacher sous un manteau ducal* » *quelques-unes des renommées révolutionnaires qui l'entou-*

» *raient*... de raviver enfin les principes que Dieu a institués au jour même de la création. Nous, qu'avons-nous » fait pour donner de la consécration à nos œuvres, » pour lier notre cause *à celle des lois éternelles de ce* » *monde?* etc. »

Et plus loin :

« La royauté nouvelle a eu un malheur, celui de ne pas » se rendre un compte exact de sa mission parmi nous et » de sa puissance. Elle n'a pas senti assez que son titre, » c'était de s'appeler la nécessité ; qu'elle s'appelait ainsi » par l'effet *de sa double participation au droit royal* autant » qu'au mouvement libéral des esprits ; que dès lors elle » devait ne pas craindre de mettre le marché à la main à » la révolution, *et de lui faire la loi au lieu de la subir.* » M. le duc d'Orléans ne recevait pas de la révolution la » couronne, *il consentait à lui donner un roi.* On a eu l'air, » des deux parts, de l'oublier. De cette sorte, le désordre a » eu deux complices : le pouvoir et la loi. »

Telle était donc la thèse de cet audacieux livre : Vous inscrivez la liberté et l'ordre sur vos drapeaux ! Vous avez dépassé la liberté, vous êtes restés en deçà de l'ordre. En d'autres termes, vous avez manqué aux principes constitutifs de l'ordre, c'est-à-dire à la légitimité monarchique, qui est « l'ordre dans la monarchie. »

La thèse était hardie, plus hardie peut-être en 1831, quelques mois après la chute de la légitimité tombée sous le poids insurmontable d'une grande faute politique, qu'elle ne pourrait l'être aujourd'hui où le droit de révision, formulé dans un article spécial de la Constitution du pays, peut, à un jour donné, rendre aux plus vieux principes de la société française une vie légale et une vigueur nouvelle. Le suffrage universel a mis aux mains de la France la baguette magique de Médée. Le vieil Éson peut rajeunir... Mais une thèse qui consistait, en 1831, à imposer, comme une dette d'honneur, à la royauté issue des barricades de juillet un système politique emprunté aux plus impopulaires traditions du passé ; cette thèse n'était pas seulement téméraire envers ce gouvernement honnête et loyal ; elle était aussi injuste qu'impolitique. Et cependant M. de Salvandy n'était, même alors, et il l'a bien prouvé depuis, ni un ennemi systématique et fanfaron du gouvernement de Juillet, ni un fanatique adorateur du passé, ni un poursuivant de chimères vénérables.

Où puisait-il donc, lui, un homme d'un esprit modéré et libéral, cette exigence insolite vis-à-vis d'un gouvernement nouveau dont les soutiens étaient ses amis, dont le chef excitait son respect, et devait sitôt recevoir ses serments? Il la puisait au foyer même de ces opinions et de ces passions dont il voulait, par une étrange inconséquence de son dévouement déjà manifeste, imposer la solidarité à cette royauté chancelante. M. de Salvandy, en effet, rejeté après la révolution de Juillet dans le milieu où recommençait à fermenter le parti légitimiste, repoussé dans ce parti par ce mouvement de recul que les révolutions impriment quelquefois aux hommes même qui ont mis le feu aux pièces, M. de Salvandy tournait contre la royauté élective, suspecte de fidélité à son principe, les armes qui lui avaient servi contre la royauté légitime, trop fidèle au sien.

Avouons-le pourtant; en 1831, au moment de franchir la frontière de cet avenir inconnu où allait s'engager la nouvelle royauté, laissant derrière elle le scandale des croix abattues, son écusson brisé par l'émeute, l'archevêché mis à sac; à ce moment, dis-je, le livre de M. de Salvandy, que je trouve injuste, pouvait sembler à d'autres un avertissement utile. En effet, pendant ce mouvement d'oscillation terrible, qui suspendait le gouvernement de Juillet au-dessus de l'abîme, M. de Salvandy lui criait d'appuyer à droite; il le tirait dans un sens, pendant que l'effort des passions révolutionnaires le tirait dans l'autre. Son livre, on pouvait le croire, n'était donc à ce moment qu'une machine politique. Il avait sa fonction, sa portée dans le mouvement général. Légitimiste par la couleur, il n'était peut-être au fond que conservateur par l'intention. Ainsi envisagé, ce livre, si passionné qu'il fût, avait sa raison d'être en 1831.

Mais, en 1849, quel est son but? quelle est sa portée actuelle? En professant le culte de la légitimité constitutionnelle en face de la République démocratique, sous la protection du principe de révision, l'auteur ne fait-il qu'user de son droit? Ou bien, en servant aux révolutionnaires de 1849 le splendide festin de récriminations indignées, de vitupérations brûlantes et de menaçants anathèmes qu'il avait déjà servi aux révolutionnaires de 1831, ne cherche-t-il qu'à constater la solidarité qui unit les anarchistes de tous les pays et de tous les temps? Sur ce dernier point, M. de Salvandy, s'il n'avait pas d'autre intention, aurait du moins parfaitement réussi. Tout son livre IVe, consacré *au parti révolutionnaire*, est notamment un chef-d'œuvre. Sur *le suffrage universel*, il n'a été rien écrit de plus vif, de plus hardi et de plus concluant que le chapitre V. Et l'auteur a raison de dire de tous ces passages, comme de beaucoup d'autres, que « c'est là un ouvrage de circonstance. » Si M. de Salvandy n'avait cherché qu'une occasion de mettre sous les yeux de notre génération oublieuse des rapprochements d'une lumière accablante, j'en pourrais citer dont l'incroyable coïncidence frapperait d'étonnement les lecteurs les plus prévenus contre ces jeux de la fortune et de l'histoire ; car le temps, il faut dire, se plaît à nous surprendre autant par la ressemblance inattendue que par l'infinie diversité de ses spectacles ; et personne, après avoir lu ce curieux et spirituel ouvrage, ne contesterait à M. de Salvandy le droit de dire ce qu'il répète volontiers dans le cours de ces pages rapides : « On est toujours obligé de » rappeler que ce livre était écrit en 1831... »

Mais si ce livre, publié le lendemain d'une révolution, et qui semblait alors un cri de défiance jeté sur le berceau d'une royauté nouvelle, se transforme, sur sa tombe à peine fermée, en un définitif arrêt prononcé par un de ses serviteurs les plus fidèles ; si l'auteur prétend qu'il est juge au même titre qu'il s'est cru prophète, et que quelques prédictions justifiées confirment du même coup ses théories, c'est alors que la critique historique intervient pour empêcher la plus injuste et la plus étrange confusion, si, par hasard, ayant existé dans l'esprit de l'auteur, elle menaçait de passer dans les convictions du public, sur la foi d'une si imposante autorité.

La confusion que je signale serait celle-ci : M. de Salvandy a cru, en 1831, que la faiblesse du gouvernement de Juillet tenait à la suppression du principe légitimiste. C'est là une opinion très-permise. Mais en 1849, après la chute de ce gouvernement, l'auteur croit, puisqu'il nous donne son opinion d'alors pour la leçon d'aujourd'hui, que ce qui était sa faiblesse a été sa faute. Si j'ai bien compris en effet le livre de M. de Salvandy, c'est entre ces deux termes que gravite toute l'argumentation de l'éminent écrivain dans le jugement qu'il porte de la royauté de Juillet : faible pour avoir accepté la Charte de 1814 mutilée, coupable pour n'y avoir pas rétabli ce que 1814 et 1815 y avaient mis.

« La Restauration, écrit M. de Salvandy, avait en soi, à » côté d'infirmités inévitables, qui tenaient au temps, des » forces plus grandes que toutes les difficultés de notre si- » tuation politique et sociale ; elle pouvait supporter les » institutions libres, *en les appuyant à leurs naturels, à leurs* » *nécessaires soutiens*; elle n'a péri que pour avoir douté » d'elle-même... La monarchie de 1830 a hérité du redou- » table problème. Sera-t-il en sa puissance de le résou- » dre?... Nous établissons que l'unique solution prospère » était de s'approprier autant qu'il était en elle *les forces* » *de la Restauration*, en conservant celles qui lui sont pro- » pres. Que si vous croyez cette solution impossible dans » l'état de l'opinion régnante, c'est déclarer la monarchie » de 1830 impossible elle-même. Quoi qu'il en soit, on » fera voir dans ce livre *que ce fut en réalité à cette condi-* » *tion expresse qu'elle reçut l'adhésion et les serments de la* » *France*. On dira les fautes commises, la plaie sociale » agrandie... enfin, la nécessité flagrante *de s'enchaîner aux* » *seuls principes* à l'ombre desquels l'ordre et la liberté » puissent se donner la main. »

A nous de montrer maintenant que *cette adhésion et ces serments de la France*, la royauté de Juillet les avait reçus à une condition toute contraire, pleine de hasards et de périls, elle le savait, mais à une condition pourtant qui avait été posée sans ambages, offerte sans déguisement, acceptée sans détour, et qui ne pouvait être violée sans déloyauté. Cette condition, c'était précisément de gouverner avec d'autres principes, d'autres forces, d'autres tendances, d'autres appuis, d'autres prétentions, d'autres maximes que n'avait fait la Restauration. C'était de gouverner avec l'esprit nouveau et non avec l'ancien, avec l'esprit libéral, et non avec l'esprit aristocratique, avec l'esprit de l'armée nationale qui avait défendu en 1792 le sol de la patrie, jonché de ruines révolutionnaires, et non avec l'esprit de l'émigration qui l'avait déserté, avec l'esprit de Jemmapes et non avec celui de Coblentz.

Tel était l'esprit que la royauté de 1830 avait mission expresse de représenter. C'eût été son devoir, mais c'était son goût. « Les d'Orléans, écrit M. de Salvandy, comme la » minorité du clergé, comme la minorité de la noblesse, » firent alliance avec la société nouvelle dès les débuts de » l'Assemblée Constituante : alliance douloureuse scellée » dans la Convention, relevée et honorée sur les champs » de Jemmapes et de Valmy. » Si donc la dynastie d'Orléans était venue représenter sur le trône les principes qui avaient été vaincus en Juillet, c'est alors qu'elle aurait été coupable d'accepter une place que les aînés de sa race remplissaient, dans ce but franchement avoué, beaucoup mieux qu'elle, par cette seule raison qu'ils étaient les aînés. Nous dire aujourd'hui que la royauté de 1830 a manqué à ses serments parce qu'elle a cherché sa force dans les intérêts mêmes qui l'avaient fondée, à l'exclusion de ceux qu'elle remplaçait, c'est donc lui faire un crime de ce qui a été, n'en déplaise à ses détracteurs intéressés, le labeur de sa longue carrière, l'effort incessant de son courage, le triomphe longtemps incontesté de sa sagesse, l'honneur de sa loyauté.

La royauté de 1830 savait bien ce qui lui manquait; mais c'est en le sachant qu'elle a vécu, qu'elle a lutté dix-huit ans, non-seulement contre les impatiences aveugles et turbulentes qui la poussaient à l'exagération de son principe, mais surtout, quoi qu'on en dise, contre les passions réactionnaires qui tentaient de l'attirer dans une autre sphère. Supposez qu'elle eût cédé à ses passions, son rôle était simple. La royauté de Juillet n'avait alors qu'une chose à faire : c'était de quitter la place, et de rendre le trône au duc de Bordeaux. Comment la nation aurait-elle pris le change? M. de Salvandy ne l'indique pas, bien qu'il dise quelque part qu'après la révolution de Juillet, et dans le premier moment, un changement de ministère eût suffi. Quoi qu'il en soit, personne, au moment où M. le duc d'Orléans accepta la couronne en 1830, ne lui aurait conseillé ce que M. de Salvandy semblait lui conseiller un an plus tard, quand la sécurité, rendue aux esprits, avait également rendu, comme il le remarque fort bien, aux opinions et aux regrets du passé, la parole qu'ils avaient prudemment perdue.

Rétablir la légitimité, cela était donc impossible, si on ne commençait par restaurer le prince légitime; et cette restauration était à ce moment d'une impossibilité, s'il est permis de le dire, plus radicale encore. En temps de révolution, les principes font moins peur que les hommes; les théories se prêtent à des capitulations qui ne semblen pas toujours possibles avec les personnes. Oui, je crois bien, avec M. de Salvandy (page 259-275 *et passim*), qu'on aurait pu épargner à la Charte de 1814 quelques mutilations. Le peuple n'y aurait pas pris garde. La Charte de 1814 avait été réhabilitée avec un mot : *Elle sera une vérité.* Mais la famille du roi violateur, si innocente qu'elle fût de cette violation, la cour du monarque, son entourage, son école politique, ses conseillers intimes et mystiques, ses apologistes sacrés et profanes, son parti, en un mot, voilà ce que la juste susceptibilité du pays repoussait; et c'est contre cette résurrection qu'il cherchait une garantie, non pas tant dans une Charte que dans un homme.

La légitimité avec le prince légitime, restauré, en 1830, par celui-là même qui avait reçu mission de le remplacer, c'était donc un rêve. Mais on pouvait aller plus loin encore, s'il est possible, dans le pays des chimères. C'était de proposer après 1830 le rétablissement des institutions de l'ancien régime, que caressaient, vers la fin du règne de Charles X, les vœux et les espérances d'une certaine portion du parti légitimiste.

En effet, que restait-il, même dans la Charte de 1814, de ces institutions de l'ancien régime ? Cherchez. Il n'en restait rien, ni clergé indépendant et propriétaire, ni religion d'Etat, ni noblesse politique, ni royauté absolue, ni priviléges en matière d'impôt, ni vénalité des charges, ni organisation hiérarchique du travail industriel, ni lettres de cachet, ni feuilles des bénéfices, ni droit de confiscation, ni exclusions aristocratiques pour les grands emplois ou le commandement des armées, ni droit d'aînesse et de substitution, ni partages inégaux, ni vœux perpétuels; rien enfin du passé dans cette Charte de 1814, qu'on accusait d'avoir été écrite sous la dictée de l'invasion, et qu'un esprit vraiment libéral avait cependant inspirée ; rien, si ce n'est son préambule inoffensif, son article 14, si fâcheusement commenté, et ce nom vénéré de Bourbon, qu'une intelligente politique était allée chercher à travers les ruines accumulées par la guerre étrangère, plutôt comme un symbole pacificateur que comme un drapeau réactionnaire, plutôt en signe d'alliance que pour le triomphe des prétentions que pourtant, et malgré lui, ce glorieux nom réveillait.

Cette solitude des Bourbons au milieu des ruines du

passé, sans aucun des grands supports de l'antique trône de leurs pères, c'était leur faiblesse peut-être comme princes légitimes. C'eût été leur force comme rois constitutionnels, s'ils avaient su l'être. Ce fut leur perte quand ils s'essayèrent aux coups d'État. Chose singulière ! personne n'a fait de cette déroute du principe légitimiste, quand il osa livrer bataille à l'esprit moderne, un plus vif et plus saisissant tableau que l'écrivain à qui je reproche en ce moment d'avoir exagéré l'importance qui restait à ce principe après la chute du trône de Charles X. Quand il s'agit de reconstruire ce trône avec les débris qui jonchent le pavé de Juillet, M. de Salvandy indique avec une sorte de préférence, parmi les matériaux qui doivent le plus efficacement concourir à cette reconstruction, ceux de ces décombres où se voit encore la dorure de la légitimité renversée. Quand il s'agit au contraire de raconter cette catastrophe, M. de Salvandy ne trouve pas assez de paroles pour multiplier les preuves de la faiblesse de ce trône tombé et pour expliquer les causes de son rapide et irréparable abandon. « ..... Le temps des superstitions politiques est passé, dit l'éminent écrivain en » rappelant un de ses écrits de 1818 ; ne nous fions pas » sans bornes à l'appui d'un dogme, appui trompeur qui » manquerait sous le premier des pas que nous ferions » en dehors des lois... Les nations tiennent en réserve un » droit terrible, etc., etc. » Voilà pour la théorie ; voici maintenant pour la pratique. La révolution de Juillet éclate ; quel est son caractère ? C'est la résistance de la légalité contre la légitimité. « En dehors de la Charte, dit M. de » Salvandy, il n'y a plus de roi... »

« Le mardi 27, à la pointe du jour, des officiers de po» lice et des soldats se présentent à la porte d'imprimeries

» qui étaient fermées. On ordonne d'ouvrir de par la loi.
» Mais *il n'y a plus de loi*, et les portes restent fermées.
» Les agents appellent un homme du métier pour ouvrir...
» et il ne se trouve pas un ouvrier, pas un apprenti qui
» obéisse ! Les agents recourent aux tribunaux, les tribu-
» naux les repoussent. *Il n'y a plus de justice.* Reste la
» force. On ébranle les bataillons... des officiers brisent
» leur épée... les soldats hésitent, beaucoup se débandent.
» Au bout de quelques heures, les routes en étaient cou-
» vertes. *Il n'y a plus d'armée...* Bientôt la population ne
» se défend plus, elle attaque. A défaut d'armes, on saisit
» ces gothiques armures conservées comme curiosités
» dans nos musées et qui servent une fois encore, mais
» pour se retourner contre la dernière réminiscence des
» anciens jours... »

Est-ce tout? non certes. La légitimité n'est pas au bout de ses mécomptes dans ce duel imprudent où elle a provoqué la loi. Laissons raconter M. de Salvandy ; il croyait le roi encore à Saint-Cloud. Le loyal écrivain s'y rendit pour mettre son dévouement au service de cette cause perdue. « Ce n'était encore que le samedi 31 juillet. Il se
» heurta contre les plus grands noms de la monarchie,
» de la cour, de la Vendée, *qui en revenaient...* » Et ailleurs : « Personne ne s'est rallié au drapeau levé par le
» pouvoir royal pour détruire la Charte. Et sait-on pour-
» quoi? C'est parce que les classes élevées, riches, éclai-
» rées, *étaient entrées tout entières dans le mouvement du*
» *système représentatif.* »

Où était donc la légitimité en 1830? Quoi! au premier mouvement que faisait la main royale pour en appeler à son droit (comment comprendre une légitimité politique sans un droit supérieur aux institutions mêmes qu'elle a octroyées?); quoi! au premier signe de cette révolte du souverain contre la loi qu'il a donnée, c'est la loi, son ouvrage, qui se dresse contre lui, c'est elle qui frappe de paralysie, sous ses yeux, sa police, sa justice, son armée, ses courtisans, ses féaux, jusqu'à sa Vendée! « La Charte, » c'était la France entière, nous dites-vous; elle seule a » triomphé! » La Charte était donc tout? La légitimité n'était-elle rien? Juillet l'avait dit. Les casuistes de la cause légitimiste prétendent que Février a dit tout autre chose. Mon humble critique n'aborde pas ces hautes questions:

Non nostrum intèr vos tantas componere lites.

Ma mission était plus modeste. J'ai voulu, sans regarder à la vertu du principe légitimiste, sans le confesser, sans le combattre, j'ai voulu prouver que le gouvernement de 1830 ne lui devait rien, si ce n'est peut-être de redoutables embarras et d'immenses périls, et qu'il n'avait pris avec le parti du passé, au moment de la révolution de Juillet, aucun engagement, qu'il ne lui avait fait aucune promesse. Si cette preuve est résultée de mon argumentation, je ne demande rien de plus. J'avais à cœur de démontrer en effet qu'un grand gouvernement, présidé dix-huit ans par un roi loyal, instruit, spirituel et sage, assisté par les hommes les plus éminents du pays, soutenu par des majorités fidèles et intelligentes, appuyé jusqu'au dernier moment par l'adhésion non contestée du pays sérieux; que ce grand gouvernement, né d'une révolution populaire, fait de main d'homme, ayant pour sujets ses auteurs eux-mêmes, n'avait pas dû jouer la comédie de cacher, comme on dit, *son front vénérable dans la nuit des temps*, ni commettre la faiblesse fatale de chercher la puissance dans la sainte obscurité des vieux dogmes politiques, le respect du peuple dans la restauration du droit divin, l'adhésion des intérêts et des esprits dans l'oubli impatient et dans le dédain superbe de son origine. Voilà ce que j'ai voulu prouver, en dépit de quelques assertions auxquelles la sérieuse autorité de M. de Salvandy semblait donner, en les produisant de nouveau, après dix-huit ans, un poids considérable. Suivant moi, si la royauté de Juillet a vécu ces dix-huit ans, c'est précisément parce qu'elle a cherché ailleurs que dans le livre de l'éminent écrivain, pour naviguer entre tant d'écueils, son gouvernail et sa boussole...

M. de Salvandy a été plus tard le ministre très-libéral de cette royauté ; et s'il a joint à cette libéralité de ses maximes et de ses pratiques, dont l'Université se souvient encore, une remarquable intelligence des droits et des devoirs de l'autorité publique, d'autres, et parmi ceux-là les plus illustres esprits, les plus fermes courages, les plus nobles caractères, l'avaient précédé dans cette lutte incessante et finalement désespérée contre le génie du mal, la passion du désordre et la furie du changement qui devaient perdre un jour notre malheureux pays. Le livre de M. de Salvandy n'était pas imprimé, que déjà le noble et courageux Casimir Périer était sur la brèche. La seconde édition du livre n'était pas épuisée, que déjà M. de Salvandy était ministre. La résistance du gouvernement de Juillet au vrai désordre avait donc précédé les avertissements de l'impatient publiciste. Ses excitations réactionnaires ne firent donc pas reculer ce gouvernement d'une ligne. Il continua de marcher en avant, et M. de Salvandy, qui avait essayé de le retenir, finit par le suivre. Le gouvernement de Juillet a cheminé ainsi dix-huit ans, sur une digue étroite, entre deux abîmes, libéral contre les prétentions légitimistes, conservateur et résistant contre les passions révolutionnaires. L'abîme était partout, puisqu'au bout du chemin le sol a manqué sous ses pieds. La royauté de 1830 est tombée. Quelles furent les causes de sa chute? J'ai essayé autrefois de les chercher à mon point de vue. Je n'y reviendrai pas ; mais assurément, quand je faisais cette recherche, je ne songeais nullement à compter au nombre des faiblesses originelles de la monarchie de Juillet le mérite qu'elle eut de rester fidèle à son principe. Si elle a eu une force, ce fut cell -là. Quel que soit mon respect pour les croyances et les traditions de mon pays, je n'ai jamais regretté, pour la dynastie élue de 1830, la sainte ampoule du roi Clovis. Avoir pris le chemin de Reims, hélas ! cela n'empêche pas de prendre celui de Cherbourg (1) !

(1) Voir à l'*Appendice* la correspondance à laquelle a donné lieu cette étude.

DEUXIÈME PARTIE.

HÉROS ET HISTORIENS DE LA RÉVOLUTION DE FÉVRIER.

I

M. de Lamartine.

I

M. DE LAMARTINE, POÈTE ET ORATEUR.

(Je reproduis ici une étude que je publiai, le 8 juillet 1837, dans le *Journal des Débats*, sur M. de Lamartine. Je n'y retranche rien, ni de mon admiration pour l'illustre poëte, ni des réserves sévères que j'avais exprimées sur le compte de l'homme politique.)

Dans la Chambre des Députés de France, sur le banc le plus élevé de la section de cette salle qu'on appelle le centre droit, siége habituellement un homme d'un âge déjà mûr, mais remarquable par la vivacité et la noblesse de sa physionomie. Il est là presque seul, silencieux parmi les interruptions qui se croisent en tous sens aux heures de passion de l'assemblée, immobile et calme au milieu de l'agitation et du bruit. Cependant tous les regards vont chercher cet homme si modeste à la place qu'il a choisie, loin de ceux dont la célébrité parlementaire attire plus particulièrement l'attention publique. De toutes les tribunes des yeux avides s'attachent à lui. Tout étranger qui entre dans la salle demande d'abord à le voir ; toute femme le cherche et l'observe, et se passionne à le contempler. Et leur curiosité est juste, leur enthousiasme est légitime; car cet homme est un des plus grands poëtes de la France et du monde, ce député est M. de Lamartine.

Comment M. de Lamartine est-il tombé du ciel de la poésie sur ce banc solitaire qu'il occupe aujourd'hui à la Chambre des Députés ? comment le dieu s'est-il fait homme? pourquoi a-t-il changé sa lyre immortelle pour l'urne à scrutin d'un parlement amovible ? c'est-là ce que j'expliquerai plus tard, si je le puis. En ce moment je ne veux qu'imiter les spectateurs des tribunes dont j'ai montré les regards attachés sur M. de Lamartine, et qui, suivant toute apparence, cherchent en lui beaucoup moins le député que le poëte.

Si M. de Lamartine est un grand poëte, c'est surtout par l'admirable spontanéité de son génie, c'est parce qu'il a reçu à un degré éminent le feu sacré qui fait les poëtes, c'est parce qu'il a su dominer par la puissance de l'inspiration un siècle égoïste et calculateur, et verser des flots de poésie sur un sol aride et desséché. J'entends par la spontanéité du génie la puissance de créer qui est en lui, indépendamment de toute cause extérieure, qualité rare, privilége exclusif de quelques hommes d'élite, et qui se manifeste avec une supériorité éclatante dans la destinée poétique de M. de Lamartine. Je cherche en effet, dans l'histoire de tous les âges du monde, une vocation de poëte où le caractère de l'inspiration primitive soit plus fortement empreint, et j'ai peine à la rencontrer. Il n'y a pas un poëte de l'antiquité païenne qui n'ait trouvé dans l'éclat d'un beau ciel, tout peuplé de dieux, dans le spectacle habituel d'une nature magnifique, sur le sol natal, dans les traditions, dans les préjugés, dans les fables de son pays, et tout autour de lui, sous la main, pour ainsi dire, presque autant d'excitations que dans son génie. Tous les grands poëtes du christianisme habitent aussi une terre échauffée par les plus purs rayons du soleil, ou vivent du moins à une époque de ferveur spiritualiste ; ils sont soutenus par l'ardeur des croyances qui dominent ; ils puisent l'inspiration dans la foi enthousiaste et dans l'imagination avide des contemporains. M. de Lamartine, au dix-neuvième siècle, ne reçoit l'inspiration que de lui-même.

Il était né à Saint-Point, un des coins les plus arides et les plus ingrats de la France, s'il faut en croire son propre témoignage, consigné dans un ingénieux écrit. Il a donc été poëte malgré Saint-Point, malgré ses champs avares et ses côteaux abandonnés,

> Malgré le sol sans ombre et les cieux sans couleur ;

poëte malgré tout ; car, d'un autre côté, M. de Lamartine était destiné à vivre dans un siècle qui se vouait au culte des intérêts matériels, dans un pays livré aux avocats, aux financiers et aux ingénieurs, dans une religion devenue d'autant plus austère qu'elle ne dominait plus ; enfin, n'a-t-on pas fait de M. de Lamartine un diplomate à trente ans, un député à quarante ? Pour échapper à tant d'influences contraires, pour surmonter tant d'obstacles, pour sauver son âme poétique de ce purgatoire, ne fallait-il pas, qu'on me permette l'expression, que M. de Lamartine eût la poésie chevillée au corps, que sa vocation fût irrésistible, que son génie fût inflexible comme la destinée? J'ignore quelle profession M. de Lamartine a dû embrasser dans sa jeunesse; mais je crois qu'on aurait pu le soumettre à toutes les épreuves, faire de lui un procureur, un inspecteur du cadastre, un greffier de juge de paix; qu'on aurait pu le briser et le tordre et le pousser de force dans le plus ingrat métier, dans le fond d'un comptoir, ou dans la poudre d'un bureau, qu'il n'en serait pas moins resté poëte! La poésie, chez M. de Lamartine, c'est tout l'homme. Il n'y a pas un coin de son esprit, pas un repli de sa mémoire où la poésie ne trouve à se loger, pas une fibre de son cœur qu'elle ne fasse vibrer et frémir; elle coule avec son sang, elle se mêle à sa substance; elle le pénètre et l'inonde; elle transforme en rêves brillants ses passions, ses croyances, ses idées, ses opinions, tout, jusqu'à l'expérience qui n'agit pas sur M. de Lamartine comme sur les autres hommes; l'expérience ne le fait pas plus sage, mais plus poëte; elle ne rend pas son esprit plus juste, mais seulement plus abondant et plus fécond; elle ne le mûrit pas, elle l'échauffe; elle ne l'instruit pas, elle l'exalte; témoin son dernier ouvrage, *Jocelyn*, une des productions les plus poétiques de M. de Lamartine, et en même temps la plus aventureuse, la plus abandonnée, la plus jeune qui soit sortie de sa plume. Mais j'y reviendrai.

Presque tous les critiques qui se sont occupés de M. de Lamartine, au lieu de faire ressortir, comme je l'essaie en ce moment, cette merveilleuse spontanéité de son génie poétique, se sont évertués à chercher dans son talent je ne sais quelle prédestination providentielle, une mission d'en haut, une mystérieuse harmonie avec les besoins moraux de notre âge ; car il est très-difficile à un homme de génie de venir au monde sans que bon nombre d'illuminés prouvent à l'instant qu'il était absolument nécessaire à son siècle. « M. de Lamartine est venu, nous dit-on, quand le siècle, épuisé d'efforts révolutionnaires, de conquêtes extravagantes et de destructions insensées, n'avait gardé de tant d'épreuves qu'une lassitude affreuse et une ardente soif de croyances. Il a été un poëte religieux, parce qu'il fallait un poëte religieux au siècle et au pays! » Je crois, quant à moi, que M. de Lamartine a été poëte parce qu'il lui était parfaitement impossible d'être autre chose. Il aurait été poëte sous tous les régimes, dans un temps de ferveur religieuse comme il le fut à une époque d'indifférence. Et ce qu'il faut remarquer d'ailleurs dans la destinée de M. de Lamartine, c'est qu'au lieu de s'inspirer de son siècle, il a été dans un antagonisme perpétuel à ses passions et aux actes qui l'on rempli. Enfant, il a connu les cachots de la Terreur; et, comme il le dit lui-même, la première fois qu'il entendit prononcer le nom de la liberté, . .

Ce fut sous les verroux d'une indigne prison ;
Dans les étroits guichets d'un cachot solitaire,
Elle le disputait aux doux baisers d'un père.

Sorti de l'enfance, M. de Lamartine n'a pas servi l'empereur. Plus tard, s'il s'est attaché à la fortune de la Restauration; mais comment? Dans quelles circonstances ? Tout le monde le sait.

Il était survenu une immense révolution en France bien moins pour l'État que pour la religion. Une restauration armée avait eu lieu. Maîtresse de tout, elle avait eu l'irrécusable mérite de poser elle-même la limite de son pouvoir politique; mais l'esprit de prédominance religieuse qu'elle ramenait avec elle, et peut-être malgré elle, ne pouvait connaître ni ces tempéraments ni cette prudence. Ce fut donc ouvertement (car le jésuitisme lui-même, avec ses établissements publics et ses prédications à ciel ouvert, ne songeait guère à se cacher), ce fut sans dissimulation ni fausse honte que l'esprit religieux marcha dès l'abord à la conquête de la société. Le pays se sentit blessé dans ses susceptibilités les plus délicates et les plus intimes; toutes ses méfiances se réveillèrent; une formidable coalition d'intérêts, de doctrines et de passions, opposition telle que le dix-huitième siècle lui-même ne l'avait pas connue, se forma contre les prétentions envahissantes du clergé; une lutte nouvelle s'engagea entre l'esprit de prédominance religieuse et l'esprit philosophique, tous les deux restaurés.

Au milieu de ce conflit parut M. de Lamartine; et il servit de toute la puissance de son talent le parti catholique, le parti intolérant, réduit à se défendre avec les forces réunies de ses politiques, de ses dévots, de ses mondains, de ses prosateurs et de ses poëtes, contre les haines violentes qu'il avait imprudemment soulevées.

. . . .
Sortez, ô mânes de nos pères,
Sortez de la nuit du trépas!
Que vois-je? Ils détournent la vue,
Et, se cachant sous leurs lambeaux,
Leur foule, de honte éperdue,
Fuit et rentre dans ses tombeaux!
Non, non; restez, ombres coupables!
Auteurs de nos jours déplorables,
Restez! ce supplice est trop doux.

Le ciel, trop lent à vous poursuivre,
Devait vous condamner à vivre,
Dans ce siècle enfanté par vous !

C'est souvent avec cette véhémence que M. de Lamartine résume les regrets et les colères de l'ancien régime dépossédé ; en sorte que s'il a effectivement trouvé des inspirations dans son siècle, on peut dire que c'est en le combattant : mission difficile, entreprise périlleuse, ou le poëte n'est soutenu que par son génie, où les esprits emportés succombent comme Gilbert, où les plus grands courages échouent, où la poésie va se perdre presque toujours dans les violences ou les obscurités de la satire ! Aussi je vois que presque tous les poëtes illustres ont vécu en bonne intelligence, au moins comme poëtes, avec le siècle qui les a vus fleurir. Homère s'est fait historien des traditions nationales de son pays ; Virgile a immortalisé les origines du peuple romain ; Horace, qui attaque les ridicules de Rome, caresse trop souvent ses vices ; le Tasse a chanté à l'unisson des croyances de l'Italie, devenue guerrière et romanesque; Milton a mis au service de l'Angleterre, insurgée et régicide, plus que de la poésie. Partout je vois la poésie ouvrir ses voiles au vent qui souffle, partout elle suit le courant des passions et des préjugés qui dominent. Chez nous, Béranger, Casimir Delavigne ont trouvé d'admirables inspirations dans la conformité de leurs opinions et de leurs sentiments à ceux du pays. Victor Hugo n'est pas entraîné, mais il ne lutte pas. Seul, M. de Lamartine a trouvé la poésie dans l'antagonisme ; rien ne prouve mieux qu'il était né poëte !

J'attache, comme on le voit, quelque importance à faire ressortir ce trait de la physionomie poétique de M. de Lamartine, l'inspiration, parce que je n'ai pas la prétention d'écrire sa biographie, ni de donner une analyse de ses œuvres, que tout le monde sait par cœur, mais bien de tracer son portrait; et je sacrifie tout le reste à la ressemblance.

M. de Lamartine a beaucoup voyagé. Il est allé chercher, loin de nous, l'air et le soleil qui lui manquaient. C'est ainsi qu'il a parcouru l'Italie, la Grèce, les îles de l'Archipel, la Syrie, la Palestine ; il a séjourné à Florence; il a vécu longtemps sous le ciel de Naples. Il a respiré toutes les brises et toutes les fleurs du Midi, savouré tous les parfums de l'Orient. Son noble front a reçu tous les rayons qui ont successivement brillé sur la tête des plus grands poëtes du monde, depuis Orphée jusqu'à Chateaubriand. « Mon corps comme mon âme est fils du soleil, » dit quelque part M. de Lamartine ; il lui faut la lumière ; » il lui faut ce rayon de vie que cet astre darde, non pas » du sein déchiré de nos nuages d'Occident, mais du fond » de ce ciel de pourpre qui ressemble à la gueule de la » fournaise ; ces rayons qui ne sont pas seulement une » lueur, mais qui pleuvent tout chauds, qui calcinent en » tombant les roches blanches, les dents étincelantes des » pics des montagnes, et qui viennent teindre l'Océan de » rouge comme un incendie flottant sur les lames. J'avais » besoin de remuer, de pétrir dans mes mains un peu de » cette terre qui fut la terre de notre première famille, la » terre des prodiges, etc., etc. » On pourrait donc croire, en lisant ces lignes, que M. de Lamartine a vraiment cherché à se faire la patrie poétique qui lui manquait, qu'il a couru au soleil comme à la source où devait se raviver son génie. Eh bien ! j'affirme que M. de Lamartine n'est pas revenu de ses voyages plus poëte qu'il n'était parti ; la poésie ! il l'a emportée avec lui, il l'a répandue sur sa route, il l'a versée comme un parfum immortel sur tous les lieux célèbres qu'il a parcourus, sur le sable de la plage, sur l'écume de la mer, et jusque dans l'azur des cieux; le golfe de Baïa lui doit plus qu'il ne lui a donné; et le jour où M. de Lamartine voudra tirer de ses *Souvenirs d'Orient* une œuvre véritablement digne de sa renommée, il fera peut-être un beau poëme; mais je crois pourtant qu'il ne trouvera ni de plus doux accents, ni de plus poétiques images, ni de plus magnifiques tableaux dans ses notes de voyage, qu'il n'en a créé autrefois par la seule force de cette spontanéité féconde qui a inspiré ses premiers chants.

Esprit spontané, indépendant, dominé par la puissance de sa vocation, M. de Lamartine a une autre qualité dont j'aurai plus de peine à démontrer l'existence dans ses poésies; car je reconnais que je suis, sur ce point, en opposition avec le sentiment presque unanime de mes lecteurs. Ce qui me frappe donc dans le génie de M. de Lamartine, après l'inspiration, c'est le don d'universalité poétique qui, suivant moi, le distingue entre tous les grands poëtes dont s'honore l'humanité.

Universel! Est-ce à dire qu'on doive classer le chantre d'Elvire parmi nos encyclopédistes et lui ouvrir les portes de l'Académie des sciences? Est-ce à dire encore que M. de Lamartine ait beaucoup varié la forme et diversifié le rhythme de ses poésies? Je ne voudrais pas pousser jusque-là l'audace de mon paradoxe. M. de Lamartine n'est, le plus souvent, qu'un poëte lyrique, quant à la forme, et il a pu mériter quelquefois le reproche de monotonie, qu'une médiocre appréciation de ses œuvres a accrédité parmi les critiques de salon. Mais ce qui me paraît ressortir cependant d'un examen sévère de ses ouvrages, c'est que chez lui le sentiment poétique s'applique à tout, qu'il embrasse tout, les idées, les faits, les opinions, les systèmes; qu'il transforme l'histoire, la morale, la religion; qu'il se plie avec une merveilleuse facilité à tous les mouvements, à tous les caprices, à toutes les fluctuations indéfinissables de l'âme humaine; qu'il reproduit, sans l'altérer, la prodigieuse variété des couleurs qui se jouent dans les rayons du ciel et dans les harmonieux reflets de la terre habitée; en un mot, que rien n'échappe dans l'ordre de nos connaissances, de nos intérêts et de nos affections, à cette admirable faculté de tout traduire en images sensibles, espèce de contagion poétique qui s'exhale pour ainsi dire de l'âme et du cœur de M. de Lamartine.

Ce qui a fait croire à la monotonie et (quel blasphème!) à la stérilité de ce grand poëte, c'est que les esprits superficiels qui contribuent pour plus qu'on ne pense à la renommée des écrivains, voyant qu'il parlait de Dieu avec une majesté et une effusion de style à laquelle on n'était plus accoutumé depuis *le Génie du Christianisme*, ont trouvé commode de tout rapporter dans ses œuvres au sentiment religieux. C'est une erreur; M. de Lamartine est un esprit religieux, mais qui ne rapporte pas tout à la religion; c'est un chrétien, mais qui a des passions, des désespoirs, des colères politiques et philosophiques, des accès de scepticisme et de rêverie inquiète et découragée, que le christianisme n'avouerait pas toujours. J'ai eu l'idée de comparer entre eux les différents sentiments qui ont inspiré à M. de Lamartine les cinquante-six *Méditations* renfermées dans ses deux premiers recueils; je n'ai pas trouvé plus de douze ou treize de ces poétiques compositions qui portent le caractère d'une inspiration exclusivement religieuse; il en est au moins dix où le scepticisme abonde; un aussi grand nombre consacrées à dire les joies ou les souffrances de l'amour ; toutes les autres sont d'admirables morceaux de philosophie, de morale ou de polémique, très-divers de forme, de mesûre et d'inspiration. Dans les autres œuvres de M. de Lamartine, même variété. Les épîtres familières ne ressemblent pas aux *Méditations*, qui, elles-mêmes, malgré la préférence à peu près générale dont elles sont l'objet, n'approchent pas du caractère austèrement religieux et de la magnifique et solennelle unité qui distingue les *Harmonies* entre tous ses ouvrages. Je concevrais cependant qu'on eût reproché à M. de Lamartine de n'avoir qu'une corde à sa lyre, s'il n'avait fait que les *Harmonies*. Je ne parle pas de la *Mort de Socrate*, étrange et quelquefois sublime déclamation, ni du *Dernier chant du pèlerinage d'Harold*, brillant post-scriptum, péniblement rattaché à l'admirable épopée de Byron, lambeau de pourpre cousu à un drap d'or ; ni du *Chant du Sacre*, où M. de Lamartine, panégyriste obligé de la cour de Charles X, a peut-être exagéré les devoirs de son emploi. Mais j'arrive au dernier ouvrage du grand poëte, à celui dont la renommée est la plus jeune, dont le mérite a été le plus contesté, à *Jocelyn*, cet épisode d'un poëme qui, suivant l'expression de l'auteur lui-même, « embrasse l'humanité tout entière, » et où brille, plus que dans aucun autre, ce don d'universalité poétique que j'ai entrepris de signaler dans son génie.

Jocelyn est, en effet, parmi les ouvrages de M. de Lamartine, le seul qu'on pouvait raisonnablement le croire incapable de produire. *Jocelyn* est un roman. Les admirateurs de ce livre étrange trouveront peut-être le mot sévère. Mais pourquoi? quand le romancier fait oublier le poëte, quand l'intérêt et la variété des aventures l'emportent sur le charme des vers ou sauvent leur monotonie, quand les accidents les plus bizarres se succèdent, quand le poëme s'intrigue, se complique et se dénoue comme s'il était en vile prose, qu'importe que l'auteur appelle son œuvre « une épopée intime ? » C'est un roman qu'il a écrit en vers. *Jocelyn* appartient donc, dans la vie de M. de Lamartine, à une seconde époque, à une nouvelle transformation de son talent. « J'ai choisi, dit l'auteur, une des scènes les plus locales et les plus contemporaines. » Et, en effet, il a pris cette fois ses inspirations, si ce n'est dans la réalité, tout au moins dans les habitudes excentriques et les procédés un peu aventureux du roman moderne : Laurence, Jocelyn, leurs étranges amours avant qu'un évanouissement de la jeune fille eût révélé son sexe à l'ardent catéchumène, leurs soupirs interminables après cette découverte, les mystères de la Grotte des Aigles (car pour moi, je l'avoue, dans cette grotte tout est mystère) ; en un mot, toute cette série d'aventures touchantes et de péripéties singulières, qui aboutit au lit de mort d'une coquette repentie dans une auberge de village, c'est là une conception, et je ne la juge encore que sur cette différence, qui ne procède d'aucune des inspirations familières à M. de Lamartine, un livre qui n'a pas de précédents dans sa vie poétique, un de ces enfants qui n'ont de ressemblance avec aucun de leurs aînés et qui sont comme isolés et comme perdus dans la famille. Il est bien vrai que l'engouement du public a bien vite adopté le livre de M. de Lamartine ; aucun de ses autres ouvrages n'a été plus avidement lu, plus acheté, plus recherché, plus contrefait. Mais le dirai-je ? ce qui a séduit le public dans le nouveau poëme, ce n'est pas seulement le talent poétique de l'auteur ; mais c'est qu'il avait évidemment flatté le goût du moment, qu'il s'était adressé au cœur et à l'imagination des femmes, qu'il avait charmé, surpris, déconcerté tout le monde par la nouveauté et l'audace de son récit, jusqu'à ce point que le pape lui-même, étourdi de ce succès si populaire, n'a pas réfléchi moins d'un an avant de le condamner...

Je n'ai pas trop approfondi cette question, de savoir si l'œuvre de M. de Lamartine était peu ou point catholique; il n'en faut pas tant pour être mis à l'index de la cour de Rome, puisqu'on a soumis à la même pénitence les très-orthodoxes *Souvenirs d'Orient*. Mais je ne trouve dans *Jocelyn* ni la pureté morale, ni la douce austérité, ni cette hauteur de pensée, ni ce désintéressement de gloire humaine et d'applaudissements profanes qui brillaient dans les premiers ouvrages du poëte. Sous le rapport du style, le déchet est encore plus éclatant. *Jocelyn* est, de l'aveu même de son auteur, une improvisation poétique, admirable assurément, quand on songe à la rapidité de l'exécution, mais où le grand poëte a trop souvent oublié sa belle langue des *Méditations*, son rhythme sévère, sa correction étudiée, sa dignité, sa délicatesse et jusqu'à ses rimes. *Jocelyn*, c'est donc, sous le double point de vue du sujet et du style, le génie poétique de M. de Lamartine descendu dans le roman, sa lyre tombée du ciel, sa muse sécularisée; c'est l'œuvre d'un immense talent, trop peu sévère pour lui-même, œuvre qui durera, malgré ses défauts, mais qui semblerait marquer dans la carrière de M. de Lamartine une époque d'affaiblissement et de décadence.

Je ne crois pourtant pas, je me hâte de le dire, à la décadence réelle du génie poétique de M. de Lamartine. Cette décadence n'est qu'apparente. En réalité, M. de Lamartine est dans la force de l'âge et du talent. Mais comment dire ce qui, selon moi, arrête l'essor de cette noble intelligence, ce qui la condamne à des efforts incomplets et à des œuvres peut-être indignes de sa renommée? Accuserai je la politique d'avoir enlevé M. de Lamartine à la poésie? Faudra-t-il faire le procès aux électeurs du canton de Bergues? Aurai-je le courage de reprocher à M. de Lamartine l'empressement avec lequel il est accouru des sommets poétiques du mont Liban pour répondre aux vœux de ses commettants? Le blâmerai-je d'avoir accepté un mandat honorable, et de l'avoir rempli avec le dévouement d'un honnête homme et le talent, dirai-je d'un grand politique ou d'un grand poëte?

Non, à Dieu ne plaise! la critique serait un vil métier si elle me donnait le droit de reprocher à M. de Lamartine un acte de désintéressement, de patriotisme et de courage. M. de Lamartine a accepté la députation; il s'est honoré de représenter quelques bourgeois d'une ville de province, lui qui représentait à la fois les préjugés d'un vieux nom, les regrets d'un parti vaincu et le génie poétique de la France nouvelle. Cette déférence de M. de Lamartine au vote électoral du canton de Bergues prouve qu'il avait fini par comprendre son siècle et son pays. C'était en même temps un éclatant témoignage de résignation patriotique et de dévouement; car, en acceptant la députation, ne peut-on pas dire qu'il renonçait à la poésie? En mêlant sa vie au mouvement et au bruit, aux passions et aux misères du monde politique, si étranger qu'il voulût rester à ses intrigues, ne troublait-il pas cette source limpide et pure où son génie puisait depuis vingt ans? Ne mêlait-il pas, pour ainsi dire, la poussière de nos disputes aux flots d'azur de son beau lac, l'argile grossière de nos systèmes et de nos lois aux sables d'or de ses rivages?

..... *Vatem egregium, cui non sit publica vena,*
Anxietate carens animus facit. . . . .

Que dis-je? M. de Lamartine, en mettant le pied dans un parlement, ne s'exposait-il pas à de cruels mécomptes?

Je sais que M. de Lamartine a le goût des questions politiques, et qu'il s'est livré souvent, depuis quelques années, à cette recherche nouvelle pour lui, avec une ardeur extrême. Il aime la tribune et il y monte fréquemment, et la Chambre l'écoute, et elle lui est favorable, moins jusqu'ici pour l'importance de l'homme politique que pour l'immense renommée du poëte, moins pour la valeur pratique de ses idées que pour le charme de sa parole, toujours étudiée, toujours poétique, où les images abondent, où la puissance du rhythme couvre bien souvent le vague de la pensée, espèce de mélopée brillante qui participe de la prédication et du dithyrambe, où l'on voit que la conscience des opinions lutte sans cesse contre les entraînements du cœur, où l'idée positive périt quelquefois, étouffée sous le luxe de l'imagination, où le raisonnement s'efface et disparaît dans les nuages artistement disposés d'une magnifique phraséologie. Du reste, l'orateur a une attitude pleine de noblesse. Sa tête est bien placée; son front brille de modestie; son geste est grave; de ses yeux s'échappe une douce lumière; enfin, toute sa personne exhale je ne sais quel parfum de poésie,

Ambrosiæque comæ divinum vertice odorem
Spiravere;

parfum qui se répand de la tribune dans la salle et ranime un instant, sur le banc des législateurs, tant de cerveaux engourdis dans l'exclusive préoccupation des intérêts positifs. En sorte que M. de Lamartine joue, pour ainsi dire, dans le drame parlementaire, le rôle dont le chœur était chargé dans la tragédie antique. Il laisse dialoguer les intérêts, les passions se heurter et la mêlée des ambitions s'engager sur tous les points, puis il arrive à la fin de la scène comme un médiateur pacifique, pour chanter quelque grande méditation, et tâcher de mettre tout le monde d'accord. Car, toute la politique de M. de Lamartine, sa science sociale aussi bien que sa théorie rationnelle, se résume dans un principe, le plus honorable et le plus vain, et elle aboutit à cette énigme des sociétés modernes, à cette illusion des philanthropes, à ce rêve éternel des honnêtes gens, à ce mot que j'aime et dont je sens le vide, *la conciliation des partis*.

Il me resterait, car je m'aperçois que je n'ai pas parlé de la prose de M. de Lamartine, à l'étudier comme prosateur. Mais je ne veux pas finir par l'analyse du moindre de ses mérites. Sa plus belle prose est encore dans ses discours parlementaires. On trouve aussi des pages fort remarquables dans les *Souvenirs d'Orient*. Mais en général, la phrase prosaïque de M. de Lamartine est vague, monotone, tout au contraire de sa période poétique, qui est si vive, si précise, si ferme, si mélodieuse. On sent que la prose de M. de Lamartine est gênée, qu'elle marche péniblement sous le poids des ornements dont elle est parée à toute heure, à tout propos, qu'elle étouffe sous la riche enveloppe et sous les plis amoncelés de sa robe flottante. Une phrase du *Voyage d'Orient*, que j'ai citée plus haut dans une autre intention, peut être considérée cependant comme le type des procédés habituels de la prose dans les essais de ce grand poëte.

Tel est M. de Lamartine. Poëte, j'ai reconnu en lui, à un degré supérieur, deux qualités éminentes dont la réunion a manqué à presque tous les devanciers de notre illustre contemporain, la spontanéité et l'universalité du génie poétique. Homme politique, je le crois dupe encore de son imagination et de son cœur. Orateur, il me paraît plus fait pour charmer son auditoire que pour le convaincre. Prosateur, il reste peut-être au-dessous de sa renommée.

Je sais que l'on va conclure de mon opinion sur M. de Lamartine que je ne crois pas les hommes de lettres propres aux affaires publiques. Cette conséquence serait trop rigoureuse. Si Corneille avait vécu de mon temps, je l'aurais fait ministre, disait Napoléon. C'est là un mot profond et juste. Je pense aussi que, dans un certain nombre d'esprits, la vocation littéraire se concilie merveilleusement avec la vocation politique; que l'une entraîne l'autre, qu'elles s'accordent et se soutiennent, qu'elles marchent de concert vers le même but. Je ne doute pas non plus qu'une éducation de lettré ne soit une indispensable préparation à la vie publique, dans laquelle il ne se rencontre pas seulement des intérêts à traiter, mais des passions de toute sorte à remuer, à combattre, à convertir, si bien que la science du beau langage semble être pour beaucoup plus que celle des affaires dans la solution de la plupart des questions qu'agitent les gouvernements libres. Mais je crois aussi que, parmi les gens de lettres, il en est qui sont appelés à une destinée que je n'appellerai pas plus étroite, mais plus exclusive. Oui, je crois dans bien des cas à la vocation exclusive du génie!

Quand ce caractère se manifeste dans un grand poëte, quand son talent l'a élevé si haut qu'aucune renommée politique ne peut l'atteindre, quand ses chants ont rempli son siècle et charmé son pays, quand sa parole poétique a l'autorité réunie du talent et de la vertu, il est injuste de dire qu'il « n'a fait que cadencer des rêves agréables, qu'il » n'est qu'un baladin propre à divertir les hommes sé- » rieux. » Le sentiment public ne sanctionne pas cette ridicule sentence ; le grand poëte est un grand citoyen, sa lyre est un admirable instrument de civilisation, sa mission est une des plus actives qu'il soit donné à l'homme de remplir sur cette terre. Chantres inspirés, âmes de leur siècle, échos de leur patrie, flambeaux du monde, les poëtes ne gagnent rien à se compromettre dans la mêlée des ambitions politiques, à parler le langage des affaires, à discuter les intérêts positifs ; et les affaires ne gagnent rien non plus à leur assistance. Qu'ils restent donc dans les hautes régions de la poésie ; qu'ils gardent leur rang

Parmi ces purs enfants de gloire et de lumière,
Que d'un souffle choisi Dieu voulut animer,
Et qu'il fit pour chanter, pour croire et pour aimer !

Ces vers sont de M. de Lamartine. Il les adressait, en 1821, à lord Byron. M. de Lamartine débutait alors. Il aurait accepté pour lui le conseil qu'il donnait, d'une voix si modeste et si ferme, au plus grand poëte de l'Angleterre ; aujourd'hui, M. de Lamartine n'a de conseils à recevoir de personne, car sa gloire domine son pays, son siècle, ses admirateurs et ses critiques (1).

(1) Ceci était écrit en juillet 1837.

II

M. de Lamartine

HÉROS ET HISTORIEN DE LA RÉVOLUTION DE FÉVRIER.

(17 AOUT 1849.)

« .....La poésie, chez M. de Lamartine, c'est tout l'homme.
» Il n'y a pas un coin de son esprit, pas un repli de sa
» mémoire où la poésie ne trouve à se loger....... elle
» coule avec son sang, elle se mêle à sa substance; elle
» le pénètre et l'inonde; elle transforme en rêves bril-
» lants ses passions, ses croyances, ses idées, ses opinions,
» tout, jusqu'à l'expérience, qui n'agit pas sur M. de La-
» martine comme sur les autres hommes. L'expérience ne
» le fait pas plus sage, mais plus poëte; elle ne rend pas
» son esprit plus juste, mais seulement plus fécond; elle
» ne le mûrit pas, elle l'échauffe; elle ne l'instruit pas,
» elle l'exalte. »

J'écrivais en 1837, dans le *Journal des Débats*, les lignes qui précèdent. On les crut sévères. Quant à moi, si j'avais pu conserver le moindre doute sur le genre d'aptitude que M. de Lamartine apporte dans les affaires de son pays, depuis quinze ans qu'il y est mêlé, avec des fortunes et des prétentions si diverses, le livre qu'il vient de publier (1) m'aurait convaincu : M. de Lamartine n'a jamais

(1) *Histoire de la Révolution de* 1848, 2 vol. in-8o.

été qu'un poëte aux affaires. Il l'était aussi bien dans la majorité que dans l'opposition. Quand il a voulu mettre la main à une révolution, il est resté poëte, c'est-à-dire qu'il n'y a apporté que les rêves d'un esprit chimérique, l'emphase d'un sophiste, les dépits d'un cœur blessé. Et lorsque enfin le gouvernement de la France est tombé de chute en chute entre ses mains, c'est sur un trône de métaphores que M. de Lamartine a régné. « Tu n'es qu'une lyre ! va chanter ! » lui criait un ouvrier à l'Hôtel de Ville. Ce mot, que cite M. de Lamartine, caractérise exactement le genre de capacité qu'il a déployée comme politique et comme ministre. Il n'a pas gouverné, il a chanté.

Terrible chanteur toutefois, puisque sa voix, pareille à la trompette qui faisait tomber les murailles de Jéricho, a eu la puissance de renverser un trône. Mais la valeur réelle de M. de Lamartine ne doit pas se mesurer à l'action que, dans un moment de panique et de surprise, sa parole a exercée. Il a eu la puissance mécanique de la trompette qui sonne une charge. Il n'avait ni organisé l'armée pour la campagne, ni commandé la bataille, ni prévu les suites de la victoire. Il n'apportait dans ce grand inconnu de la révolution de Février ni sérieux motifs, ni convictions anciennes, ni passions violentes. Il allait à la révolution, qu'on me permette la comparaison, comme les gamins de Paris vont à l'émeute, attiré par le bruit, avide d'émotions, prodigue de paroles, sans méchanceté et sans pitié. On peut le voir dans son livre : la nuit qui précéda cette catastrophe, M. de Lamartine prend la peine de nous l'apprendre, il dormit d'un profond sommeil. Le lendemain, avant d'entrer à la Chambre, au moment de prendre une résolution, il ne demanda que cinq minutes à ses amis.

Puis il se décida. Son plan était fait. Cinq minutes! Les républicains de la veille, qui étaient venus consulter M. de Lamartine, ne trouvèrent pas le temps trop long. Quoi qu'il en soit, le grand poëte les entraîna, incertains et contraints, dans la république à laquelle il ne songait pas lui-même quelques instans auparavant. Car, s'il faut l'en croire, le matin du 24 février, « sans parti à la Chambre, sans complice dans la rue, retenu par une indisposition, il ne songeait pas même à sortir de chez lui. » Etrange destinée de cette république qui devait terminer un règne de dix-huit ans! Un poëte, qui avait bien dormi, sorti de chez lui par hasard, la met au monde dans une méditation de cinq minutes, la couvre de fleurs de rhétorique, et la jette au peuple « le plus spirituel de la terre, » qui s'empresse de la ramasser. Et cela s'appelle une révolution!

J'ai besoin de me rappeler à quel point ce mot est grave, et qu'il y a du sang dans ces jeux de la fantaisie et du hasard, pour ne pas céder à un sentiment beaucoup moins sérieux, en relevant ce que la conduite publique de M. de Lamartine, dans ces circonstances critiques, a révélé d'irréflexion et de légèreté. Je n'en chercherai pas la preuve ailleurs que dans son livre; mais là je n'aurai que l'embarras du choix. Ainsi M. de Lamartine prononça le 22 février, dans un conciliabule d'opposition, un discours qui fut comme la préface de l'œuvre qu'il consomma plus tard. Il s'en confesse comme d'une insigne étourderie. Le surlendemain, et quand il est lancé sans retour, quelle est son attitude au milieu des scènes navrantes du Palais-Bourbon! Il laisse le drame se dérouler; on dirait qu'il attend l'émeute. Est-ce complicité? non sans doute; mais il semble n'être là que pour l'émotion du spectacle, pour cette sorte de plaisir terrible et douloureux que cause, aux amateurs du pittoresque à outrance, la vue des grandes catastrophes de l'humanité. M. Proudhon admirait au faubourg Saint-Antoine « la sublime horreur de la canonnade. » M. de Lamartine, au Palais-Bourbon, semble contempler avec une curiosité d'artiste, comme Joseph Vernet attaché au grand mât pendant la tempête, le dernier naufrage de la royauté. Comme il a observé, il a peint ; sa peinture révèle le peu de profondeur de sa pensée. Elle le montre livré à l'observation banale des incidents les plus frivoles, à l'émotion physique des yeux, plus occupé, on le croirait, de son rôle à venir de chroniqueur que de sa mission révolutionnaire ; toujours poëte, au moment même où cette immense méprise de la destinée lui impose les devoirs d'un chef de parti. Et lorsque enfin, après avoir remarqué que « les fils de la duchesse d'Orléans avaient une veste courte de drap noir et une collerette blanche, » M. de Lamartine prend à son tour la parole, pour lancer le dernier éclat de la foudre qui va frapper ces malheureux enfants dans les bras de leur héroïque mère, quel est son langage? De quel style aborde-t-il cette redoutable question de la régence, où le destin du monde semblait suspendu ? Il faut relire, après seize mois, cet incroyable amphigouri pour comprendre ce qu'une extrémité soudaine et irréparable des choses humaines peut prêter de force à la phraséologie la plus vulgaire. Mais, malgré tout, on reste stupéfait en songeant que cette triste et vide déclamation de M. de Lamartine était la formule dont il avait plu à la Providence de se servir pour rédiger son arrêt de mort contre la royauté de Juillet !

Inexplicable contradiction de l'esprit français ! La France laisse briser une couronne consacrée par dix-huit ans de prospérité sur la tête la plus expérimentée du royaume; et elle se donne, sans compter, au plus brillant de ses poëtes, au plus chimérique de ses orateurs, au moins éprouvé de ses hommes politiques! Le mal était donc bien profond! Oui, certes; quand les circonstances grandissent ainsi des hommes hors de toute mesure, c'est qu'elles sont graves. Quand la vague qui a englouti le majestueux navire, chargé d'agrès et de richesses, soulève en se dressant le frêle esquif que sa légèreté dérobe à l'abîme, c'est que le péril est grand. M. de Lamartine a dû à la gravité des événements sa rapide et éphémère élévation. Il n'avait pas préparé, peut-être n'eût-il pas voulu la révolution de Février. Il s'y est jeté. Cette révolution l'a porté trois mois, tant qu'a duré l'agitation du sol et le mouvement désordonné des esprits. Où des hommes politiques d'un poids plus sérieux se seraient brisés, M. de Lamartine a échappé par la souplesse de ses mouvements et le vide de sa parole, semblable à ces nageurs qui se soutiennent à fleur d'eau sur des outres remplies de vent. Tel a été le mérite et l'à-propos de M. de Lamartine au milieu de cette crise dévorante. Le peu de surface qu'il présentait aux assauts de la fortune l'a sauvé. C'est parce qu'il n'était qu'un poëte qu'il a pu succéder au roi Louis-Philippe. Tout autre y aurait laissé son renom, peut-être sa vie. M. de Lamartine, lui, n'y engageait rien que des phrases.

Je sais l'objection. Vous voulez, comme Platon, chasser les poëtes de la République. Vous prononcez contre les hommes de génie une incompatibilité à laquelle la loi électorale de M. Billault lui-même n'a pas songé. M. de Lamartine a été poëte à ses heures; la France s'en souvient. Pourquoi l'exclure de la politique? Eschyle, Sophocle, le Dante, Milton, Sheridan, Chateaubriand étaient poëtes, et ils ont figuré avec éclat dans les plus grandes affaires de leur pays.

Telle est l'objection. J'aurais beau jeu pour y répondre. Certes, le génie poétique est un insigne don du ciel, et, de toutes les illustrations, après la guerre, celle qui porte le plus loin dans l'espace et le plus avant dans le temps le nom d'un mortel. Encore la renommée des conquérants ne vit-elle le plus souvent que par la grâce des poëtes. Mais plus le génie poétique est une faculté spéciale, *sui generis*, plus il exclut celui des affaires. Regardez à la gloire de tous les poëtes qui ont voulu mêler leur vie aux agitations de la vie publique, et voyez ce que pèse, dans le souvenir qu'ils ont laissé, celui de leur influence politique. Qui se soucie de l'ambassade de Sophocle et de la gloire militaire du Dante? Qui se souvient de *l'Iconoclaste* en présence du *Paradis perdu?* Il y a eu des hommes d'État qui ont été poëtes, tels que Napoléon, car il l'était à ses grands jours; il l'était aux Pyramides et à Austerlitz. Il l'était aussi, et ce fut son malheur, quand il rêvait la conquête de l'Angleterre et la monarchie universelle. Il y a toujours un côté par où une ambition excessive, dans un grand homme de guerre, tient aux chimères et aux vanités de l'esprit poétique. C'est par là qu'elle frappe l'imagination des peuples; c'est aussi par là qu'elle périt. Arriver par la pratique des grandes affaires à cette sorte de surexcitation maladive qui jette un esprit supérieur dans le chimérique et l'impossible, on le conçoit. Mais partir des rêves dorés de l'imagination, descendre de l'empyrée poétique pour prendre pied dans le positif des choses humaines, voilà ce qui ne s'est vu que rarement. La règle pourtant n'est pas absolue. Et pourquoi M. de Lamartine n'y ferait-il pas exception?

Examinons donc, sans sortir du sujet qui nous occupe, par quelle manifestation de son génie politique le poëte des *Méditations* a prouvé qu'il avait échappé à la loi commune, par quelle porte il a passé de l'empire des chimères dans celui de la réalité, comment enfin il s'est transfiguré sur ce Sinaï républicain, où il n'a eu qu'à se recueillir cinq minutes *sans respirer*, pour révéler au monde sa vérité et sa lumière. Examinons. Notre étude sera d'autant plus impartiale qu'elle repoussera, sans exception, tout ce qui ne serait pas emprunté mot pour mot à l'espèce d'autobiographie que M. de Lamartine a décorée du nom d'histoire, et qui n'est que son portrait en pied, peint par lui-même.

Quand on étudie d'une manière générale, dans les œuvres et dans les actes de M. de Lamartine, son esprit, son caractère, son langage; cette allure de prophète, de barde et de chevalier; cette nature à la fois ossianique et orientale, rêveuse comme le Nord, radieuse comme le Midi; cette verve d'improvisation, cette langue mêlée d'abstractions et de métaphores, ce mépris du temps, ce dédain de la science; quand on fait cette étude sur M. de Lamartine, on arrive inévitablement à cette conclusion que son génie même lui interdisait la politique et le confinait dans la poésie. S'il y avait une chose qui était facile pour M. de Lamartine, ce n'était pas seulement de faire de beaux vers; les meilleurs poëtes savent par expérience qu'il est encore plus facile d'en faire de mauvais; mais s'il y avait une chose qui ne demandât aucun effort de la part de l'auteur des *Harmonies*, c'était de rester fidèle à sa destinée de poëte; c'était de se garder des amorces de la politique auxquelles la mobilité de son esprit n'offrait aucune prise sérieuse et durable. Je ne sais plus quel homme d'esprit disait, après avoir entendu la lecture d'une *Lucrèce* quelconque, destinée au Théâtre-Français : il est si facile de ne pas faire une tragédie en cinq actes et en vers ! On pourrait dire en sens contraire, de M. de Lamartine : Il lui était si facile de ne pas faire une révolution ! Pourquoi l'a-t-il faite ?

M. de Lamartine avait, nous dit-il, *deux mobiles secrets* qui le poussaient dans la révolution. Il voulait le suffrage universel, voilà pour le premier ; il voulait supprimer le budget des cultes, voilà le second ; mobiles bien secrets en effet, car depuis quinze ans que M. de Lamartine faisait retentir la tribune de ses harangues et alimentait la presse mâconnaise de sa polémique, il n'avait jamais révélé ce mystère de sa conscience. Et il aurait fait une révolution pour réaliser ce rêve inédit de sa secrète pensée ! Il aurait fait une révolution pour le succès de cette phrase avec laquelle il fit crouler d'applaudissements, le 24 février, les bancs envahis du Palais-Bourbon : « Comment » trouver la base du gouvernement du peuple ? Comment, » Messieurs ?... En allant jusqu'au fond du peuple et du » pays, *en allant extraire du droit national ce grand* » *mystère de la souveraineté universelle* d'où sortent tout » ordre, toute liberté, toute vérité.... » Est-ce là, je le demande, l'argument d'un politique ou celui d'un déclamateur ? Y a-t-il là figure d'homme d'État ou de poëte ? De mystère en mystère, M. de Lamartine nous a conduits, hélas ! à la plus poignante réalité. Mais qu'il n'essaie pas de nous prouver qu'il nous y a menés comme l'agent inspiré et prévoyant de la Providence ; il n'a été que le ministre étourdi et présomptueux du hasard.

Il faut donc, avec tout le respect que m'inspire le plus grand poëte lyrique qui ait jamais illustré la langue de mon pays, que je cherche ailleurs les causes véritables qui ont poussé M. de Lamartine jusqu'aux extrémités où s'est abîmé le trône de Juillet; et ces causes, c'est dans la partie la plus délicate de son livre que je les trouve. « Il est, écrivait le comte Joseph de Maistre (dans ses *Considérations sur la France*, 1797), des actions excusables, louables même, suivant les vues humaines, et qui sont dans le fond infiniment criminelles. Si l'on nous dit, par exemple : « J'ai embrassé la Révolution française par un amour » pur de la liberté et de la patrie, » nous n'avons rien à répondre. Mais l'œil pour qui tous les cœurs sont diaphanes, voit la fibre coupable. Il découvre, dans une brouillerie ridicule, dans un petit froissement de l'orgueil, le premier mobile de ces résolutions, qu'on voudrait illustrer aux yeux des hommes; et pour lui le mensonge de l'hypocrisie, greffée sur la trahison, est un crime de plus. »

On pense bien que je n'applique pas à la conduite de M. de Lamartine toute cette rude sentence. M. de Lamartine n'est guère hypocrite. Son livre ne l'est pas du tout. Il s'y mêle, à bien des faussetés de sentiment où le mauvais goût l'entraîne, plus d'un retour secret de justice et de vérité qui approche du remords, plus d'un mouvement miséricordieux qui ressemble à la sensibilité. M. de Lamartine aime à mettre des épitaphes touchantes sur les tombes politiques de ses victimes. Il aime à attacher un crêpe à son drapeau vainqueur. Il montre volontiers la tête de mort de l'esclave égyptien au milieu des banquets de la démocratie triomphante. Son livre est tour à tour un confessionnal et un piédestal où successivement son orgueil se redresse ou s'abaisse, où le cilice du pénitent se mêle à l'écharpe du dictateur, et la verge de fer aux faisceaux dorés. Par exemple, M. de Lamartine nous confie qu'il était mal en cour. Cette confession a un air de triomphe. Au fond, elle est précieuse à recueillir :

« Le roi Louis-Philippe n'aimait pas Lamartine.... Il le croyait sans doute un ennemi de sa maison ou une *intelligence politique bornée*, préférant les chimères aux utiles réalités de la puissance. Le prince, bien que le député lui rendît quelquefois hommage et souvent service à la tribune, avait toujours parlé de M. de Lamartine comme d'un *rêveur dont les ailes ne touchaient jamais terre*, et dont l'œil ne savait pas discerner les ombres des réalités. Le roi tenait en cela les propos de la bourgeoisie. *Elle ne pardonne pas* à certains hommes (les grands hommes) de n'avoir pas les médiocrités de la foule... Le nom de M. de Lamartine était *le dernier* qui pût venir sur les lèvres du roi. »

Et plus loin :

« M. de Lamartine n'avait pas même reçu de la duchesse d'Orléans un signe d'assentiment ou de reconnaissance, pour l'hommage désintéressé et tout politique qu'il lui avait rendu à la tribune (en défendant ses droits à la régence). »

Ainsi M. de Lamartine, il le croyait du moins, était un homme d'État incompris à la cour, un politique dont la bourgeoisie ne voulait pas, un orateur dont les plus beaux discours ne touchaient pas le cœur des princesses. Ce n'est pas tout : dans le parti même auquel, depuis plusieurs années, s'adressaient toutes ses caresses les plus emmiellées, il se sentait dédaigné. La rue Lepelletier semblait s'entendre sur ce point avec le château :

« *Le National* peignait M. de Lamartine comme un orateur ambitieux, caressant l'opposition pour lui emprunter de la popularité... Plus souvent il couvrait de fleurs l'orateur, pour mieux effacer l'homme politique; il manquait peu d'occasions de joindre, comme correctif à l'éloge exagéré du talent, *le dédain de la pensée.* »

C'était donc, il faut l'avouer, une bien étrange situation que celle de M. de Lamartine, et bien désespérée, quand la fortune lui offrit la ressource d'une révolution. Comptons en effet. Il essaie un instant, pendant la coalition de 1838, de marcher à la tête du parti de l'ordre. C'était du moins une honorable prétention. La coalition passée, le parti de l'ordre retourne à ses chefs naturels. M. de Lamartine offre ses services à la gauche : la gauche n'accepte que ses discours. Il ne put jamais être le chef d'un parti. On ne pouvait donner ce nom aux quatre fidèles qui se groupaient autour de sa gloire et se chauffaient à son soleil. Ce n'était pas un parti, mais une pléiade. Écarté par le parti de l'ordre pour ses prétentions à la suprématie, froidement accueilli par l'opposition, M. de Lamartine fit des avances à la gauche républicaine; il fit des discours où il attaquait le *règne*. L'organe le plus poli des républicains, *le National,* répondit par un spirituel dédain. Que restait-il à M. de Lamartine, que le roi n'aimait pas, que la duchesse d'Orléans ne remerciait pas, que la bourgeoisie traitait de rêveur, dont la droite se défiait, que la gauche repoussait, que M. Marrast tançait de sa férule couverte de velours? que lui restait-il? Ce grand inconnu, ce facile compère, ce commode anonyme, cet associé pour tout faire, je veux dire le peuple ; car c'est ainsi qu'on appelle le parti qu'on veut avoir quand on n'a pas de parti.

M. de Lamartine se retourna donc du côté du peuple, et, s'il faut l'en croire, le peuple ne fut pas ingrat. Dès le 24 février, il lui donnait sur la place du Palais-Royal, au milieu des balles du château d'Eau, une éclatante revanche. Il le demandait pour premier ministre : *Lamartine! vive Lamartine! Oui, voilà l'homme qu'il nous faut!* « Tant l'isolement de Lamartine dans une Chambre des députés étroite, ajoute l'historien, faisait éclater sa popularité alors dans le large et profond sentiment du peuple! »

A la Chambre des députés, toujours le 24, même triomphe. C'est le peuple qui l'oblige à monter à la tribune. Les degrés sont assiégés de gardes nationaux, de jeunes hommes des écoles, de combattants, d'orateurs.... « Lamartine! Lamartine!!! s'écrie le peuple. Faites parler Lamartine! Lamartine tremblait de parler. » Cependant il parle.... Sa dernière phrase est coupée par une salve de coups de fusil... Le peuple présent jette un cri de joie. On sait le reste. M. de Lamartine reste ferme à la tribune, pendant que la duchesse d'Orléans est entraînée violemment hors de la salle et séparée de ses enfants, tandis que la Chambre elle-même se disperse devant l'invasion de ces hommes « à la veste déchirée, à la chemise ouverte, aux bras nus, aux poings fermés, *semblables à des massues de muscles,* » qui figurent le peuple dans ce drame effrayant. Ce même peuple, quelques instants après, « fait des signes d'intelligence à Lamartine : Au fauteuil! au fauteuil! nommez le gouvernement provisoire! nommez-le! proclamez-vous vous-même, » lui crie le peuple. M. de Lamartine s'y refuse. « Il se *borne à souffler tout bas* aux scrutateurs les noms qui se présentent le plus naturellement à son esprit, et qui lui semblent le plus appropriés à *l'œuvre de fusion du peuple dans un noyau* commun de pouvoir et d'ordre. »

J'ai insisté sur ces détails. On verra quelle est leur portée. Je cherche à prouver que M. de Lamartine ne s'est pas jeté en homme vraiment politique, mais en génie incompris, dans la révolution de Février. Qu'ont-fait les hommes sérieux, en présence de la redoutable crise qui se préparait, à la vue des factions organisées pour une émeute sanglante? Qu'ont-ils fait? Ils ont reculé. M. Barrot a reculé, M. Duvergier de Hauranne a reculé, tous les hommes pratiques de l'Opposition parlementaire ont reculé. Quand ils ont vu que le banquet du 12e arrondissement marchait à une révolution, ils se sont arrêtés. Les républicains eux-mêmes, qu'ont-ils fait? M. de Lamartine le sait bien. Il lui a fallu convertir M. Marrast, M. Bastide, et, dit-on, M. Bocage, à la République. *Le National* voulait la régence. M. Proudhon lui-même, il nous l'a raconté, est arrivé de Lyon, tremblant de tous ses membres. « Mon âme était à l'agonie; je portais par avance le poids des douleurs de la République... » (1) Oui, tous les hommes qui avaient, si peu que ce fût, le sens politique, la pratique ou l'intelligence des affaires, tous ces hommes se seraient arrêtés au seuil de la révolution de Février. M. de Lamartine, lui, l'a franchi. Il l'a franchi à la suite du peuple, nous dit-il. Le peuple! savez-vous ce que cela veut dire dans la langue des révolutions? Le peuple! c'est ce qui nous venge de la cour, du pavillon Marsan, de la bourgeoisie, du parti conservateur, de la gauche dynastique, de la gauche républicaine, du *Constitutionnel* et du *National*. Voilà ce qu'était le peuple au 24 février, un vengeur de l'orgueil blessé, un redresseur des torts de ces bourgeois indociles, de ces dynastiques inconséquents, de ces facticux insuffisants qui avaient méconnu un homme d'Etat dans un poëte. Le peuple, lui, avait fait M. de Lamartine, du premier coup, premier ministre! *Et nunc, discite, reges!*

(1) Le *Peuple*, no du 19 février 1849.

Je ne cherche pas à grossir, comme on l'a fait ailleurs avec un si remarquable talent (1), la part de M. de Lamartine dans la révolution de Février; au contraire, j'aimerais à montrer comment cette responsabilité de M. de Lamartine, si grande par le résultat, si peu réfléchie, si peu politique, si peu sérieuse dans l'intention, était encore atténuée pas les vices du temps, par la faiblesse de la Constitution qui régissait la France.

M. de Lamartine, en effet, n'était ni le seul ni le premier qui eût essayé de venger sur le gouvernement de son pays le mécompte de ses prétentions trompées. Sous le dernier roi, précisément parce que nous avions élevé le trône de nos mains, porté chacun une des pierres du monument, parce que nous avions créé cet abri tutélaire, et en apparence puissant, sous lequel notre France vivait si respectée et si tranquille; sous ce règne, tout homme, pour peu qu'il sortît de la foule ou qu'y restant il s'imaginât que sa destinée était d'en sortir, tout homme se croyait à lui seul une institution, et que le devoir de la couronne était de compter sans cesse avec lui. M. de Lamartine ne mettait pas le pied au château. C'était bien son droit. Mais il en concluait que le roi ne l'aimait pas, et naturellement il payait le roi de retour. L'antipathie du roi Louis-Philippe pour M. de Lamartine, à supposer qu'elle fût réelle, n'avait pas de grands inconvénients pour le pays; tout au plus empêchait-elle l'auteur du *Voyage en Orient* d'être ambassadeur ou ministre. Mais la haine de M. de Lamartine pour le roi et celle de tant d'autres politiques méconnus, qui croyaient avoir le même droit à sa faveur, étaient un immense péril pour la royauté, que les institutions ne proté-

(1) M. Eugène Forcade, dans la *Revue des Deux-Mondes*.

geaient pas suffisamment contre cette marée montante des prétentions individuelles. Je me rappellerai toujours ce mot d'un homme de beaucoup d'esprit qui me disait un jour, à l'époque du plus grand feu de la coalition : « On nous dédaigne, nous nous vengeons ! » Cet homme appartenait à la fraction qu'on a appelée doctrinaire. Sa confession, s'il en fait une, peut aller rejoindre le *meâ culpâ* de l'éloquent M. de Montalembert; car c'est la même faute, réparée, je le crois, par le même repentir.

Quoi qu'il en soit, ce mot terrible, car il renfermait une des plus violentes crises qui aient ébranlé le gouvernement de Juillet; ce mot peint au vrai la situation d'esprit où dut se trouver M. de Lamartine, quand il se vit, par les dédains successifs de tous les partis, classé, à l'âge de la force et avec une si haute idée de sa capacité politique, parmi les impossibles. C'est le moment où le dépit éclate, où l'amour de soi brise toutes les entraves, où l'orgueil se redresse et se révolte chez les ambitieux les plus résignés. C'est le moment où les factieux s'écrient, comme le héros d'Alexandre Dumas : « Elle me résistait, je l'ai assassinée! » C'est le moment qui signale la chute des anges dans le ciel; sur terre, les hommes qui portent l'épée passent le Rubicon. Mais un poëte ! et un grand poëte encore ! un écrivain qui a tenu le monde entier suspendu aux harmonies de sa lyre, attentif aux échos de sa parole, heureux de ses joies, attendri de ses douleurs; un homme qui, n'étant pas roi, exerce une sorte de royauté poétique dans le domaine de l'imagination et de l'esprit; qui, n'étant pas riche, a pu faire, avec la rançon de son génie, des voyages fabuleux, fréter des navires et répandre l'or comme le vent répand les feuilles de cèdre sur le mont Liban ; — quelqu'un saura-t-il jamais jusqu'à quelle profondeur, impénétrable à la pensée, descend l'orgueil humain dans le cœur d'un tel homme? Et si personne ne le sait, qui peut le dire, à moins que ce ne soit M. de Lamartine lui-même?

Eh bien! cette confidence, il nous l'a faite. Si son livre a un sens, c'est celui-là; c'est le monument de l'orgueil humain...

Exegi monumentum ære perennius!

Si fragile que soit la matière dont il est bâti, il durera comme le témoignage de la plus incroyable adoration de soi-même qui ait jamais inspiré un poëte. J'ai parlé du confessionnal de M. de Lamartine. Ses pénitences même sont orgueilleuses. Le cilice ne sert pas à le couvrir, mais à le parer. Il ne se mortifie pas, il se drape. Les verges du pénitent ont encore des aiguillons caressants pour sa vanité. « Lamartine, dit-il de lui-même à propos de son discours factieux du 22 février, se reprocha cette faute. C'est la seule qui pesa sur sa conscience dans tout le cours de sa vie politique. » Heureux M. de Lamartine! il n'a commis qu'une faute pendant sa vie; et encore cette faute, n'eût-il pas fait *les Méditations* et *les Harmonies*, cette seule faute le rendrait immortel! Erostrate, lui aussi, n'avait brûlé qu'une fois le temple de Diane à Ephèse!...

J'ai dit que, chez M. de Lamartine, l'idolâtrie de lui-même s'élevait à une hauteur pyramidale. Je n'ai pas besoin, pour le prouver, de répéter une remarque que tout le monde a faite en lisant son livre : il parle de lui à la troisième personne, comme le vainqueur de Pharsale ou celui d'Austerlitz. « Lamartine faisait ceci, Lamartine faisait cela... Sa taille élevée dominait la foule, son visage serein l'apaisait... Lamartine se sentait dans la vérité. Il jugeait les hommes avec une sagacité bienveillante, il est vrai, mais instinctive et rapide. » Nous allons voir comment M. de Lamartine jugeait les hommes. Il est difficile de s'élever si haut sans mettre tout le monde au-dessous de soi ; mais en même temps il est délicat de donner cette opinion de soi-même, qu'on ne s'est élevé que par la tolérance ou la médiocrité des autres. M. de Lamartine a donc dressé deux pyramides ; sur l'une il a mis le gouvernement provisoire et les hommes de Février ; sur l'autre, à quelques centaines de coudées plus haut, il s'est mis lui-même. L'illustre auteur de la *Révolution de* 1848 est donc resté grand en dépit de la grandeur de ses collègues et de ses confidents. Il les élève, mais il se grandit. Sa gloire se fait litière des éloges qu'elle leur prodigue ; et aussi bien, Molière l'avait dit :

> Sur quelque préférence une estime se fonde,
> Et c'est n'estimer rien qu'estimer tout le monde.

Je me demande seulement pourquoi M. de Lamartine est tombé, à propos de ses collègues de gouvernement, dans des hyperboles qui ne pouvaient avoir pour effet que de les rendre ridicules. Est-ce que par hasard il aimerait à leur retirer d'une main, par vanité de poëte, ce qu'il leur donne de l'autre par entraînement de camarade ? On le croirait vraiment, à l'exagération dithyrambique de ses éloges. Tous les dictateurs de l'Hôtel de Ville sont des saints. Ce n'est pas assez, ils sont tous beaux ; M. Marie est beau, M. Pagnerre est beau, M. Duclerc est beau ; M. Marrast « est moins doué par la nature ; » mais, malgré tout, pour lui comme pour les autres, « la solennité du moment relevait ces visages ordinairement penchés sur la lampe de l'écrivain. Les figures s'étaient agrandies comme les caractères... » La beauté physique est bien près de la.

beauté morale. Il n'y a pas si loin qu'on le croit d'Antinoüs à Socrate. Une telle réunion de beaux hommes devait composer nécessairement le meilleur gouvernement du meilleur des mondes. Aussi M. de Lamartine n'hésite-t-il pas à le qualifier d'un mot : *la philosophie aux affaires.* Après un pareil éloge du gouvernement de Février, n'est-il pas vrai qu'il n'y avait plus qu'à baisser le rideau? *Fabula peracta est!*

Il y a toujours un peu d'ironie au fond de l'admiration qu'on ressent pour les autres. Ce n'est guère que l'admiration qu'on a pour soi-même qui est complétement sincère. M. de Lamartine a beau être un excellent camarade, le côté vulnérable ou risible des hommes et des choses le provoque sans cesse, même parmi ces effrayantes scènes d'une révolution et ces austères soucis d'une dictature. Quant aux choses, je recommande aux lecteurs de son livre tout ce qu'il raconte des scènes de pugilat de l'Hôtel de Ville, des *délibérations irritées* du gouvernement provisoire, des barricades de la salle du conseil et de ces mille incidents tour à tour terribles ou burlesques qui exposaient ce pouvoir d'un jour à sombrer dans le ridicule ou dans le sang. Quant aux personnes, quelle a été l'intention de M. de Lamartine? Cela n'est pas très-facile à dire quand on met ses épigrammes en regard de ses flatteries. Quoi qu'il en soit, M. de Lamartine remarque « le fin sourire » de M. Flocon. M. Crémieux a été « le conseiller attendri de la duchesse d'Orléans le matin, de la République le soir. » M. Courtais était « quelque chose entre Santerre et Mandat. » M. Arago « prit le ministère de la marine du droit de sa renommée, aussi vaste que le globe où son nom allait *flotter.* » M. Garnier-Pagès « répandait à flots sur la multitude sa voix, son âme, ses gestes, ses sueurs..... ses bras s'ouvraient et se refermaient sur sa poitrine comme pour embrasser le peuple. » M. Louis Blanc : « On pressait ses discours ; on n'y trouvait que du son. » M. Lagrange : « Le désordre de la pensée générale dans la chevelure, le geste immense, la voix creuse. » M. d'Alton-Shée : « Un jeune homme qui avait montré, *une fois*, une grande promesse de talent à la Chambre des Pairs. » Mme Sand : « Une femme importante. » M. Albert : « Muet derrière son maître; fanatique de l'inconnu. » M. Barbès : « Soldat de l'impossible. » M. Marie : « Homme de haute tribune et de haute politique. » M. Bastide : « Statue un peu fruste de l'incorruptibilité, » etc., etc. C'est ainsi que M. de Lamartine, en véritable enfant gâté de la Muse, jette en se jouant l'épigramme à toutes ces grandeurs qu'il a créées, dont il s'est servi, qui, pour la plupart, n'auront d'illustration que celle qu'il leur a faite, et n'arriveront à la postérité que sous son contre-seing. M. Ledru-Rollin seul est épargné. L'auteur ne fait qu'une réserve sur son compte : « Il n'est guère homme d'Etat, et il est un peu sanguin. »

Suivons le procédé historique de M. de Lamartine. Son piédestal une fois dressé, ses collègues convenablement placés, à perte de vue au-dessous de lui, et dans une élévation toutefois assez radieuse pour satisfaire les plus exigeants, l'historien de la *Révolution de* 1848 entreprend le récit des faits. Ce récit est simple. M. de Lamartine a tout fait. Il a fait la révolution. Il dit le contraire; mais il en raconte les incidents de telle manière, qu'il faut choisir entre son affirmation et son récit. Et que signifie donc la fameuse prosopopée : « Levez-vous, princesse ! allez et régnez ! » Que signifie-t-elle, si ce n'est que l'auteur des *Harmonies* n'a eu qu'à lever le doigt pour empêcher la révolution, et qu'il ne l'a pas levé ? Il a donc fait la République. Il a beau dire : « C'était une usurpation, » et ailleurs : « Ce fut une surprise, » on voit bien partout ailleurs qu'il accepte avec complaisance, qu'il s'arroge avec orgueil cette paternité délicate. Est-ce tout ? L'enfant était né, il fallait le mener à bien. M. de Lamartine se charge de l'éducation ; il fait tout, la diplomatie, la guerre (sur le papier), l'économie politique, les finances ; il fait évader les ministres ; il a l'initiative universelle ; il crée la garde mobile ; il met la main (cela est bon à savoir) à l'envoi des commissaires ; mais il sauve le drapeau tricolore, c'est là sa vraie gloire. Il n'a fait qu'une faute, il n'a aussi qu'une gloire, mais celle-là est grande ! Enfin M. de Lamartine est l'*alpha* et l'*oméga* de la nouvelle République ; on le voit partout ; il est la pensée, la parole, la plume, quelquefois le bras du pouvoir pendant ces terribles journées de gouvernement à la force du poignet. Il sauve l'Hôtel de Ville le 16 avril ; il reprend le Palais-Bourbon sur l'émeute le 15 mai. Il triomphe dans les rues aux cris de *vive Lamartine !* un nombre incalculable de fois. Tout cela est vrai, plus ou moins ; et je reconnais sincèrement que les intentions de M. Lamartine étaient excellentes. Une fois la démagogie déchaînée, M. de Lamartine et la plupart de ses collègues ne demandaient qu'une chose, qui n'était pas facile, mais qui ne leur importait pas moins qu'à tout le monde, c'est qu'on la remît à la chaîne. « Nous marchons à une campagne contre de grandes factions, » disait-il avant le 24 juin. Il le pensait depuis le 24 février. En s'alliant aux honnêtes gens et aux amis de l'ordre dans tous les partis, M. de Lamartine et ses collègues préservaient leur vie. « Après nous, c'est l'enfer du Dante ! » disait M. Arago. Je crois qu'aucun d'eux n'eut peur. S'ils eurent une qualité, ce fut le courage ; mais ils eurent le courage qui sauve, et il est impossible que l'histoire leur fasse un mérite extraordinaire de s'être alliés contre les *barbares* avec le vrai peuple qui seul pouvait les sauver. Je souligne ce mot à dessein. J'aime à retrouver sous la plume de M. de Lamartine (p. 334, t. II) ce mot qui nous a été si amèrement reproché.

M. de Lamartine a été un moment tout-puissant ; tout le monde s'en souvient. C'est le temps qu'il a lutté avec la majorité du gouvernement provisoire contre la république écarlate. Mais, au sein même de cette puissance, la raison de l'homme d'État n'avait-elle pas subi de fâcheuses éclipses? Le poëte ne remplaçait-il pas à chaque instant le politique quand, par exemple, dans la révolution de Février, son imagination lui montrait *un idéal élevé* à la place d'une passion abjecte? dans le gouvernement provisoire la réunion de toutes les vertus théologales? dans la proclamation de la République l'unanimité des cœurs? dans la manifestation du 17 mars « une sédition pacifique? » dans les élections d'avril 1848 le recueillement, l'indépendance et la sérénité? dans la commission exécutive l'entente cordiale? sur tous les visages la joie jaillissant des physionomies, la fraternité traduite en actes, la révolution « plus semblable à une fête qu'à une catastrophe? » N'était-ce pas le poëte qui agissait et qui parlait quand M. de Lamartine se vantait d'avoir donné à M. Cabet l'idée de son Icarie? quand il fondait « des clubs bien intentionnés? » quand il soutenait M. Caussidière? quand il parlementait avec M. Blanqui sur le canapé de M. Guizot? quand il donnait à dîner aux factieux irlandais? quand il triomphait des démolitions de l'Europe et qu'il disait à ses collègues, au début d'un conseil de gouvernement : Chaque fois qu'un courrier m'arrive, et que j'entre ici pour vous entretenir de nos affaires extérieures, *je vous apporte un pan de l'Europe?* » Etait-il homme d'État ou poëte celui qui disait : « Si je me sépare de M. Ledru-Rollin, l'Assemblée sera violée ? » et l'Assemblée l'était huit jours après. Est-il homme d'État ou poëte, celui qui écrit dans son histoire : Le 15 mai fut « une atroce image d'une invasion de barbares dans une société civilisée, » et qui a dit sous serment, devant la justice, que le 15 mai fut « une immense étourderie de la population parisienne? » Est-il homme d'État ou poëte celui qui croit avoir inventé le système de répression appliqué par le général Cavaignac à l'insurrection de juin, et qui s'attribue le succès final de cette grande bataille civile : « Lamartine, en instituant la concorde des républicains dans le conseil, avait soutiré prudemment l'électricité politique de ce nuage antisocial. » Molière aurait dit : Voilà pourquoi votre fille est muette. M. de Lamartine ajoute : Voilà pourquoi l'insurrection avorta !

M. de Lamartine se conduisit en juin avec son courage ordinaire. Mais ici encore ce n'est pas en historien qu'il écrit, c'est en poëte. Qu'importe que ses deux chevaux fussent sellés dès le matin? que l'un d'eux, monté par M. Pierre Bonaparte, ait été tué à côté de lui? que le sien ait été blessé? que le général Cavaignac ait envoyé là son canon du plus gros calibre? que « trois fois Lamartine se soit élancé de son cheval pour courir à la barricade, que trois fois les gardes de l'Assemblée l'aient retenu?... » A quoi bon ce fragment de poëme épique? Est-ce à nous faire savoir que M. de Lamartine est brave? nous le savons assez ; d'abord, parce que cela est incontestable, ensuite parce que M. de Lamartine nous le répète sous toutes les formes. Il y a trop de Décius dans l'*Histoire de la Révolution de* 1848. Et

Décius, c'est toujours lui ! Décius de la religion (p. 28), de la tribune (p. 216), de l'Hôtel de Ville (p. 293), de la république modérée (p. 24, t. II) ; Décius le 16 avril, Décius toujours ! Au moment où M. de Lamartine consomme son alliance avec M. Ledru-Rollin : Il y a, dit-il à ses amis qui auraient mieux aimé autre chose, il y a un abîme que vous ne voyez pas entre l'Assemblée nationale et le jour où la République sera armée. Il faut un Décius pour le combler. Je m'engloutis, mais je vous sauve ! »

On sait comment M. de Lamartine nous sauva. Ce qu'on ignorait, c'est qu'au lieu de sortir des affaires en tombant dans le gouffre, comme il se l'était promis, l'illustre poëte en sortit sous un berceau de fleurs.

Chose singulière ! M. de Lamartine a vu des bouquetières sur le boulevard de la Bastille, le 23 juin ! A l'archevêque de Paris, au général Négrier, à Dornès, à Bixio on envoyait des balles; on jetait des bouquets à M. de Lamartine ! M. de Lamartine avait déjà triomphé au Palais-Bourbon, à l'Hôtel de Ville, sur la place de la Concorde, à la barrière de l'Étoile ; il lui fallait une ovation au faubourg Saint-Antoine. Celle du 23 juin ne pouvait venir plus à propos. C'était sortir du pouvoir par une porte triomphale.

« Nous ne sommes pas des factieux ! criaient les insurgés à M. de Lamartine, nous sommes des malheureux..... Gouvernez-nous vous-même ! sauvez-nous ! commandez-nous ! Nous vous aimons, vous ! nous vous connaissons ! nous désarmerons nos frères ! — En parlant ainsi, ces hommes touchaient les habits et les mains de Lamartine. Quelques-uns dépouillaient les étalages des bouquetières, et lançaient des fleurs sur la crinière de son cheval... »

Heureux, encore une fois, M. de Lamartine ! Il ramassait des fleurs sur ce pavé teint de sang ! Sur la selle de son cheval, « la première tribune du monde, » il était encore l'orateur, le chef respecté et préféré de ce peuple qui s'insurgeait partout ailleurs contre le gouvernement, la société et les lois. Gouvernez-nous ! n'était-ce pas là un cri bien flatteur pour l'oreille de M. de Lamartine, au moment où l'Assemblée constituante lui criait, à une autre extrémité de Paris : Ne gouvernez plus !

M. de Lamartine était donc bien vengé ! et c'était encore le peuple qui le vengeait de l'Assemblée constituante, comme il l'avait vengé de la monarchie ! Heureux M. de Lamartine ! et qu'il fut doux pour lui, le 23 juin, pendant que le peuple de Paris lui jetait des couronnes, de se rappeler cette larme qu'il avait dans les yeux, le 24 février, en voyant devant lui la duchesse d'Orléans et ses deux fils, cette larme qu'il lui eut été facile de verser sur la tribune, dit-il stoïquement, et qu'il ne versa pas ; « cette larme eût été un torrent de sang... » Certes, M. de Lamartine avait eu bien raison de retenir cette terrible larme. Il était entré au pouvoir par une acclamation et sous une voûte de baïonnettes ; il en sortait par un triomphe et sous une pluie de fleurs ! Il y a des hommes à qui tout réussit, même les malheurs publics.

M. de Lamartine est tombé du pouvoir comme il y était monté. Il l'a perdu de la même manière qu'il l'avait conquis, et par les mêmes causes, pour s'être payé de chimères, pour avoir cru à ses rêves, pour avoir eu, dans la puissance des idées vagues et des harangues creuses, cette confiance pindarique qui est le propre des poëtes. M. de Lamartine est tombé pour avoir voulu conduire le char du Soleil. Il est tombé de la plus effrayante hauteur et de la plus colossale popularité où un simple citoyen se soit jamais élevé. Mais il est tombé par sa faute, comme aussi c'est par sa faute, et pour n'avoir pas douté de lui-même, qu'il avait affronté les hasards et les douleurs de ce périlleux calvaire. Une fois en haut, le vertige l'a pris. La même faiblesse de raison qui lui avait caché, pendant qu'il montait au pouvoir sur les débris d'un trône, les périls de l'élévation, les lui a montrés, une fois parvenu, dans des proportions gigantesques et hors de toute vérité. Il n'a eu le sens de la réalité ni en prenant le pouvoir ni en le gardant. Il a cru tour à tour la révolution trop facile à guider, parce qu'il l'avait faite, et trop fatale à gouverner, quand elle avait fini par se résumer, glorieusement pour lui, dans sa personne. Il s'alliait alors à M. Ledru-Rollin. La responsabilité qui ne l'avait pas arrêté, le 24 février, sur le seuil du Palais-Bourbon, il essayait d'en secouer le poids au Luxembourg. Il l'exagérait par faiblesse d'esprit deux mois après l'avoir si légèrement acceptée par imprudence. C'est là le secret des fautes de M. de Lamartine, de ses entraînements et de ses retraites, de ses enthousiasmes et de ses terreurs, de sa grandeur et de sa chute. Son livre est plein de ces contradictions : elles étaient dans son cœur, elles se sont retrouvées sous sa plume. C'est par là seulement que son livre est vrai. C'est une fausse histoire de la révolution de 1848, c'est une admirable histoire de M. de Lamartine. Le même homme qui dit au début de son livre : « J'écris pour être utile au peuple en lui montrant son image et pour honorer notre temps devant la postérité ; » — quand la chance a tourné, quand les angoisses de la dictature ont succédé aux joies lyriques de l'avénement, quand le terrible peuple de l'Hôtel de Ville a remplacé, la pique à la main ou la cartouche aux dents, grondant et mugissant sous les fenêtres du conseil, le peuple imaginaire et impossible tant célébré par M. de Lamartine, c'est alors qu'il aper-

çoit ces « forcenés qui n'acceptent une révolution qu'à con-
» dition du désordre qu'elle perpétue, du sang qu'elle
» verse, de la terreur qu'elle inspire... hommes décidés à
» ne reconnaître une république qu'à l'échafaud et un gou-
» vernement qu'à la hache... »

C'est que l'expérience marche vite en temps de révolution ! M. de Lamartine l'exagérait, non pas qu'il manquât de courage, personne n'en eut plus que lui, mais parce que son imagination prêtait tour à tour des proportions démesurées au bien ou au mal, le berçait de rêves enchanteurs ou d'effrayantes visions. Il y a un instant, dans l'histoire de Phaéton, où tout son courage l'abandonne à la vue des apparitions monstrueuses dont sa périlleuse ascension le rend spectateur involontaire :

Hunc puer ut nigri madidum sudore veneni,
Vulnera curvatâ minitantem cuspide vidit,
Mentis inops, gelidâ formidine lora remisit...

On peut marquer ce moment de défaillance dans l'histoire de M. de Lamartine. Il n'a pas peur ; mais les objets prennent à ses yeux une teinte sinistre ou une figure étrange. Une revue de la garde nationale lui paraît « une de ces grandes migrations de peuple » qui changent la face du monde ; une foule sur la place de l'Hôtel de Ville, « c'est une tempête d'hommes où chaque vent d'idées arrache à chaque nouvelle vague un mugissement de voix. » C'est à ce moment que M. de Lamartine écrit sérieusement cette phrase : « Lamartine sortait à pied, *sans autres armes* qu'une paire de pistolets sous son habit. » C'est dans le même temps que donnant audience à M. Blanqui, « il s'avance vers lui la poitrine découverte ; et lui tendant la main : Eh bien ! monsieur Blanqui, lui dit-il en souriant, vous venez donc me poignarder? » C'est aussi à cette époque qu'il se place sous la protection de M. Ledru-Rollin. M. Ledru-Rollin ne l'attirait pas, au contraire ; mais il disposait de toutes les forces extra-légales, de toutes les influences révolutionnaires du moment, les ateliers nationaux, les délégués du Luxembourg, les clubs terroristes, la préfecture de police, les montagnards, les sections. C'était une force redoutable ; M. de Lamartine la crut plus terrible qu'elle n'était. Il fallait marcher sur elle hardiment. M. de Lamartine aima mieux inventer, après M. Caussidière, la théorie de l'ordre par le désordre, théorie qui déguisait chez M. Caussidière une singulière audace, chez M. de Lamartine une pitoyable faiblesse. L'illustre poëte a beau faire ; les dix pages qu'il consacre à la théorie ne le sauveront pas de cette conclusion : Il eut peur, une peur de poëte, de M. Ledru-Rollin. Il le vit avec les yeux de Phaéton fourvoyé. Cicéron disait : Je ne discute pas avec un homme qui commande une légion, et il le bravait. M. de Lamartine discutait avec M. Ledru-Rollin, maître de tout le pavé révolutionnaire de Paris, mais il lui cédait. L'Assemblée nationale, disait-il, doit accepter la force de toutes mains; et il livrait aux clubs le gouvernement de la France. Mais du même coup il abdiquait. Le grand poëte n'a plus fait que se traîner, de chute en chute, jusqu'aux bouquetières de la Bastille.

Je n'ajoute plus rien. Il y aurait pourtant un curieux chapitre à écrire des inexactitudes dont fourmille l'ouvrage de M. de Lamartine. Mais c'est encore la faute du poëte. Un poëte est-il obligé de savoir l'histoire qu'il raconte? a-t-il des yeux pour voir? Un poëte se souvient-il? il invente. L'historien de la *Révolution de 1848* aime les détails; il se plaît à ce que j'appellerai le menu de l'histoire; le succès des *Girondins* n'a que trop encouragé chez lui ce goût-là : mais le premier mérite d'un menu détail, si même il en a un autre, c'est l'exactitude. M. de Lamartine n'y songe pas. Ainsi, il parle « du péristyle du cabinet du roi, » devant lequel, le 24 février, des indiscrets s'étaient rassemblés. Il raconte que le roi sortit « par la porte d'un souterrain. » Il nous fait voir M. le duc de Montpensier en même temps à Alger et aux Tuileries. Il envoie le roi au château d'Eu. Il le fait aller, *à travers champs*, de Honfleur au Havre et du Havre à Honfleur. Il trouve la place Saint-Michel sur le quai de la rive droite. Il suppose que l'émeute d'avril grondait à Paris pendant que le roi faisait grâce à M. Barbès. Il n'y eut pas d'émeute, et la grâce est du mois de juillet. Mais à quoi bon ces critiques? Comme il a improvisé une révolution, M. de Lamartine a improvisé une histoire. L'improvisation permet tout et ne répond de rien.

Il est pourtant, dans le livre de M. de Lamartine, des inexactitudes qui mériteraient d'être plus sévèrement relevées. Elles ont déjà trouvé dans un journal, sous la plume loyale et véridique de M. de Mornay, un commencement de réfutation. Celles qui sont relatives à la reine ne méritent pas plus de crédit. M. de Lamartine est fort enclin, comme tous les honnêtes gens, à louer la reine ; mais il la loue comme elle ne veut pas être louée. Il oppose son portrait à celui du roi. Historiquement, rien n'est plus faux, et rien non plus n'est moins fait pour flatter la reine. Marie-Amélie montra, dans cette extrémité terrible, la vertu que le malheur et la grandeur avaient le plus exercée chez elle depuis quarante ans, la résignation. Elle fut tendre mère, épouse sans faiblesse, reine sans orgueil. Elle aurait soutenu le roi, si la constance du roi eût faibli. Elle n'eut pas à l'encourager, mais à l'imiter. Elle ne discuta pas l'abdication, elle la subit. Si elle fut héroïque, elle resta chrétienne.

Que dire maintenant de la partie littéraire du livre de M. de Lamartine? L'illustre écrivain ne se pique pas d'un goût très-sévère, et il se livre parfois à un néologisme inquiétant. Mais le grand mal! Quand on a fait une révolution, on peut bien faire un mot. La foule qui *tumultuait*, l'ordre social qui se *rénovait*, les *bouillonnements* de Danton, le *bouillonnement des événements*, la parole de M. Louis-Blanc *éclatant* en images, son système *en ténèbres*, les cris de *vive la réforme!* partant *comme un obus de la révolte* à la porte du palais du roi, toutes ces nouveautés et toutes ces images se ressentent de l'inspiration révolutionnaire. Elles sont au style du grand poëte ce que le gravier immonde est au sable d'or que roulent certains fleuves. Le gravier cache l'or : il ne s'agit que de le démêler. De même il n'est pas impossible de trouver quelques belles pages et quelques pensées justes dans l'ouvrage de M. de Lamartine.

Celle-ci m'a frappé : « Pour faire une révolution, dit M. de Lamartine, il faut être un scélérat, un fou ou un dieu. » Ni scélérat, ni dieu! répondra l'histoire quand elle voudra juger M. de Lamartine avec sa propre sentence; car il fut le plus humain des hommes, et il ne sut créer que le chaos. Ni scélérat, ni dieu, mais le plus grand... poëte des temps modernes!

III

M. de Lamartine, publiciste (1).

AMÉNITÉS DÉMOCRATIQUES, SOCIALES ET LITTÉRAIRES.

(27 SEPTEMBRE 1849.)

Les gens qui ont fait ensemble une révolution devraient bien s'entendre; car, avec les causes de dissentiment qui existent déjà entre ceux qui font des révolutions et ceux qui les subissent, nous marchons à la confusion des langues.

Voici deux hommes, M. de Lamartine et M. Louis Blanc, qui ont siégé l'un près de l'autre sur les fauteuils de l'Hôtel de Ville, qui ont eu la France entre leurs mains, mis leurs noms au bas des mêmes décrets, marché côte à côte dans les panathénées républicaines; et, tombés du pouvoir, voilà ces hommes, malgré le temps et malgré la distance, qui se redressent l'un contre l'autre (2), le ministre contre le tribun, le poëte contre l'économiste, le chantre d'Elvire contre l'organisateur de la fraternité; et, de griefs en griefs, la colère s'envenime jusqu'aux gros

(1) Cette étude ne faisait point partie de la première édition.

(2) Dans le *Conseiller du Peuple*, journal de M. de Lamartine, et dans le *Nouveau-Monde*, journal de M. Louis Blanc.

mots. Nous en sommes là. Mais que dira le public, qui assiste à la dispute, après avoir été victime de l'accord, et à qui, l'affaire vidée, il ne restera pas même l'huître des plaideurs ?

M. Louis Blanc se plaint amèrement de M. de Lamartine, et il a raison. De tous les hommes qui ont mis la main à la révolution de Février, l'auteur de *l'Organisation du travail* est assurément celui qui l'avait le mieux préparée, et qui l'avait, comme révolution, le mieux comprise. M. Louis Blanc, pendant que la France subissait la ruine et l'humiliation de cette affreuse tyrannie des dix-huit ans, aujourd'hui jugée, M. Louis Blanc ne s'amusait pas à danser, le balancier à la main, sur la corde tendue des Oppositions parlementaires. Il faisait une belle et bonne opposition républicaine à la royauté. Il faisait contre la société une vigoureuse campagne socialiste avec beaucoup de décision et pas mal d'esprit. De tous les démolisseurs du dernier régime, ce haineux rhéteur était celui qui avait mis le plus de poudre dans la mine préparée pour le faire sauter ; et, le trône tombé, il est encore celui qui a le mieux distingué, dans la poussière de ses débris, les véritables conséquences de sa chute. Il est celui qui a crié le plus haut à ceux qui trouvaient la révolution de Février commode, du jour où elle les mettait dans les hôtels des ministres et dans les carrosses de la cour : Halte-là, Citoyens, la révolution de Février serait un non-sens, si elle n'était qu'une révolution politique. Elle est une révolution sociale, bel et bien !

Et cependant, M. Louis Blanc est à Londres, réfugié, non jugé (par sa faute), tombé de son Luxembourg sur quelque banc solitaire du *British Museum ;* de dictateur redevenu étudiant, et recommençant, après trois mois d'enivrantes ovations et de radieuses perspectives, son dur métier de mineur révolutionnaire. Tel est le sort que la révolution de Février a fait à M. Louis Blanc, pendant que ceux qui n'ont eu que la peine de mettre le feu aux poudres avec une fusée d'artifice lui prodiguent aujourd'hui le dédain, l'ironie, l'apostrophe!... M. Louis Blanc riposte. Encore une fois, il a bien raison. Mais quelle comédie, si nous étions méchants!

Il nous faut cependant, car ceci est une curieuse page de notre histoire littéraire, donner à nos lecteurs une idée de cette querelle encore plus instructive toutefois qu'amusante. Les temps sont tristes; et Vadius et Trissotin eux-mêmes, devenus des personnages politiques, auraient perdu le secret de nous faire rire.

Voici l'histoire :

Un jour que M. de Lamartine n'était plus ni député, ni dictateur, ni ministre, ni représentant du peuple (justice ou sottise du peuple, cela ne nous regarde pas, nous autres critiques); mais enfin un jour que M. de Lamartine n'était plus rien, excepté académicien, il s'imagina de créer un journal mensuel auquel il donna, suivant son usage, un nom modeste. Il l'appela *le Conseiller du Peuple.*

Vous, le conseiller du peuple!...

Ah! monsieur de Lamartine! s'il ne s'agissait que de peser la sagesse et l'expérience au poids du génie poétique, s'il ne fallait que charmer l'oreille pour gagner les cœurs, et si l'éclat des mots, la pompe du style, l'abondance des images, la fluidité intarissable, l'inspiration féconde, la verve entraînante tenaient lieu de sens rassis; en un mot, si la poésie était la raison, vous qui êtes la poésie personnifiée, vous seriez le premier homme d'État de la France comme vous êtes le premier poëte du monde. Mais conseiller du peuple ?... vous qui jetiez au peuple, en février 1848, des phrases comme celle-ci ; vous qui disiez (*voyez* votre *Histoire*, tome I, page 60) : « Des dangers ! N'en par-» lez pas tant, vous nous ôteriez le courage nécessaire pour » les prévenir, vous nous donneriez la tentation de les bra-» ver !... Je ne sais pas si les armes confiées à nos braves » soldats seront toutes maniées par des mains prudentes... » Mais si les fusils ont des balles, ce que je sais, Messieurs, » c'est que nous défendrons de nos voix d'abord, de nos » poitrines ensuite, les institutions (les institutions !) et » l'avenir du peuple... Ne délibérons plus. Agissons ! » Quoi ! c'est vous qui, après avoir entraîné un pays par de telles paroles dans les hasards et l'ivresse d'une révolution, venez aujourd'hui lui prêcher la raison et la tempérance ? C'est vous qui, après avoir débridé ce coursier fougueux et l'avoir lancé à travers champs, sans souci de nos moissons, c'est vous qui courez après lui, haletant, éperdu, une muselière à la main ! C'est vous qui, après avoir jeté ce terrible étourdi dans la rivière, lui faites un sermon sur les inconvénients de l'étourderie !

> Eh ! mon ami, tire-moi du danger,
> Tu feras après ta harangue !...

Quoi qu'il en soit, M. de Lamartine publie depuis six mois, avec toutes sortes de fanfares étourdissantes, un journal ou plutôt un livre qu'il appelle *le Conseiller du Peuple*. Ce livre, je pourrais le caractériser d'un mot : c'est un répertoire de banalités pompeuses. La forme en est pindarique, le fond vulgaire, mais l'inspiration honnête. C'est par là que ce recueil sera utile, s'il est jamais lu. La position de M. de Lamartine a beau être fausse, ses conseils peuvent être fort bons ; ses intentions sont assurément excellentes, et ce n'est pas moi qui contesterai jamais qu'un homme de génie puisse être, à ses heures, un bon citoyen. J'ai des amis qui m'ont trouvé trop indulgent pour l'historien de la *Révolution de* 1848. Je ne vois, pour ma part, aucun avantage politique ni aucune gloire littéraire à dire que M. de Lamartine est un scélérat. Je crois donc que son journal, inspiré par les meilleurs sentiments, pourrait être utile au peuple, s'il était écrit d'un autre style. Mais le peuple n'aime que deux espèces de style : celui qui flatte ses passions à grand renfort d'artifices, ou celui qui s'adresse simplement et bonnement à sa raison. On peut le pousser au mal avec de grands mots ; on ne le ramène au bien qu'avec le langage simple et mesuré du bon sens. C'est donc un mauvais calcul que de conseiller le peuple en style de prophète et avec des cris d'illuminé. Le peuple a sa malice ; il sait que la vérité ne fait pas tant de bruit, et s'il applaudit aux charlatans qui le trompent, il tourne le dos aux docteurs qui ont l'air d'employer les mêmes rubriques pour l'éclairer. M. de Lamartine disait de son *Histoire de la Révolution de* 1848 : « C'est une lettre en deux volumes, mise à la poste à l'adresse de la postérité, pour n'être décachetée que dans vingt ans. » On dira peut-être de son journal, et j'en suis bien fâché : C'était une lettre à l'adresse du peuple ; le peuple l'a laissée dans la boîte aux rebuts. »

Il y a quelqu'un cependant qui a reçu la lettre de M. de Lamartine, qui l'a lue sérieusement, et qui s'est cru le droit d'y répondre : c'est M. Louis Blanc. Tout à l'heure je dirai pourquoi.

Le 7e numéro du *Conseiller du peuple* est une philippique

du genre que les rhétoriques appellent *véhément*. Elle est adressée aux instituteurs ruraux. Pourquoi M. de Lamartine s'est-il adressé de ce style aux instituteurs ruraux ? Pourqui ces *conseils* qui remplissent quarante pages ? Pourquoi cette colère ? Pourquoi cette correction humiliante ? Pourquoi cette flagellation impitoyable ? Quel est le crime des instituteurs ? Qu'ont-ils dit ? Qu'ont-ils fait ? Ecoutons M. de Lamartine, peut-être nous l'apprendra-t-il.

« ... Pendant la première épreuve du suffrage universel, » vous avez été des hommes de bien, de lumière, de bonne volonté, d'harmonie, de bon sens et de paix.... Vous » avez été admirables d'intelligence de votre rôle sous le » gouvernement provisoire, pendant la tempête, *aux* » *premières élections* de l'Assemblée constituante. Vous » avez dit au peuple ce que la nature lui dit : Il faut » gouverner par votre tête et non par vos pieds... Aussi, » vous avez eu l'Assemblée constituante et la République ! » *Mais depuis !*... Ah ! depuis ! il faut le dire, vous vous » êtes égarés. Et la France presque entière se plaint amè- » rement de quelques-uns d'entre vous. Prenez garde à ce » murmure général...... La conscience d'un pays ne se » soulève pas en vain... »

Comprenez-vous ?... de bonnes élections en 1848 ? M. de Lamartine obtint deux millions de suffrages. De mauvaises élections en 1849 ! M. de Lamartine ne fut pas nommé. Serait-ce là le sens de ce terrible *mais depuis !*... que l'illustre poëte laisse suspendu sur la tête des pauvres instituteurs de campagne, comme Neptune jette le *quos ego* à la révolte des vents déchaînés ? Mais M. de Lamartine oublie, et c'est générosité de sa part, qu'il fut un instant abandonné à peu près par tout le monde. Pourquoi faire la part des instituteurs si lourde dans cet universel déni de suffrages? Est-ce parce qu'il est commode de châtier la France sur les épaules de pauvres diables que personne ne songe à défendre? Quant à moi, je ne conteste pas que quelques instituteurs aient pu manquer, vis-à-vis du gouvernement qui les paie, aux devoirs de leur profession, mais j'ai peine, quand je lis la mercuriale de M. de Lamartine, à ne pas trouver par trop disproportionnés la faute et le châtiment. Il faut être juste, surtout envers les faibles, et ne pas abuser de la férule, même envers les maîtres d'école :

« Qu'est-ce qu'on entend dire de vous? écrit M. de Lamartine. Je vais vous le redire avec franchise, *sans crainte de vous offenser :*

» ... Les instituteurs communaux sont devenus, dans
» plusieurs départements, des fomentateurs de haine, d'exé-
» crables passions, de stupides doctrines... Ils se sont laissé
» séduire comme des hommes sans jugement ou entraîner
» comme des hommes sans conscience à toutes les *absur-*
» *dités prétendues sociales* et à toutes les *perversités préten-*
» *dues démocratiques*, que les factions, etc., etc... Ils se sont
» affiliés à ces clubs, conspirations en plein vent, attroupe-
» ments à domicile, volcans ambulants, *pour entasser et pour*
» *allumer au souffle des plus abjectes paroles tous les éléments*
» *incendiaires que des Catilinas de chefs-lieux ou des Gracchus*
» *de village peuvent souffler de leur haleine pour mettre le feu*
» *aux populations.* Ils se sont faits les préparateurs complai-
» sants des banquets démocratiques, les recruteurs à gages
» ou sans gages des bandes du 15 mai ou du 13 juin, les
» missionnaires de cette nouvelle religion qui consiste à
» nier Dieu, les grands-prêtres de ce culte de démolisseurs,
» les *facteurs* ruraux de ces insensés dont le règne serait la
» honte et l'extermination de la patrie. »

« Croyez-vous, dit ailleurs M. de Lamartine, que la so» ciété, la propriété, la République vous instituent, vous » autorisent, vous paient de leur superflu et souvent de » leur nécessaire pour propager autour de vous l'envie, » l'ingratitude, la haine entre les classes de citoyens, les » calomnies contre le gouvernement, le mépris des magis» trats, l'insulte aux consciences, l'outrage aux cultes re» ligieux, la cupidité, la soif du partage, la désignation des » propriétés à dépecer, enfin les vociférations contre ceux» ci ou contre ceux-là, les *Ça ira*, les terreurs, les lan» ternes, les guillotines, le drapeau de sang, et *tous ces » cris de guerre de la barbarie, auxquels quelques-uns d'entre » vous ont eu, dit-on, la lâcheté ou la perversité de sourire?* » Et ailleurs: « Vous vous étiez laissé faire les recruteurs de » l'anarchie, des crimes, et disons le mot, des *bêtises* » (M. de Lamartine écrit ce mot en majuscules) dont les » pervers et les imbéciles veulent fanatiser et hébéter le » peuple français!... »

Mais laissons les instituteurs ruraux. M. de Lamartine disait d'eux, au mois de février 1848 : « Le clergé est l'Église des âmes; les instituteurs doivent devenir *les réflecteurs* des intelligences. » Les réflecteurs ont nié la lumière. M. de Lamartine les brise en éclats sous ses pieds; cela est juste. Peut-être eût-il été plus simple de les éclairer. Mais laissons-les, et demandons-nous ce que M. Louis Blanc est venu faire dans cette querelle. Ne le voyez-vous pas? Les *absurdités sociales*, les *perversités démocratiques*, les *bêtises* (majuscules) *qui hébètent* le peuple français, tout cela ne touche-t-il pas par quelque côté aux doctrines socialistes? En d'autres termes, dans ce procès intenté par *le Conseiller du Peuple* à ces obscurs desservants de la démocratie dans nos villages, n'est-ce pas le socialisme tout entier, le socialisme avec ses grands docteurs et ses grands-prêtres, qui est en cause?

Pour passer des instituteurs aux socialistes, M. de Lamartine n'a pas cherché longtemps. La transition qu'il a choisie est plus que sévère. Des bêtises! Voilà le mot avec lequel il nous ouvre les réservoirs du socialisme. On dirait la verge qui fend le rocher sous la main du prophète. « Le » socialisme! s'écrie M. de Lamartine, Ah! laissez-moi » vous ouvrir enfin, une fois, mon cœur! Il y a vingt ans » que j'étudie le socialisme. Je m'y connais!... Eh bien! » je rougis pour mon siècle et pour mon pays que, dans » une nation qui passait pour spirituelle, des jeunes gens, » sortis des écoles de l'État, aient pu descendre à *ce degré* » *de sottise et d'hébètement!* Oui, ce qui me confond, ce qui » me désespère pour vous dans une doctrine fausse, ce » n'est pas tant le crime; le crime? on le déteste, on le » combat, mais on le comprend. (Pas trop, ma foi!) — » *C'est la bêtise* qu'on ne comprend pas! »

Voilà de bien gros mots! Aussi je m'arrête un instant. J'aimerais fort à m'associer aux extases anti-démagogiques du *Conseiller du peuple;* mais ce n'est pas mon affaire. Je m'occupe de critique; j'assiste à un combat de plume; j'ai à juger les coups, à signaler les procédés nouveaux, à relever, au point de vue de l'art, les progrès introduits dans la langue et la politesse françaises par les deux athlètes de ce pugilat littéraire. Je sais que la mission est délicate, et j'y vais mettre, si je le puis, toutes les précautions que commande le bon goût. Aussi je commencerai par faire appel à quelques souvenirs classiques. Tout le monde se rappelle une scène de Molière justement admirée : c'est la querelle de deux beaux esprits dans le salon de Philaminte. Le mérite de cette scène et l'originalité de cette querelle, c'est une gradation curieusement soutenue et un art dans les transitions, une souplesse dans le dialogue, un talent de ménager les coups, de les suspendre, de les précipiter, et en même temps une vigueur de traits qui font de cette dispute un des chefs-d'œuvre de la comédie française. C'est la querelle de gens bien appris. Elle commence par des compliments ; puis l'amour-propre des auteurs va se heurter à quelque perfide écueil, et tourne quelque temps autour de l'obstacle. Enfin la colère, un moment suspendue aux vivacités d'une contradiction aigre-douce, éclate tout à coup en apostrophes brutales, pour aboutir à la plus éclatante rupture. Ainsi va le cœur humain.

— Vous avez le tour libre et le beau choix des mots.
— On voit régner chez vous l'*ithos* et le *pathos*.
. . . .
. . . .
Mais laissons ce discours, et voyons ma ballade.
— La ballade à mon goût est une chose fade.
Ce n'en est plus la mode, elle sent son vieux temps.
— La ballade pourtant charme beaucoup de gens.
— Cela n'empêche pas qu'elle ne me déplaise.
. . . .
. . . .
Vous donnez follement vos qualités aux autres !
— Fort impertinemment vous me jetez les vôtres !
. . . .
. . . .
— Allez, fripier d'écrits, impudent plagiaire !
— Allez, cuistre ! etc., etc.

Molière était un grand maître ; mais il n'avait pas inventé le cœur humain. Le cœur humain n'avait pas cessé de battre, même après que Molière avait cessé de le peindre, et la querelle de Vadius avec Trissotin s'était mille fois répétée, sous d'autres formes, même après que la race des Vadius et des Trissotins avait disparu. Car on ne croira pas que j'aie voulu comparer, à ces prototypes du ridicule, les deux personnages, hélas! trop sérieux, dont j'essaie d'apprécier en ce moment les relations un peu excentriques. M. de Lamartine ne sera jamais ridicule; car il a fait la révolution de Février. Il en a été l'athlète, non le don Quichotte; l'orateur, non le Trissotin. Le Luxembourg ne ressemblait guère à l'hôtel de Rambouillet, et M. Louis Blanc a conquis là des droits plutôt à l'inexorable contradiction du bon sens public, qu'aux moqueries frivoles du bel esprit. Si donc j'ai cité le célèbre dialogue de Molière, c'est moins pour m'appuyer, contre ces deux hommes, sur cet inimitable peintre du cœur humain, que pour produire une preuve de plus de l'immortelle vérité de sa peinture. M. de Lamartine et M. Louis Blanc ont agi le plus sérieusement du monde, sur une scène qui n'était rien moins que comique, dans une querelle d'opinions; ils ont agi et parlé comme Vadius et Trissotin dans le salon des *Femmes savantes*. Ils ont commencé par se flatter, ne s'aimant pas; puis, leurs deux orgueils se sont rencontrés et choqués; puis, leur antipathie réciproque a éclaté; puis leur colère a fait explosion en jets enflammés, en injures dithyrambiques, et, finalement, en propos vulgaires, ce qui est le dernier terme de la mésintelligence entre gens biens élevés; le tout absolument comme dans Molière :

. . . . Mutato nomine, de te
Fabula narratur.

Entre M. de Lamartine et M. Louis Blanc, la pièce s'est donc jouée suivant toutes les règles de l'art et par des comédiens qui ne sortaient pas du Conservatoire, mais qu'avait formés, comme il en forme chaque jour, cet infatigable maître de la comédie humaine, la passion. M. de Lamartine, en effet, n'avait pas débuté par jeter à la tête du socialisme ce mot peu parlementaire : Une bêtise ! M. Louis Blanc non plus n'avait pas débuté avec son véhément adversaire en lui consacrant le *post-scriptum* récemment publié de son *Budget de la calomnie*. Je n'ai bas besoin de dire que ces deux membres du gouvernement provisoire s'étaient parfaitement entendus pour jeter à bas le trône de Juillet : et, quoiqu'ils ne ressentissent, même à cette époque, l'un pour l'autre aucune idolâtrie, ils se ménageaient comme les puissants se ménagent ou comme s'encensent les poëtes, avec toutes sortes de réserves jalouses et de mystérieuses révoltes de l'orgueil humain. Il y a un mot que rapporte M. Louis Blanc et qui prouve jusqu'où était porté l'accord, au moins apparent, entre M. de Lamartine et lui à l'époque que je rappelle. Il disait à l'Hôtel de Ville, dans les plus mauvais jours : « Nous sommes l'un » et l'autre dans cette situation singulière que vous êtes » responsable du progrès et que je suis responsable de » l'ordre. » C'était se mettre à sa discrétion. Il y a aussi des paroles de M. de Lamartine sur M. Louis Blanc qui prouvent, à la même époque, la vivacité de son bon vouloir : « M. Louis Blanc s'efforçait, avec une éloquence pleine » d'images, de désarmer les bras en éblouissant les imagi- » nations. Son système, fondé sur un principe réel de jus- » tice, exposé par son auteur avec un talent de style et de » parole qui retentissait dans les masses, était celui qui » avait le plus de sectaires sérieux, etc., etc. (1). »

(1) *Histoire de la Révolution de* 1848, tome I, pages 299-328.

Ce n'est pas tout. M. de Lamartine ne flattait pas seulement M. Louis Blanc dans sa personne et dans sa doctrine, il le caressait encore sur le dos de tous les faiseurs d'utopies plus ou moins folles qui fleurissaient sous le nom de socialisme. M. Louis Blanc les protégeait toutes. M. de Lamartine donnait à toutes un laisser-passer. Voici ce qu'il écrivait dans l'*Histoire* précitée :

» Philosophes ou sophistes, ces hommes, la plupart hon-
» nêtes, convaincus, fanatiques de leurs propres chimères,
» s'étaient lancés par l'imagination plus loin que le monde
» social ne porte les pieds de l'homme. Ils s'égaraient élo-
» quemment dans le chaos des systèmes. Ils étaient inspi-
» rés par l'amour du progrès de l'humanité... Le fourié-
» risme était une doctrine de bonne foi, de concorde et de
» paix. M. Cabet était une sorte de Babeuf posthume, mais
» humain. Les perspectives métaphysiques de M. Leroux
» étaient éclairées d'un rayon de christianisme. M. Prou-
» dhon était la Némésis des vieilles sociétés, mais sa ruine
» du moins était savante; tout ce que que le sophisme peut
» avoir de génie, il l'avait... (1) »

Tel était le langage de M. de Lamartine quand il avait non pas seulement à juger le socialisme, comme écrivain et comme critique, mais à le contenir comme membre du gouvernement de son pays. Ai-je besoin d'ajouter qu'il y avait encore moins d'indulgence, à cette époque, s'il est possible, dans son langage que dans son action?

Mais comment indiquer le moment où ces deux orgueils, celui du poëte et celui du chef d'école, ont commencé à se heurter et à passer de la flatterie à l'aigreur, d'une complaisance étudiée à une méfiance manifeste? Je crois bien,

(1) Tome I, pages 90, 91, 331, 332.

pour ma part, que c'est le jour où M. Louis Blanc, comme il le raconte aujourd'hui d'un air de triomphe, fit signer à M. de Lamartine le désaveu, malicieusement écrit de sa main, des cris anti-socialistes du 16 avril; — ou peut-être le jour où M. de Lamartine vint s'établir, au Luxembourg, comme membre de la commission exécutive, dans le fauteuil de M. Louis Blanc. « J'ai toujours pensé, écrit M. Louis Blanc, que la *haine dont M. de Lamartine m'honorait* était parfaitement désintéressée, loyale et sincère. » Quant au moment précis où l'antagonisme a éclaté par une querelle publique entre les deux écrivains, il ne faut plus le chercher. Nous en avons le secret sous la main. Il est dans le septième livre du *Conseiller du Peuple;* il est dans le troisième numéro du *Nouveau Monde.* C'est le nom du journal que publie M. Louis Blanc.

M. Louis Blanc est à Londres. Il y écrit un journal ou plutôt un livre par livraisons, qu'il publie à Paris. L'esprit de ce journal, c'est l'esprit de l'émigré dans le cœur du sectaire, la haine du présent, la confiance illimitée dans l'avenir, l'exagération violente des regrets et des espérances. M. Louis Blanc y ajoute l'amertume personnelle de ses passions et les emphases tour à tour éloquentes et brutales de sa rhétorique. L'historien des *Dix ans* ne se défend pas, il attaque. Son journal est un ouvrage avancé qu'il élève sur le sol ennemi; mais s'il y attend parfois l'agresseur, la vivacité de sa riposte l'entraîne bien vite hors de ses limites. On voit qu'il aime la guerre pour la guerre, et que sa plume est taillée pour le combat. Vous savez ces honorables et spirituels écrivains qui ont modestement composé de petits livres pour la propagande anti-socialiste de la rue de Poitiers?... « Vos serviteurs mangent leurs gages à vous » faire un mauvais renom; on déshonore votre livrée, dit

» M. Louis Blanc aux membres dirigeants de ce comité. Où » donc veulent en venir ceux qui s'en vont décriant de la » sorte un si haut patronage? A nous faire égorger?...» Vous savez cet orateur de l'ancienne Chambre des pairs que le suffrage universel a rendu aux affaires, cette voix austère et brillante, cette conscience honnête et ferme, cette dévotion pliée à la politique, ce libéralisme tourné en courage contre l'anarchie? regardons au portrait qu'en a tracé de son exil M. Louis Blanc : « Médiocrité saisie de rage, style » d'injure, grincement de dents, poing fermé, langage de » laquais, etc., etc. ». Vous connaissez aussi le général Cavaignac, et vous savez si celui-là s'est fait faute de donner des gages au gouvernement républicain? « En présentant » et en soutenant la loi du 11 août 1848, dit M. Louis Blanc, » le général Cavaignac et M. Marie se sont traînés servile- » ment dans les voies de la monarchie!... » Voilà pour les adversaires. Comment sont traités les amis ou les collègues? Voici une peinture du gouvernement provisoire que je trouve dans le numéro de septembre du *Nouveau Monde*, et qui peut servir de pendant à celle que trace M. de Lamartine dans son *Histoire :*

« Esprit généreusement agité, *intelligence mobile comme* » *le progrès*, M. Crémieux avait pris son parti résolûment... » M. Arago, que la science avait trop distrait de la politique, » *s'arrêtait étonné devant l'imprévu.* M. Dupont (de l'Eure)... » avait contre la révolution et contre son propre cœur *sa* » *vieillesse manifestement effrayée.* MM. Garnier-Pagès et » Marrast cachaient leur inquiétude, celui-ci sous *une ha-* » *bile affectation de légèreté*, celui-là sous les dehors d'une » activité *prompte à se répandre en paroles.* Quant à M. Ma- » rie, on devinait aisément *ses appréhensions* à sa bouche » contractée, à son front soucieux... Pour ce qui est de

» M. de Lamartine..., étranger à la science de l'économie » politique, il prit, de très-bonne foi, en aversion des doc- » trines *qu'il n'avait pas étudiées, et que la nature de son es-* » *prit était d'ailleurs peu propre à approfondir*... »

Telle est la silhouette que trace, de ses anciens collègues, et d'une main évidemment bienveillante, le professeur du Luxembourg. Supposez maintenant, cela est possible, que la malice de quelques lecteurs s'amuse à traduire l'opinion de M. Louis Blanc en langage vulgaire : « M. Crémieux, » dirait-il, était prêt pour tout ; M. Arago avair l'air d'être » tombé de la lune; M. Dupont (de l'Eure) aurait dû rester » chez lui ; M. Marrast jouait au marquis; M. Garnier-Pa- » gès payait en monnaie de singe; M. Marie avait peur; » M. de Lamartine était un de ces instruments qui rendent » des sons parce qu'ils sont creux..... » Ainsi du reste..... On n'est jamais trahi que par les siens !

Tel est donc le journal de M. Louis Blanc. Il est plein de passion, d'injustice, d'emphase, d'amertume. Aussi nous ne savons pas pourquoi il s'appelle le *Nouveau Monde*. Il n'y a rien là qui soit nouveau. Les doctrines du célèbre économiste commencent elles-mêmes à n'être plus nouvelles. Ce qui est nouveau, ne nous en plaignons pas, c'est que, n'ayant pas voulu subir la loi de son pays, M. Louis Blanc ait conservé le droit de la discuter. Ce qui est nouveau, c'est que n'ayant pas voulu être jugé, il ait gardé le droit de maudire ses juges. Mais nous avons vu depuis dix-huit mois bien d'autres nouveautés. J'aime celle-là, car du moins elle honore le libéralisme de nos lois et la mansuétude de nos mœurs françaises.

Je reviens à mon sujet. Nous étions arrivés à ce moment de la querelle qui fait l'objet de cette étude littéraire, où, suivant la poétique du genre, l'antagonisme éclate en gros mots, où Vadius et Trissotin se jettent toutes sortes de métaphores peu lyriques à la tête, à ce moment où l'apostrophe règne sans rivale, et n'a plus souci que de la vigueur de ses coups...

Souviens-toi de ton livre et de son peu de bruit!
— Et toi de ton libraire à l'hôpital réduit!...

Il faut que je donne une idée de ce paroxysme de la personnalité chez deux écrivains faits pour servir de modèles à tout le monde; car il manquerait quelque chose à l'histoire de l'art et à la didactique du style véhément, si je ne parvenais à y faire admettre, comme un chef-d'œuvre de ce genre de style, le dialogue qui va suivre. Encore une fois, je ne regarde pas au fond, je ne suis juge que de la forme; ou plutôt ce sont nos lecteurs qui jugeront :

M. DE LAMARTINE.

« ..... Regardez les socialistes! lisez-les! écoutez-les!
» Dieu a frappé de stupidité ces hommes de talent, il les a
» humiliés de la plus plate crédulité qui ait jamais désho-
» noré le sens commun d'une nation... En voici un (à vous,
» M. Proudhon!) qui nous dit : Il faut supprimer le capital,
» le capitaliste, l'industriel. Tout ce qui possède un écu est
» un voleur! — Bêtise! puisque sans capital il n'y a pas
» de revenu, etc., etc.

M. LOUIS BLANC.

» Vous reprochez aux socialistes de vouloir supprimer le
» capital et le capitaliste. — Bêtise! car vous confondez ici
» ce que jamais les socialistes ne confondirent, et vous
» leur prêtez votre propre ignorance. La suppression du
» capitalisme n'est pas la suppression du capital. Rassem-

» bler les détachements épars d'une armée, est-ce la dé-
» truire?

M. DE LAMARTINE.

» ..... Sans consommation à distance, pas de production; sans production, pas de moyen d'exister; sans moyen d'exister, pas de multiplication de l'espèce. Vous rêvez contre la population! vous êtes les théoriciens du néant!

M. LOUIS BLANC.

» Vous dites : « Sans consommation, pas de production; sans production, pas de moyen d'exister, etc., etc. » Bêtise! bêtise! car il y en a certainement beaucoup à présenter, comme objection, ce que personne ne conteste, et à proclamer d'un air profond qu'il fait ordinairement jour à midi.

M. DE LAMARTINE.

» Un autre nous dit : « Il faut supprimer toutes les concurrences entre marchands, tous les trafics libres, parce que faire travailler et gagner en faisant gagner son voisin, j'appelle cela (à vous, monsieur Louis Blanc!) *l'exploitation de l'homme par l'homme.* » — Bêtise! puisque le travail de chacun est sa richesse, son pain, sa liberté... Vous rêvez de rassasier le peuple sans nourriture, et de l'abreuver sans eau!

M. LOUIS BLANC.

» Vous dites, pour défendre l'odieux régime de la concurrence, que ce régime consiste à gagner en faisant gagner son voisin..... — Bêtise! car sous le nom d'*exploitation de l'homme par l'homme*, on n'a jamais désigné

» que le système qui consistait à gagner en faisant perdre » son voisin; ce qui est précisément le caractère de la » concurrence.

M. DE LAMARTINE.

» Un troisième nous dit : Attendez! j'ai trouvé le prin- » cipe des principes! La terre n'appartient pas à celui qui » la possède, maïs à celui qui la cultive! — Transcendante » bêtise! puisqu'en vertu du même soi-disant principe, » la maison appartient au maçon qui la bâtit, le cheval à » celui qui le monte, le diamant à qui le taille, la femme à » qui la convoite. Vous rêvez contre le sens commun.

M. LOUIS BLANC.

» Vous dites que la terre ne peut pas plus appartenir à » celui qui la cultive que la maison au maçon qui la bâtit... » — Bêtise! Car la question est de faire que l'ensemble » des choses produites appartienne à l'ensemble des pro- » ducteurs.

M. DE LAMARTINE.

» Celui-ci nous dit : Il faut tout mettre en commun et » nous en aller en Amérique (à vous, monsieur Cabet!), » où nous mangerons dans des gamelles d'égale dimension. » Beau plan de civilisation, mais bêtise! car l'un mettra » dans la communauté sa force, l'autre sa faiblesse; l'un » son génie, l'autre sa crapule... D'autres nous disent : Il » faut faire de la société un monastère de la règle de Saint- » Simon... — Bêtise! vous rêvez contre l'indépendance » morale de l'homme. Un dernier nous dit : Il faut faire de » la société une grande série de familles jetées pêle-mêle » dans une grande caserne nommée phalanstère (mon- » sieur Considérant, à vous!), où chacun fera ce qu'il vou-

» dra ou bien ne fera rien... — Bêtise! Vous rêvez contre » la nature et la sensibilité de l'homme. Vous supprimez » la lutte du devoir et de la passion!...

M. LOUIS BLANC.

» ..... Ceux-là nient volontiers les idées qui ont à se con- » soler de n'en avoir point, et l'outrage à la fécondité est » la ressource suprême des impuissants au désespoir!

M. DE LAMARTINE.

» O bêtise humaine! étiez-vous jamais descendue si bas!

M. LOUIS BLANC.

» Il est facile de crier à la bêtise d'autrui! Pas de sot » qui n'y suffise... »

J'ai cité, en les abrégeant beaucoup, sans les altérer en rien, ni pour le sens, ni pour la forme (on peut s'en assurer en prenant le 7e livre du *Conseiller du Peuple* et le 3e numéro du *Nouveau Monde*), j'ai cité donc fidèlement, en les rapprochant, tous les détails de ce long dialogue. J'avais à cœur de prouver que le morceau était conforme à toutes les lois du genre, et que Molière lui-même n'avait pas mieux fait. On a dit qu'il se faisait plus de figures de rhétorique dans la rue, un jour de marché, que dans une séance de l'Académie. De même l'orgueil est une meilleure inspiration que toutes les poétiques, et l'apostrophe ne sort jamais plus vive, plus impétueuse et plus poignante que d'un cœur gonflé de fiel, à moins qu'il ne soit gonflé de vent.

TRISSOTIN.

Allez, petit grimaud, barbouilleur de papier!

VADIUS.

Allez, rimeur de balle, opprobre du métier!

S'il me fallait apprécier maintenant la part de style et de talent que chacun des deux antagonistes, qui sont partisans du progrès, apporte dans cette polémique un peu avancée, je dirais que chacun d'eux y figure avec son genre d'esprit et ses défauts. M. de Lamartine y est plus déclamateur, M. Louis Blanc plus rhéteur. La phrase a plus de tenue et de solidité chez M. Louis Blanc, elle a plus de jet naturel chez M. de Lamartine. « O bêtise humaine! étiez-vous jamais descendue si bas!... » Il n'y a pas la moindre recherche dans cette apostrophe, et en même temps il n'est pas de formule qui fasse plus complétement justice, et avec moins de fracas, des fières théories que ce mot résume : O bêtise humaine!

M. Louis Blanc est pour le fracas. Non qu'il soit un écrivain sans valeur, un simple chercheur de mots, un déclamateur à vide; au contraire; mais il a les défauts de la plupart des écrivains de notre temps. Il manque de naturel, il cherche l'effet, il aime le bruit, il abuse du rhythme, il se plaît à étourdir, à éblouir et à effrayer, et il se fait peur à lui-même, comme je le prouverai. M. de Lamartine étend sa phrase jusqu'à l'énerver et la dissoudre; M. Louis Blanc gonfle la sienne jusqu'à la faire crever.

C'est un défaut commun aux époques de décadence et aux écrivains qui s'y rattachent : ils tombent volontiers dans l'exagération; ils abusent de la véhémence. Les langues elles-mêmes sont insensiblement attirées dans ces excès. Elles se transforment par le besoin qu'elles éprouvent de frapper aux sens plutôt qu'à l'esprit. Elles échappent à l'abstraction, qui est quelquefois l'écueil des époques moins agitées, pour tomber dans le matérialisme qui est le vice des littératures vieillies, la fin des langues comme celle des croyances. Il se produit alors dans les intelligences une sorte de congestion morale, *mens congesta*, comme dit le poëte Claudien, qui est précisément, à Rome comme à Paris, le symptôme de cette vieillesse des littératures, et qui tourne en violence les idées, les systèmes, les opinions, le langage, le style, la poésie elle-même, l'économie publique et l'histoire. C'est l'infirmité des esprits préludant à la désorganisation des Etats. C'est alors qu'un économiste jette au monde effrayé ce paradoxe extravagant : « La propriété, c'est le vol ! » Un autre nous crie : « Produire selon ses facultés ! consommer selon ses besoins ! » c'est-à-dire entretenir, aux frais des travailleurs de santé chétive, les paresseux de bon appétit. C'est alors qu'on publie les *Mémoires d'un valet de chambre ;* c'est alors qu'on écrit *la Chûte d'un Ange* et l'*Histoire de dix ans !* Et, pour rentrer dans l'étude particulière qui nous occupe, c'est alors que deux hommes d'un esprit éminent, d'un talent incontestable, deux hommes de bonne compagnie, se combattent, la mer entre deux, l'un avec cette phrase à l'adresse d'une certaine classe de révolutionnaires : « Germination impure et vénéneuse, née de la fange détrempée de sang humain, sous les égouts des échafauds de 93 (1) ! » — l'autre, avec ces aménités à l'adresse des écrivains modérés : « Prodigieuses vilenies, venin de mensonge, style épileptique, rage subalterne, libertinage de style qui étonnerait le fantôme évoqué d'Hébert lui-même... Les inspirations des chefs se reconnaissent dans ces fureurs des goujats de l'armée (2)... »

Tel est donc le triste cachet des époques de décadence, qui sont en même temps des époques révolutionnaires, car les sociétés ne périssent pas sans convulsions. Tout s'y

(1) *Le Conseiller du Peuple*, p. 288.
(2) *Nouveau-Monde,* n° 3, p. 31, 32, 33.

tourne en exagération, en panique et en violence; tout s'y altère, même l'innocente rhétorique; tout y périt, même la grammaire. L'incertitude de l'existence et le souci de l'avenir réagissent sur les traditions du bon style elles-mêmes; le désordre politique envahit l'école; le trouble des intérêts se communique aux intelligences; les âmes se gâtent comme les affaires; les imaginations se remplissent de souvenirs sombres et de risibles terreurs.

M. Louis Blanc est à Londres. Certes, je le plains; mais il est à Londres, je ne dis pas heureux, mais tranquille, protégé, comme réfugié, par la loi anglaise, comme publiciste, par la loi française à laquelle il s'est soustrait. Eh bien! quoiqu'il ne manque pas plus de courage que de talent, M. Louis Blanc rêve de persécutions et de supplices! Les inoffensifs écrivains de la rue de Poitiers « veulent le faire égorger; » ils font la chasse aux pensées, et ils la veulent *sanglante* (1)! M. Louis Blanc n'entend plus « dans » toute l'Europe que le bruit du knout et le sifflement de » la hache qui s'abaisse sur les vaincus. » Son imagination lui rappelle « les barbaries infernales du paganisme expi- » rant, les chrétiens jetés en pâture aux lions de Numidie, » les victimes transformées en flambeaux qui, pendant la » nuit, éclairaient dans Rome les promenades des libertins » avinés conduits par Néron. » Que sais-je? Dans cette France où paraît librement son journal et où personne ne s'en plaint, M. Louis Blanc voit « un grand fait qui carac- » térise la situation, c'est l'établissement d'un *système de* » *compression à outrance.* » Peu s'en faut qu'il ne rêve une Saint Barthélemy de socialistes, tant « les chevalets de fer, » les tenailles rougies au feu, les chaudières de poix bouil-

(1) N° 3 du *Nouveau-Monde*, p. 32.

» lante et l'exécrable mortier où Corneille de Witt eut les » mains pilées, » lui sont restés dans la mémoire ! Et c'est avec cette phrase empreinte cette fois, je le reconnais, d'une noble modération, mais en même temps d'une ridicule épouvante, c'est avec cette phrase qu'il fait, en le quittant, le salut de la plume à M. de Lamartine :

« Pas de réticences, Monsieur, des noms propres, des » preuves !

» Car enfin, s'il se trouvait, par impossible, contre votre » volonté certainement, et pour l'inconsolable douleur du » reste de votre vie, que *de vos phrases on fît des épées*, au » moins faudrait-il que la main du premier venu ne pût » pas au hasard en promener la pointe. S'il arrivait que, » recevant de vos paroles une impression condamnée par » vos sentiments, des malheureux ne jugeassent bons qu'à » *être exterminés des hommes dénoncés comme exterminateurs*, » — au moins faudrait-il qu'il n'y eût pas de confusion, » et que *les coups de poignards ne se trompassent pas de poi-* » *trine*. La Saint-Barthélemy eut lieu pendant la nuit. » C'est assez d'une fois, et il sera bien que, de nos jours, » on ne répète pas ce cri fameux d'*égorgeurs* : Dieu recon- » naîtra les siens ! »

Voilà où nous en sommes en l'an de grâce 1849 et XVe de la République une et indivisible !

Oh ! prenez garde, en effet, M. Louis Blanc ! prenez garde aux égorgeurs du parti modéré ! Les petits livres de la rue de Poitiers sont des barils de poudre. Je vois une pique aux mains de Pierre Favel. Théodore Muret doit être armé d'une fourche. Entendez-vous *le cor sonnant l'halali du socialisme?* Prenez garde ! dans M. Odilon Barrot, il y a plus d'un Laubardemont, comme il y avait dans César plusieurs Marius ! Un cardinal de Lorraine se cache peut-être sous le frac noir de M. de Falloux, et il y a du sang au fond de l'écritoire de M. de Lamartine. Oh! prenez garde! nous autres modérés, nous sommes si méchants.....

M. de Lamartine termine par un vœu que je ne renvoie, à Dieu ne plaise! ni à lui, qui est un grand poëte, ni à son adversaire qui est un écrivain distingué, mais un vœu que je répète bien volontiers :

« Si la démocratie devait dégrader si bas l'intelligence de » mon pays, je dirais plutôt : Périsse la démocratie ! Car, à » tout prendre, la grandeur des peuples se mesure à l'é- » chelle de leur intelligence, et quelques têtes supérieures, » pour représenter un peuple dans l'histoire, valent mieux » que toute une nation d'idiots. »

Quelques têtes supérieures! J'aime à finir par ces mots; car voilà qui va mettre tout le monde d'accord (1).

(1) Voir à l'*Appendice* la correspondance à laquelle a donné lieu cette étude.

IV

De l'Amour dans la vie et dans les œuvres de M. de Lamartine.

(28 OCTOBRE 1849.)

. . . .
Et peut-on posséder ce que le cœur désire,
Être heureux, et n'avoir personne à qui le dire?
Peut-on garder pour soi, comme un dépot sacré,
L'insipide plaisir d'un amour ignoré?
(VOLTAIRE, — *l'Indiscret.*)

Voici ce qui m'a donné l'idée d'étudier l'amour (en l'an de grâce 1849) dans la vie et dans les œuvres de M. de Lamartine.

M. de Lamartine a publié il n'y a pas longtemps, et coup sur coup, deux volumes qui sont l'histoire de ses amours. Les *Confidences* et *Raphaël* (1) sont une autobiographie amoureuse, ou ce n'est rien. Comme confession, il n'a été, je crois, publié depuis longtemps rien de plus curieux que ces deux volumes; comme invention, il n'y a pas un roman du jour qui ne leur soit supérieur. Je prends donc cette double confidence pour ce qu'elle vaut, et c'est beaucoup : je la prends pour une histoire secrète et authentique de M. de Lamartine, et j'y trouve aussi, comme je le

(1) Paris, 1849, 2 vol. in-8°.

prouverai, le commentaire tardif et spontané de quelques-unes de ses poésies. Les œuvres de M. de Lamartine n'auraient pas toujours fait soupçonner sa vie. Sa vie explique bien souvent ses œuvres.

Je sais que j'entreprends une tâche difficile, mais qui aura pourtant, je l'espère, son intérêt et sa nouveauté : j'entreprends de chercher où M. de Lamartine a mis son cœur.

Diogène cherchait un homme. Moi je cherche un cœur. C'est à peu près la même chose. Un homme sans cœur, c'est un corps sans âme. Diogène avait sa lanterne. Moi, j'aurai la mienne, ou plutôt j'aurai celle que M. de Lamartine a si généreusement mise dans la main du public. Ses *Confidences* sont le flambeau avec lequel nous descendrons sans scrupule dans sa vie privée.

Chercher où un homme illustre a mis son cœur, même avec la chance de ne rien trouver, est-ce lui faire injure? Voici plus de dix-huit cents ans, si j'ai bien compté, que le héros de l'*Enéide* passe, malgré ses vertus, pour le moins amoureux des hommes sensibles, et sa bonne renommée n'en a nullement souffert. Étudier si M. de Lamartine a été vraiment sensible à tel moment de sa vie qu'il prend la peine de nous raconter, ou quelle forme sa sensibilité a revêtue, quel rôle elle a joué, quel langage elle a parlé, si c'était là offenser ce grand poëte, c'est donc qu'il aurait oublié ce qu'il écrivait lui-même il y a vingt-cinq ans, sur la tombe récemment fermée de Napoléon :

> Tu grandis sans plaisir, tu tombas sans murmure,
> Rien d'humain ne battait sous ton épaisse armure.
> Sans haine et sans amour, tu vivais pour penser...

Certes, en disant (faussement, suivant moi) que Napoléon n'était pas sensible, M. de Lamartine ne croyait pas jeter un outrage à cette grande mémoire. J'userai, s'il y a lieu, vis-à-vis de la grande renommée poétique de M. de Lamartine exactement du même privilége.

M. de Lamartine se présente un jour au bureau d'un grand journal (l'auteur des *Confidences* fait précéder cette démarche de préliminaires très-honorables pour sa délicatesse; je les tiens pour vrais; mais j'abrége). Le voilà donc, soit de sa personne, soit par procureur, en présence de ce grand journal. M. de Lamartine lui dit : J'ai là un manuscrit. C'est l'histoire de ma vie privée, de ma famille, de mes amis, de mes amours, l'histoire de mon cœur... En voulez-vous?

— Un manuscrit de M. de Lamartine! la chronique de son cœur, de ses amours! L'affaire était d'or... Le marché fut conclu.

L'auteur des *Confidences* nous explique aujourd'hui comment, pour racheter le vieux manoir de sa famille, il s'est trouvé dans la nécessité *de souffler sur les charbons éteints de son cœur, d'en détacher un morceau, d'en remuer les cendres encore tièdes, de recueillir les reliques poudreuses de sa mémoire*, etc., etc. Voilà de bien bonnes raisons. Mais voyons. Il s'agit d'un contrat, non d'une élégie. Vous voulez purger une hypothèque qui vous gêne. Pour racheter l'inscription, vous cédez votre manuscrit. Vous livrez votre cœur pour sauver votre maison. Qu'à cela ne tienne! Le marché est nouveau, mais l'affaire nous plaît; nous ne vivons pas dans un siècle de pruderie; et « ce peu de honte » dont vous parlez (page 17 des *Confidences*), ce peu de honte sera bientôt bu. Allons donc au fait; vous gardez votre maison, vous donnez votre cœur... Voyons ce que vous donnez.

M. de Lamartine est né huit ans avant le siècle dont il devait être la plus éclatante illustration poétique. Il avait donc vingt-quatre ans en 1817. Or, entre sa sortie des jésuites et cette dernière époque, qui est à peu près celle de ses premiers essais littéraires, M. de Lamartine avait aimé, ou, pour mieux dire, s'était fait aimer trois fois. Son premier amour avait duré ce que durent les neiges dans la Bourgogne. Le second avait rempli un été sous le ciel de Naples. Le troisième, commencé sur le lac qui baigne les ruines de l'abbaye d'Haute-Combe, avait fini, l'année écoulée, et après bien des détours, exactement à la même place. Étudions l'histoire et le caractère de ces trois amours de M. de Lamartine, qui sont, ses œuvres poétiques à part, toute l'histoire de sa vie sensible.

Je ne voudrais pas être accusé d'avoir hasardé une théorie de l'amour parfait. Pourtant, si j'avais à indiquer celles de toutes les qualités de l'amour que je crois les plus indispensables à sa perfection, je dirais que l'amour doit être simple, avant tout : simple à sa source, c'est-à-dire jaillissant sans effort des inspirations naturelles de la passion et du désir; simple dans son langage, c'est-à-dire sans prétention d'école, de secte ou d'académie; simple dans sa marche, c'est-à-dire ne courant pas après les aventures, pour le profit de les raconter. Voilà, sans compter toute autre définition qu'on en pourrait faire, comment je comprends l'amour dans l'art et dans la vie. L'affectation dans l'amour, c'est plus que le mensonge, c'est la laideur, c'est-à-dire ce qui répugne le plus à l'amour. Othello, dans la plus grande violence de sa passion, est toujours simple, parce qu'il est vrai. Il ne tue pas Desdémone en rhéteur, mais en jaloux. Desdémone n'y gagne rien, je l'avoue, mais l'art triomphe même sur son cadavre. De même le chevalier Desgrieux, quand il a enseveli sa maîtresse, ne déclame pas sur son tombeau.

J'ai l'air d'écrire un *Art d'aimer*. Je pose seulement quelques règles pour la suite de cette étude. Je cherche les moyens de distinguer, en fait d'amour, s'il sort de la tête ou s'il vient de l'âme, s'il est le produit de l'imagination ou de la sensibilité, s'il procède d'un artificieux caprice de l'esprit ou d'une naturelle inspiration du cœur ; en un mot, si la flamme où s'allument les sens a été prise au foyer de quelque vive jeunesse sincèrement ardente, ou si elle est tombée de la torche enfumée de quelque amoureux émérite, épris de rhétorique, avide de renommée et de bruit !

Le premier amour de M. de Lamartine est un amour de tête ; le second, un amour de fantaisie cruelle et insouciante ; le troisième, qu'on me passe le mot, je n'y attache qu'un sens moral, le troisième est un amour de réciproque impuissance entre deux âmes que l'ennui dessèche et que la déclamation flétrit.

Enfant au premier acte et barbon au dernier,

étourdi cruel entre les deux : c'est entre ces trois termes que se partage la vie sensible de M. de Lamartine, puérile au début de sa passion et sans pitié au milieu, livrée vers la fin au radotage d'une sentimentalité bavarde, vie trop longtemps jeune et trop tôt vieille, qui semble n'avoir été jamais mûre pour le sentiment et jamais forte pour l'amour dont elle n'a que le badinage avec *Lucy*, les remords avec *Graziella*, l'hyperbolique et décevant simulacre avec *Julie*. Je sais que M. de Lamartine répond à cela qu'il ne vécut, jusqu'à douze ans, que de pain, de laitage, de légumes et de fruits. Un jour, il sauva un agneau dressé à le suivre, et que voulait prendre le boucher quand il fut gras. « Je priai ma mère, j'obtins la grâce de mon ami ! » J'ai lu tout cela, et que c'est à ce régime, qui promettait un pythagoricien, que M. de Lamartine dut cette santé forte, ce développement rapide, cette pureté de traits et *cette exquise sensibilité d'impressions*, dont il se donne (p. 94 des *Confidences*) le certificat à lui-même. Mais il ne s'agit pas de la sensibilité de M. de Lamartine pour les moutons, il s'agit de l'amour; et, son livre à la main, je lui reproche ou plutôt je le plains de n'en avoir eu que l'ombre trompeuse et non la vivante image, le regret sans la jouissance, la creuse extase plus que l'émotion naturelle. C'est de cela que je le plains. Dans ces beaux récits d'amour, d'un si charmant style, d'une fécondité si prodigue, d'une indiscrétion si étudiée, d'une rhétorique si peu contenue, quelque chose manque, c'est l'amour; ou pour mieux dire, dans l'amour, quelque chose manque, c'est l'homme. Sur trois femmes, il y en a au moins une. L'homme n'y est jamais. Il y a le poëte, l'homme d'esprit, de commerce agréable, généreux, facile, spontané, complaisant. L'amoureux n'y est pas. *J'étais défendu par ma froide insouciance*, dit-il quelque part. *Mon cœur était de sable*, dit-il ailleurs. *C'est ainsi que j'expiai l'ingratitude et la dureté de mon cœur*, dit-il plus loin. Est-ce assez d'aveux?...

Mais j'ai contre la sensibilité amoureuse de M. de Lamartine d'autres arguments que ses aveux; j'ai ses récits. On me demandera peut-être, avant d'aller plus loin, quel genre de plaisir je trouve à faire le procès aux amours d'un homme illustre à tant de titres. Je n'y trouve aucun plaisir, mais il y a là une question d'art. D'abord (ceci est l'histoire du civet de lièvre), on ne fait pas un bon récit d'amour sans amour; ensuite, si réellement nous voulons chercher dans les œuvres de M. de Lamartine quelques reflets de sa vie amoureuse, cette première étude est l'indispensable préliminaire de la seconde. Mais n'anticipons pas.

Le premier amour de M. de Lamartine est un amour d'hiver; il fleurit sous la neige, il s'épanouit dans la brume. Il lui faut le brouillard dans la plaine, la lune glacée dans son nuage, les sapins chargés de frimas, la cascade suspendue au rocher frissonnant. C'est un amour à pierre fendre. Mais cet amour dure peu. Lucy a seize ans; elle sort du couvent; elle parle deux langues, touche agréablement du piano, danse en perfection, dévore les livres venus de Paris (le danger n'était pas grand en 1808), joue avec les chiens de garde, et soigne ses chardonnerets. C'est une fille universelle, qui pourtant a un défaut, le défaut du temps. Napoléon ne lisait qu'Ossian. Lucy est *ossianisée* jusqu'à la moelle des os. C'est par cette amorce qu'elle prend M. Lamartine, alors âgé de seize ans comme elle. « Il manquait quelque chose, dit M. de Lamartine, à mon intelligence complète d'Ossian... » Le hasard lui offrit Lucy. Lucy est, pour le jeune échappé des jésuites, un commentaire vivant de son poëte favori, une scolie en jupons.

« Nous marchions, dit l'auteur, nous parlant peu, n'o-
» sant nous regarder, mais nous montrant de temps en
» temps de la main quelques beaux arcs-en-ciel dans les
» brouillards, quelques sombres vallées noyées d'une nappe
» brune, ou bien encore quelque chute d'eau congelée au
» fond d'un ravin. »

Tels sont leurs plaisirs. Un soir, les deux amants se rencontrent par une belle gelée, dans le silence d'une nuit glaciale, sur la terrasse couverte de neige du jardin de Lucy, comme Fingal et Malvina sur la colline de Morven. On s'était donné rendez-vous. Les corps frissonnaient, mais les cœurs battaient...

« J'essuyai avec la main un banc de pierre couvert de
» neige glacée. Nous nous assîmes un peu loin l'un de

» l'autre. Nul de nous ne rompait le silence... A la fin, je » m'enhardis : « O Lucy, lui dis-je, comme la lune re- » jaillit pittoresquement ici de tous les glaçons du torrent » et de toutes les neiges de la vallée! — Oui... » dit-elle. « Elle allait poursuivre, quand un gros corps noir, pas- » sant comme un boulet par-dessus le mur, roula dans » l'allée et vint en deux ou trois élans bondir jusqu'à » nous... »

C'était un chien, le chien de M. de Lamartine, qui avait suivi de loin sa piste. L'intelligent quadrupède avait compris que la place n'était plus tenable pour son jeune maître. Saisis de peur, les deux amants s'enfuirent. « J'arrivai transi dans ma chambre, » dit M. de Lamartine. Je le crois bien! mais finissons, car on gèle dans ce récit.

M. de Lamartine ne revit plus Lucy. On le fit partir. Je remarque ici, en passant, que M. de Lamartine a un moyen à peu près constant de sortir d'embarras en amour. Quand la position devient difficile, il fait comme le pieux amant de Didon, il s'en va. Ce moyen, l'auteur des *Confidences* l'applique encore à autre chose. « Quand le chagrin de » cette publicité à subir (la publicité de ses amours) pèse » trop douloureusement sur ma pensée, quand je me re- » présente la pitié des uns, le sourire des autres, l'indiffé- » rence de tous... je fais seller mon cheval... » Ailleurs, M. de Lamartine explique fort longuement, et par de très-bonnes raisons, à mon avis, pourquoi il s'opposa, en 1815, à l'émigration de la maison militaire du roi Louis XVIII, dont il faisait partie. « Je montai, à la prière de mes amis, » sur le moyeu de la roue d'un caisson, et je répondis à » un mousquetaire, qui avait fortement et brillamment re- » mué les esprits en parlant en faveur de l'émigration. » Maintenant, tournez trois feuillets : « La Suisse était neu-

» tre... Je pris quelques louis dans la bourse de ma mère, » et je partis, une nuit, sans passe-port pour les Alpes. » Ainsi, M. de Lamartine, si un remords le presse, monte à cheval ; en politique, il passe la frontière ; en amour, il prend la poste, comme nous allons le voir dans la suite de cette histoire.

Je veux cependant lui soumettre, avant de continuer, une autre observation. M. de Lamartine a aimé deux jeunes filles, ou, ce qui était peut-être plus dangereux pour leur vertu, il s'est fait aimer d'elles. S'il faut l'en croire, et je le crois, il s'est conduit à leur égard comme un honnête homme ; il les a épargnées, même quand elles ne s'épargnaient guère. Il a respecté même Camilla, cette nièce du chanteur David, qui lui faisait, pendant le voyage de Florence à Rome, un si doux oreiller de sa blanche épaule (p. 165) ; il l'a respectée, trop peut-être : d'autres en riront ; moi, je l'en honore. Mais puisque M. de Lamartine est si maître de son cœur et de ses sens, pourquoi l'est-il si peu de sa plume ? Quand sa vertu le rend si timide devant la pudeur des femmes, pourquoi les viole-t-il, absentes, avec son pinceau ?

M. de Lamartine, je n'ai pas besoin de le dire, n'est jamais ni grossier ni cynique. Mais, en si délicate matière, il suffit d'un trait pour consommer l'outrage ; et, par exemple, la froide Lucy, si elle vivait encore, trouverait-elle le compte de sa pudeur de seize ans dans ce portrait qui la représente avec « ses yeux de pervenche, ses cheveux noirs et touffus, sa langueur contagieuse, sa taille *où se révèlent les gracieuses inflexions de la jeunesse ?* » Serait-elle bien flattée de voir jetés au public, avec son adresse, ces vers que son jeune amant lui écrivait, entre deux brouillards, et sans l'échauffer, pendant ce triste hiver de 1808 :

Sous sa robe d'enfant qui glisse des épaules,
A peine aperçoit-on deux globes palpitants,
Comme les nœuds formés sous l'écorce des saules
Qui font renfler la tige aux sèves du printemps.

. . . .

Non, jamais un amant qu'à sa couche j'enlève,
Dans ses bras assoupis n'entaça plus beau rêve;
Vois-tu ses noirs cheveux, de ses charmes jaloux,
Rouler comme une nuit jusque sur ses genoux?

« Lucy, dit M. de Lamartine, reçut ces vers sans colère. » Les lirait-elle aujourd'hui sans dépit, en compagnie d'un million de lecteurs?

Un éminent critique a relevé, dans le portrait de la mère de M. de Lamartine, cet excès de la couleur que je signale dans celui de ses maîtresses. J'y mettrai, quant à moi, et sur ce seul point, moins de rigueur. La mère, la famille, les sœurs, les amis d'enfance, le foyer domestique, c'est peut-être là que nous trouverons la veine du cœur dans M. de Lamartine, après l'avoir vainement cherchée ailleurs. Je lui passe donc le portrait de sa mère. J'aurais préféré un simple pastel. La touche de Rubens ne m'y déplaît pas. L'amour d'un fils porte avec lui je ne sais quel parfum chaste qui purifie la couleur, qui tempère l'exagération, qui corrige même le mauvais goût. M. de Lamartine ne parle jamais simplement de sa mère, mais toujours avec accent, avec émotion. Laissons-le une fois se tromper avec son cœur; hélas! il s'est assez souvent trompé avec son esprit!

Mais où le mauvais goût est insupportable, c'est dans ces trahisons du pinceau où la sensualité du peintre se donne carrière au mépris de l'amour qu'il a inspiré ou ressenti, aux dépens des femmes qu'il a aimées, et que leur célébrité défend si le monde se souvient d'elles, que leur obscurité doit protéger plus encore, si le monde ne les a pas connues. Il est bien peu de ces femmes dont M. de Lamartine ne prenne sous nos yeux la mesure, comme ferait, qu'on me permette de le dire, la couturière la mieux apprise.

« Les habillements de la jeune pensionnaire française...
» (il s'agit d'un travestissement) s'étaient trouvés trop
» étroits pour la stature découplée et pour les épaules ar-
» rondies et fortement nouées au corps de cette belle fille
» du soleil et de la mer. La robe éclatait de partout sur
» les épaules, sur le sein, autour de la ceinture, comme
» une écorce de sycomore... La nature avait rompu l'étoffe
» à chaque mouvement... On voyait en plusieurs endroits,
» à travers les déchirures de la soie, le nu du cou ou du
» bras éclater sous les reprises. *La grosse toile de la che-*
» *mise* passait à travers les efforts de la robe et du fichu...
» Les bras mal contenus sortaient comme le papillon rose
» de la chrysalide qu'il fait gonfler et crever... »

Nous vous dirons tout à l'heure le nom de cette belle fille du soleil; vous saurez la place qu'elle doit avoir dans notre respect. Pourquoi M. de Lamartine a-t-il l'air de s'en soucier si peu ? Je le jure, c'est qu'il ne l'a pas aimée ! « Il n'y a rien de si loin de la volupté que l'attendrissement, » dit-il quelque part. Les femmes qu'il expose à nos regards et à nos désirs, il ne les a pas aimées avec son cœur, j'en réponds; ou, s'il les a aimées, c'est d'une manière dont aucune femme qui se respecte ne voudrait l'être; car aucune n'aurait demandé à son génie, même au prix de l'immortalité, le dédommagement de sa froideur !

Ceci me conduit à parler du second amour de M. de

Lamartine. Graziella est bien cette fille de la mer qui fait crever sur sa taille le corsage de soie des jeunes pensionnaires. Mais ne la jugez pas sur cette impression. Graziella est la fille d'un pauvre pêcheur; mais, tenez, elle n'a pas bâti Carthage, elle marche nu-pieds, elle vit de concombres frits, de fromage de buffle et de coquillages; mais « j'étais reine dans mes haillons, » dit-elle, et quand son histoire commence dans le livre de M. de Lamartine, cette histoire, je ne sais pourquoi, commence comme celle de Didon!..,

Quis novus hic nostris successit sedibus hospes?
Quàm sese ore ferens! quàm forti pectore!

De même, quand la tempête a jeté dans l'île de Procida, au pied de la falaise, sous le chaume du pêcheur, M. de Lamartine et son compagnon, au premier soupçon qui les accueille :

« Qui vous a dit, répond Graziella, que ces étrangers » sont des païens? Est-ce que les païens ont un air si com» patissant pour les pauvres gens? Est-ce que les païens » font le signe de la croix comme nous devant l'image des » saints? Eh bien! je vous dis qu'hier, quand j'ai attaché » le bouquet à l'image de la Madone, j'ai vu une larme » briller dans les yeux du plus jeune! »

Une larme! Graziella, de ce moment, aime M. de Lamartine; il est jeune, elle le croit sensible. Elle ne sait pas, hélas! qu'il trouvera dans sa jeunesse même un rempart contre cet amour!

Je ne raconterai pas l'histoire de Graziella : tout le monde l'a lue ou la lira. C'est un chef-d'œuvre. Graziella n'est pas simple. Elle n'est pas de la famille de Charlotte, de Clarisse ou de Virginie. L'auteur des *Confidences* l'a placée dans un jour qui fait rêver aux plus splendides effets du ciel de Naples, quand d'une simple paysanne, avec quelques paillettes d'argent et quelques galons d'or, ce ciel fait une princesse. « Ainsi vêtue, elle sortait de sa chambre » avec des fleurs de grenade rouge dans ses cheveux noirs; » puis elle passait et repassait devant ma fenêtre comme » un paon qui se moire au soleil sur le toit... » Graziella n'est donc pas simple; mais dans ce grand éclat où l'a exposée M. de Lamartine, elle est naturelle et pure, elle est naïve et vraie; elle est, s'il m'est permis de le dire, respectablement charmante. Elle appelle le regard, mais on sent que si le pinceau a pu trahir, comme M. de Lamartine le fait trop souvent, le mystère de sa beauté, le regard n'a pu l'outrager.

Graziella a un autre mérite. Elle est humble avec noblesse. Son indigence est doucement fière, son ignorance est chastement curieuse, sa pudeur pleine de confiance, sa passion sans détour, son désespoir sans violence, sa mort sans fiel. Il y a de l'antique dans cette physionomie de jeune fille, de l'antique du meilleur temps, quelque chose de l'enfantillage gracieux de la Lesbie et de la noble contenance de l'Antigone. Quand on la voit tourner sa meule de corailleuse, c'est comme un souvenir de Nausicaa lavant son linge à la fontaine. Quand elle danse la tarentelle, c'est avec une sorte de joie triste et de folie sérieuse où se révèle toute une vie de sacrifice. Quand elle a coupé sa noire chevelure pour en faire hommage à la Vierge, en souvenir de son amant, « elle ressemble, dit M. de Lamartine avec ce sang-froid d'artiste qui ne l'abandonne jamais, elle ressemble à la statue mutilée de la Jeunesse. » On sent qu'il y a là, non pas du Balzac croisé avec du Bernardin de Saint-Pierre, comme l'a dit un spirituel critique, mais du sang grec (Graziella a pour aïeul paternel un négociant d'Egine) mêlé à puissante dose à cette pure essence du sang italien d'où est sorti ce qu'on a appelé la Grande-Grèce.

Telle est Graziella. M. de Lamartine a peint admirablement cette jeune fille. Voilà pour l'écrivain. Comment l'a-t-il traitée? Ceci est le compte de l'homme.

M. de Lamartine arrive à Naples. Il est jeune. Il est curieux. Je n'ai pas besoin de dire qu'il est poëte. Il a cette soif de voir, cette ardeur des yeux, cette fureur du pittoresque, qui est sa maladie ou son génie, n'importe. « Je » voyais à l'horizon la maison blanche du Tasse. Cette vue » me ravissait. La lueur de cette maison *brillait jusqu'au* » *fond de mon âme.* » Voilà sa passion. Ne lui demandez rien de plus.

Cependant une pêche aux rougets, contrariée par un coup de vent, le jette sur la falaise de Procida. Il y trouve la famille de ce pêcheur du golfe qui l'accueille. Quelques jours après, il est installé à Naples chez ces braves gens, mangeant à leur table, couchant sous leur toit, très-occupé de leur fille, et toutefois professant l'amour sans le comprendre, l'inspirant sans le ressentir. Cependant Graziella apprend un métier, et se prépare, quoi qu'il lui en coûte, à prendre un mari. A cette nouvelle, M. de Lamartine s'en va. Son cœur est libre, mais son orgueil s'émeut. Lui qui ne veut ni épouser Graziella, ni la séduire, étrange tyrannie du cœur humain! il ne supporte pas l'idée de son établissement. Il s'en va, blessé et jaloux. Autre inconséquence : il revient, la veille des fiançailles, assez tôt pour les rompre, trop tard pour les renouer. Graziella triomphe de cette fatalité qui la perd. Le retour de son amant la tourne contre son fiancé; mais elle n'a plus de refuge, contre sa parole, que dans le couvent ou dans la mort. Elle choisit le couvent, elle s'enfuit.... M. de Lamartine la rejoint à Procida. « Une inspiration me guidait, » dit-il. Il la trouve couchée sur un tas de bruyère sèche. Il reçoit l'aveu de son amour. « J'étais la glace, elle était le feu. » La glace! Pourquoi traversiez-vous le golfe à sa suite, plus ardent que le chasseur après sa proie? Cependant Graziella revient à Naples. Il n'est plus question du fiancé! l'amant est tout. « Le calme, dit stoïquement M. de Lamartine, rentra dans la maison. » Et puis un jour M. de Lamartine fait une terrible découverte : « ..... Je commençais à aimer Graziella mille fois plus que je ne me l'avouais à moi-même. » Je commençais à aimer!! c'est le moment de partir. Aussi, ne tardons-nous pas à entendre ce signal qui nous annonce ordinairement que M. de Lamartine veut sortir d'embarras : un fouet de postillon retentit. Je commençais à aimer! Vite à cheval! En effet, voici le fidèle de V*** qui entre (*fidus Achates*) : « Je viens te chercher. J'apporte une lettre de ta mère. Les chevaux sont commandés pour minuit. Il est onze heures!... Partons! » M. de Lamartine se met en route, non sans avoir laissé sa bourse (sa bourse!) à Graziella, dont il emporte le cœur. J'oublie une circonstance. Graziella s'évanouit. « On lui jeta de l'eau sur le visage.... » M. de Lamartine n'oublie rien. « Une heure après, nous roulions dans le silence et dans la nuit sur la route de Rome. » Et la fin du roman? Graziella mourut d'amour et de désespoir....

Mon Dieu! je ne voudrais pas me donner le ridicule de faire, après trente ans, un procès en séduction à M. de Lamartine. Outre que je n'ai pas qualité pour cela, l'illustre poëte est d'âge à invoquer la prescription. Qui sait où est aujourd'hui la tombe de Graziella? Les chèvres broutent sur le monceau de pierres grises qui formaient la cabane de son vieux père. Mais ce procès que je n'ai pas à faire, qui le poursuit contre M. de Lamartine, si ce n'est l'auteur des *Confidences?* Qui le dénonce, qui le condamne, si ce n'est lui-même? M. de Lamartine met à cette procédure une sorte de recherche dont le sens m'échappe. Est-ce un raffinement de vanité qui lui fait dire : « *Une pensée l'a tuée, et cette pensée c'était moi?* » Est-ce un sentiment d'humilité qui lui inspire ces paroles : « *Mon cœur était trop léger et trop vert pour produire de lui-même de si brûlantes émotions?* » Ou bien y a-t-il un souvenir d'impuissance dans cet aveu : « *Nous dormions à deux pas l'un de l'autre.... j'étais défendu par ma froide insouciance?* » Ou bien la révolte d'un misérable orgueil de gentilhomme dans celui-ci : « *Cet amour humiliait mon respect humain?* » Ou bien enfin, la théorie par laquelle M. de Lamartine résume tout ce récit, cette théorie de *l'amour vrai qui est le fruit mûr de la vie, fruit qui ne vient que quand tombent les feuilles*, cette glorification sensuelle des *cheveux blanchissants*, cette apothéose amoureuse de l'homme de quarante ans, est-ce là le dernier mot de cette histoire? J'en ai bien peur; mais alors pourquoi M. de Lamartine nous promettait-il de *détacher pour nous un morceau de son cœur*, au début des *Confidences?* Pourquoi mettait-il son cœur dans le marché du grand journal? Il y a mis le cœur des autres, et non pas le sien. L'homicide orgueil de se savoir aimé, la vanité qui creuse lentement une tombe obscure, l'aristocratique dédain du fils de famille, la sécheresse du cœur, faisant, après quarante ans, la théorie de sa propre impuissance, l'hiver calomniant le printemps, le dieu Terme raillant la déesse Hébé, voilà pour nous comment se résume, en fin de compte, l'histoire de ce caprice cruel qui commence par une pêche aux rougets dans la baie de Naples, et qui finit par cette ridicule invocation à l'amour sénile sur le tombeau d'une jeune fille que son amour a tuée : « Ah! l'homme trop jeune est incapable d'aimer! Il » y a plus de séve folle et d'ombre flottante dans les jeunes » plants de la forêt; il y a plus de feu dans le vieux cœur » du chêne!... »

Le cœur du chêne!... Ah! c'est vous!

J'arrive au troisième amour de M. de Lamartine, l'amour de Julie raconté par Raphaël. Nos lecteurs connaissent *Raphaël.* Mon spirituel ami, Paul de Molènes, en a fait, dans le *Journal des Débats,* une vive et touchante analyse. Je n'y reviendrai qu'à mon point de vue, avec ma lanterne, cherchant ce cœur que vous savez.

Raphaël est un gros livre qui n'a fait partie d'aucun marché de sentiments et de souvenirs, qui n'a pas paru en feuilleton, *cette monnaie de billon des livres,* dit M. de Lamartine. Raphaël est un lingot de métal douteux, de poids respectable, où les défauts de la prose du grand poëte arrivent à une exagération fatigante, notamment dans la première moitié de l'ouvrage; la seconde est beaucoup plus vraie, d'allure plus leste, plus près de la nature, de la vie réelle et de la vérité.

Julie est une jeune femme, une orpheline, une créole qu'a rencontrée à la Maison impériale de Saint-Denis « un vieillard illustre » qui l'a épousée et qui en a fait un esprit fort, n'en pouvant faire une mère de famille ni une femme honnête, comme vous allez voir. Julie est athée, une athée « avec des yeux de lapis veinés de bleu, fendus » en losange, le nez grec, les dents de nacre, le teint pâle, » les traits pétrifiés, les doigts maigres et effilés; — une

» statue de la mort, mais de la mort qui attire, » ajoute M. de Lamartine qui fait de toutes ses maîtresses des statues.

Si bien que, se trouvant à Aix, en Savoie, en même temps que cette beauté sévère, Raphaël a le bonheur de la sauver sur le Bourget au milieu d'une tempête.... Les amours de M. de Lamartine commencent volontiers par un orage. Son cœur ne se prend pas comme celui d'un simple mortel. Il y faut le dieu d'amour, descendant du nuage, au milieu des éclairs. Quoi qu'il en soit, ce coup de vent décide de sa destinée. Son cœur est pris. Suit une déclaration, qui a trente-six pages in-8°, dans laquelle Raphaël apprend de certaines choses que les femmes ne disent pas d'ordinaire le premier jour, si même elles le disent jamais. Quant à nous, qui ne sommes pas curieux, contentons-nous de savoir que cet amour qui commence est condamné à son début, et pour cause, au platonisme le plus rigoureux. Eh bien, soit ! Si nous n'avons pas la réalité de l'amour, nous en aurons le mouvement et le bruit. Si le saint n'y est pas, nous aurons les cloches. On peut se consoler avec des phrases telles que celles-ci :

« Ce fardeau dont je venais d'être soulagé, c'était mon » propre cœur.... Je m'assis sur le mur tapissé de lierre, » les jambes pendantes sur l'abîme.... Il me semblait na- » ger moi-même dans le pur éther et m'abîmer dans » l'universel Océan.... Mais la joie intérieure dans laquelle » je nageais était mille fois plus infinie, plus lumineuse, » plus incommensurable que l'atmosphère avec laquelle » je me confondais..... J'aurais vécu dans cet état autant » de millions d'années que le lac déroulait de lames sur le » sable, sans m'apercevoir que j'aurais vécu plus de se- » condes que *n'en occupait* chacune de mes respirations.

» Ce doit être la cessation du sentiment de la durée du » temps pour les immortels dans le ciel, une pensée im- » muable dans l'éternité d'un moment. »

« *Cette sensation n'avait rien de précis,* » ajoute spirituellement M. de Lamartine, quand le bon sens lui revient. Cependant la saison s'avance. La situation devient délicate. Ici, une scène de postillons, le fouet à la main. Les grelots retentissent. Le pavé brûle. On part, on est parti. M. de Lamartine voyage sur le siége de la berline. J'oublie, avant le départ, une scène de suicide réciproque par amour, toujours sur le Bourget. « Mourons ! — Oui, mourons !... J'enlaçai huit fois au- » tour de son corps et du mien, étroitement unis » comme dans un linceul, les cordes du filet du pêcheur, » et. . . . .

« . . . .

On ne meurt jamais, vous le savez, de cette mort-là. Huit jours après, les deux suicidés roulaient en chaise de poste sur la route de Paris.

Ici la scène change. Raphaël retourne à Mâcon. Julie reste à Paris. L'amour se transfigure. Au lieu d'un perpétuel dithyrambe à bout portant, nous avons un dialogue à distance, une correspondance destinée à rester secrète, mais que l'auteur caractérise ainsi :

« Il n'y avait dans ces lettres ni commencement, ni fin, » ni milieu, ni grammaire, ni rien de ce qu'on entend or- » dinairement par le style. C'était mon âme à nu devant » l'âme d'une autre.... Je ne sais quelle langue vague, » éthérée, flamboyante, caressante comme les langues de » flamme, qui n'avait de sens pour personne.... Je ne » m'arrêtais qu'après que les quatre feuilles étaient rem- » plies, et il me semblait toujours n'avoir rien dit ! C'est

» qu'en effet, je n'avais rien dit; car qui a pu dire jamais
» l'infini! »

Je signalais, il y a quelques jours, ce qui me paraît le défaut le plus caractéristique de la littérature de notre temps, cette fausseté systématique des sentiments, des idées et du langage, qui semble tenir chez nous à quelque vice particulier de l'intelligence et nous fait voir les choses humaines avec des formes d'une exagération ridicule. Le troisième amour de M. de Lamartine et le livre qui le raconte procèdent également de ce défaut; et chose singulière! le ciel semble toujours de complicité dans les amplifications du poëte; Dieu est le confident et presque le compère de cet amour où l'athéïsme est pour moitié.

« Si le firmament n'eût été qu'une page, et que Dieu
» m'eût dit de la remplir de mon amour, cette page n'aurait
» pas contenu ce que je sentais se dire en moi. »

Et ailleurs :

« Mon Dieu! soufflez sur toutes les clartés de la terre,
» éteignez tous ces globes lumineux du firmament, mais
» laissez luire éternellement cette petite clarté, étoile mys-
» térieuse de deux vies.... Et cette lueur éclairera assez
» tous les mondes! »

Cette clarté était une bougie allumée sur le guéridon de la chambre de Julie. C'était la lumière qui, cachée derrière les battants d'un double volet, servait de signal à Raphaël quand, vers minuit, les deux battants s'ouvraient pour indiquer l'heure du rendez-vous. Raphaël en effet était revenu à Paris toujours amoureux, il le croit du moins; toujours pauvre, toujours digne, je lui rends cette justice, dans sa pauvreté noblement portée. La première entrevue entre les deux amants, après cette longue absence, est pourtant une scène de haut comique :

« Mon premier cri fut un cri de joie.... Elle essaya de » balbutier quelques mots, elle ne le put pas. Je tombai à » ses pieds; je collai ma bouche sur le tapis; je relevai » mon front pour la regarder encore et *pour m'assurer* que » sa présence n'était pas un rêve.... Elle tomba également » sur ses genoux devant moi. Nous nous regardions de » loin... Nous restâmes en silence, sans autre langage que » ce silence et cette prosternation l'un devant l'autre... je » ne sais combien de minutes nous restâmes ainsi. Le » bonheur nous avait frappés d'immobilité. Le temps n'é» tait plus.... »

La situation devenait critique. La chose tournait à la catalepsie. Mais vous vous souvenez de cet animal intelligent qui délivre M. de Lamartine, un soir de rendez-vous, pendant cette froide nuit, dans un vignoble du Mâconnais. Ici, la scène est la même, c'est la même glace, excepté que le libérateur est « un homme d'un âge déjà avancé, d'une » stature imposante, d'un visage noble, serein et doux... » M. de Bonald en personne, *Deus ex machinâ !* Honnête M. de Bonald! Cette rencontre ne fut pas, je le suppose, le souvenir le plus mélancolique de votre honorable et sérieuse vie!

L'hiver se passe dans ces surprises, dans ces ravissements et dans ces extases. Mais la vie de M. de Lamartine se partage en deux courants, comme la Gironde, quand on la remonte après le Bec-d'Ambès. D'un côté, cette vie continue à rouler, en plein dithyrambe, ses flots orageux et troublés et son murmure inintelligible; de l'autre, elle coule avec gravité et sérénité dans le lit étroit d'une indigence solitaire, « *entre un paravent et un poêle de fonte,* » dit le poëte, mais sur le sable d'or de l'étude, de la méditation et de la poésie.

Je voudrais que les bornes de ce travail et les limites de la thèse que je me suis prescrite me permissent de donner à mes lecteurs une idée plus complète de ce charmant récit. Mais il n'y a plus rien là de l'amour de Julie. Raphaël refait ses études. Il étudie l'antiquité, heureux jeune homme! l'histoire, la philosophie, la diplomatie. Il étudie même..... l'économie politique. L'économie politique et l'amour! Il fait une brochure sur *la pairie constitutionnelle.* La pairie et l'amour! Il fréquente des hommes tels que le baron Mounier, le comte de Rayneval, M. d'Hauterive! Il offre à M. Didot, qui la refuse, la primeur de son génie, les premières poésies tombées de sa plume, sorties de son cœur... Car, disons-le donc enfin, son cœur était là! Il était dans sa vie sérieuse et non pas dans sa vie fausse; dans la mâle vigueur de sa pensée solitaire et contenue, non dans les écarts d'une sentimentalité sans énergie, sans but et sans frein. Mais j'y reviendrai.

M. de Lamartine a raconté son amour avec Julie comme s'il y croyait; et il y a cru comme un sonneur de cloches qui, au moment où sa batterie est en branle, ne s'entend plus parler, ni lui ni personne. Il en est ainsi de M. de Lamartine. Dans le bruit de sa phrase, il ne se comprend plus; il prend les sifflements de la brise, le murmure du vent dans la bruyère, le fracas de la cascade retentissante, pour autant de soupirs de son cœur; il prend, qu'on me permette de le dire, le vacarme du sentiment pour sa mélodie. S'il a cru à son amour pour Julie, ce n'est pas sa faute. Le bruit de ce faux amour l'a étourdi. Laissons donc mourir Julie comme elle a vécu. Cependant elle invoque Dieu en mourant... Que *sa philosophie* lui soit légère! Laissons M. de Lamartine composer, pour terminer son livre, sur la plage où gisent saintement les ruines de l'abbaye d'Haute-

Combe, cette scène de mélodrame indigne de son talent.

Dans une prochaine étude, nous aborderons un rivage plus fortuné, un climat plus salubre, un air plus pur et plus serein, la terre antique du génie de M. de Lamartine.

Largior hic æther campos et lumine vestit
Purpureo.....

Nous chercherons l'amour, non plus dans la vie, mais dans les œuvres ! Nous en appellerons des *Confidences* et de *Raphaël* aux *Méditations* (1) !

(1) Cette étude promise, qui devait compléter le travail de l'auteur, sera jointe, plus tard, à une série de portraits exclusivement littéraires.

V

M. de Lamartine, instituteur du peuple.

(29 SEPTEMBRE 1850.)

Je reviens, après un an, à M. de Lamartine, et j'y reviens après une sorte de trêve de Dieu entre la critique et lui. Mais l'infatigable écrivain s'est remis à produire, et naturellement la critique se reprend à le juger.

M. de Lamartine commence aujourd'hui, nous dit-il, « une série de récits et de dialogues à l'usage du peuple » des villes et des campagnes. » *Geneviève* est la première de ces histoires qui ont la prétention de s'adresser à l'âme et au cœur du peuple, et *de lui donner*, dit l'auteur, *l'estime de lui-même*, comme si de nos jours le peuple manquait d'estime pour lui-même, et comme si cette estime n'avait pas pris dans ces derniers temps, grâce aux prédications des démagogues, des proportions formidables. Quoi qu'il en soit, M. de Lamartine nous expose toute une théorie d'éducation populaire par les romans, théorie dont je veux dire un mot avant de parler de l'œuvre elle-même ; car nous vivons dans un temps où les œuvres sont quelquefois bonnes, où les théories ne manquent jamais, témoin celle-ci, d'être mauvaises.

M. de Lamartine a mis son système sous l'invocation d'une couturière, mademoiselle Reine Garde, ci-devant servante à Aix, en Provence. Mademoiselle Reine Garde m'a tout l'air d'une honnête fille, quoiqu'elle fasse de mauvais vers, et elle aurait bien envie d'être simple et naturelle, si l'auteur le permettait; mais c'est M. de Lamartine qui la fait penser et parler.

« ..... Comment, lui demandai-je, mademoiselle Reine, concevriez-vous la nature d'ouvrages qui conviennent aux mœurs, aux sentiments, à l'esprit des personnes de votre condition?...

» — Ah! Monsieur, je ne sais pas trop; c'est bien difficile à dire. On n'a pas de goût quand on ne l'a pas encore exercé.

» . . . .

» — Mais de simples histoires, vraies et pourtant intéressantes, *prises dans les foyers,* dans les mœurs, dans les habitudes, dans les professions, dans les familles, dans les misères, dans les bonheurs *et presque dans la langue du peuple lui-même*, qu'en pensez-vous?

» — Ah! Monsieur, s'écria-t-elle, je pense que *ce sont véritablement là les livres qui attacheraient les artisans*, surtout les femmes et les filles des artisans... Nous sommes le cœur du logis, Monsieur; ce que nous aimons, les murailles l'aiment. L'instituteur de l'esprit est à l'école, mais l'instituteur de l'âme est au coin du foyer. C'est la mère, la femme, la fille ou la sœur de l'ouvrier honnête qui sont ses véritables *muses*, comme on appelle ces inspirations intérieures à l'Académie de Marseille...

» . . . .

» — Il faudrait, n'est-ce pas, que ces histoires fussent très-simples et très-naturelles; qu'il n'y eût quasi point d'événements ni d'aventures, pour *ressembler au courant ordinaire des choses?*

» — Oui, Monsieur.

» — Il faudrait que ces livres ne coûtassent presque rien à acheter, n'est-ce pas encore?

» — Oh! oui, surtout, dit Reine en approuvant d'un geste de tête...

» — .... Il faudrait aussi que ces livres fussent courts?

» — Oui, Monsieur, *longs comme la durée d'une chandelle...* Pour nous, nous ne pouvons prendre notre plaisir qu'en détail : une once de sel, une page de sentiment, une goutte de larmes! Sou pour sou, voilà le peuple! Il faut le prendre comme Dieu l'a fait! »

On commence à avoir une idée de la littérature populaire de M. de Lamartine : « Prendre le peuple tel que Dieu l'a fait, » c'est-à-dire inventer pour lui des histoires à dormir debout, calquées sur l'invariable uniformité de son existence, en excluant de son éducation l'histoire, la science, la poésie, le roman de mœurs, la philosophie, l'art dramatique, toute la vraie littérature en un mot, toute la lumière qui brille, pour de plus heureux, si ce n'est pour de plus dignes, sur tous les sommets de la société. Telle est la théorie qu'a imaginée un ami du peuple, en collaboration avec une couturière provençale, la théorie de l'hébêtement systématique. Car ne parlez pas à M. de Lamartine ni à mademoiselle Reine Garde de faire lire au peuple, même par extraits, quelques-uns de ces bons livres qui sont, depuis des siècles, les guides et les conseils de l'humanité. M. de Lamartine les exclut tous. « Voyons, dit-il (dans une longue énumération que j'abrège), passons en revue par la pensée les rayons d'une bibliothèque bien composée. Voilà la Bible ; — beau livre, mais plein de mystères et de scandales. Voilà Homère, Platon, Sophocle ; — c'est du grec. Rien! Voilà Virgile, Horace, Cicéron, Tacite ; — c'est du latin! Le peuple ne le sait pas. Rien! Voilà Milton, Shakspeare, lord Byron; — c'est de l'anglais! — Le Tasse, Dante, Pétrarque; — de l'italien! Schiller, Goëthe, Gessner; — de l'allemand. Rien! Voilà Cervantes, Calderon, Lope de Vega; — de l'espagnol. Rien. Voilà les grandes poésies de l'Orient, Inde, Perse, Arabie. Rien! vous dis-je. Voilà nos vieux poëtes français; — rimeurs fades ou cyniques. Passons! Voilà Pascal; — penseur sublime, *comme l'abîme est sublime d'inconnu;* ce livre ferait des fous ou des moines. Passons! Voilà Bossuet, orateur qui tonne sur la tête des rois et ne frappe que les peuples... Rien! Voilà Fénelon; — des pages et pas de livre. Voilà Corneille; — le génie pour le peuple est dans l'âme; *celui de Corneille est comme celui de Tacite, dans le mot.* Rien! Voilà Racine! — *les cours l'ont pris, qu'elles le gardent!* à d'autres! Voilà Voltaire, Montesquieu, Rollin. Voilà tous nos historiens, tous nos romanciers, nos philosophes, nos théâtres, nos savants... Rien pour le peuple! rien! cent fois rien!... »

Que conclure de toutes ces dénégations? Comme il n'y a rien nulle part qui ait jamais été écrit pour le peuple, il faut créer pour lui une littérature spéciale à son adresse; et en conséquence M. de Lamartine a écrit *Geneviève*. Tel est le système.

Ce système est doublement faux : faux par tout ce qu'il nie, faux par tout ce qu'il affirme.

Comment! dans cet immense amas des trésors littéraires de tous les pays et de tous les siècles, et avant que M. de Lamartine y songeât, avant la théorie inventée par Mademoiselle Garde, le peuple, quand il voulait lire, ne trouvait rien où il pût découvrir la lumière et puiser l'instruction, ni dans les moralistes, ni dans les poëtes, ni dans les prédicateurs, ni dans les historiens, ni dans les romanciers!

Non, rien! car M. de Lamartine s'est amusé à refaire le néant. Mais qu'est-ce donc que votre peuple, s'il a les yeux si fatalement fermés, l'oreille si hermétiquement close à ces immortelles leçons de l'expérience, du savoir et du génie? On dirait qu'une langue, du moment qu'elle a été amenée par le talent de ceux qui l'écrivent à une certaine mesure de perfection, devient par cela même inintelligible au vulgaire, et que cet anathème du poëte latin qui interdit l'entrée du temple lyrique, défend aussi l'accès de toute littérature perfectionnée, *odi profanum vulgus!* On dirait que les écrivains éminents, comme les prêtres de la vieille Égypte, ne sont que des gardiens de symboles hiéroglyphiques, dont le secret ne se dit qu'aux initiés ou n'est deviné que par les Champollion!

Quant à moi, je crois que c'est surtout depuis que les réformateurs contemporains se mêlent de l'éducation du peuple, que le peuple ne comprend plus les livres qu'il lit. Je crois que l'auteur du *Discours sur l'histoire universelle* est plus facile à comprendre que le philosophe des *Antinomies*, que Jean La Fontaine est plus clair que M. Louis Blanc ; que les *Pensées* de Pascal sont plus près de l'intelligence du peuple que *la Triade* de M. Pierre Leroux, et qu'il y a cent fois plus d'idées utiles, de conseils praticables et de sentiments vrais et populaires dans *le Vicaire de Wakefield* que dans tous les romans de M. Eugène Sue, en y ajoutant ceux de M. de Lamartine, nés ou à naître.

Étrange reproche que la fécondité de l'illustre poëte adresse à l'insuffisance de ses devanciers, à tous ces génies mâles, sobres et puissants, dont la gloire est précisément d'avoir écrit, sous la dictée du bon sens et pour le profit du plus grand nombre, des œuvres d'une popularité impérissable! « Ah ! s'écrie-t-il, si j'avais le talent de tels et tels

» écrivains de nos jours, que ne ferais-je pas dans cet ordre » d'idées ! Il y a un monde nouveau à découvrir, sans » aller, comme Christophe Colomb, traverser l'Atlantique ! » Ce monde nouveau, c'est la sensibilité et la raison des » masses ! La géographie de l'univers moral ne sera com- » plète que quand ce continent populaire sera découvert, » conquis et peuplé d'idées par les navigateurs de la pensée. » On l'entrevoit déjà, il ne reste qu'à l'aborder. — C'est » bien poétique ce que vous me dites là, Monsieur, répartit » en souriant la couturière, *et cependant je le comprends...* »

Mademoiselle Reine Garde, puisqu'elle comprend cela, est bien peu parente, comme on voit, de cette humble servante de Molière « *qui manque à parler Vaugelas.* » Sans être aussi avancé qu'elle, je ne conteste pas pourtant que, parmi les chefs-d'œuvre de l'esprit humain, un très-grand nombre n'ont pas été écrits spécialement pour les classes populaires ; mais il en est des bons livres, qui n'étaient pas exclusivement destinés au peuple, comme des mauvais qui ne s'adressent qu'aux classes supérieures et qui croient passer par-dessus sa tête. Il en tombe toujours plus qu'on ne pense dans le milieu où vit le peuple. Certes, le *Contrat social* n'avait pas été écrit, dans la pensée de Jean-Jacques Rousseau, pour les humbles d'esprit ; et pourtant cette semence jetée au désœuvrement des politiques par l'orgueil d'un philosophe, a germé plus bas. Elle a produit ces moissons de révolte qui couvrent aujourd'hui le sol bouleversé de la vieille Europe. M. de Lamartine, en publiant son *Histoire des Girondins* dans une édition magnifique et très-chère, ne la destinait pas aux pauvres. Son livre pourtant a été, dans le peuple, une des causes les plus immédiates de la catastrophe de février. M. Eugène Sue, jusqu'à ces derniers temps, écrivait beaucoup plus, même ses romans humanitaires, pour le boudoir que pour l'échoppe. Et il siége aujourd'hui au sommet de la Montagne ! C'est qu'il en est des mauvais livres comme des révolutions que les bourgeois commencent et que le peuple achève.

On sait comment les œuvres de l'esprit humain se propagent, comment les idées se répandent dans les masses, par une sorte d'infiltration insensible qui descend plus qu'elle ne remonte. Le peuple, quoi qu'on dise, ne forme plus dans le monde moderne une caste à part, une société de parias, privilégiés pour le malheur et l'ignorance. L'air qu'il respire lui apporte insensiblement nos idées. Notre corruption est bientôt la sienne. Et même, avant que la Révolution française eût fait tomber toutes les barrières entre les classes, la noblesse, on ne le sait que trop, était devenue irréligieuse avant le peuple; le salon lisait les mauvais livres avant la boutique ; les conseillers au Parlement (témoin Grenoble en 1787) se faisaient couronner de roses par l'émeute, pour la défense de leurs priviléges. Et quand la chaumière s'insurgeait contre le château, hélas ! c'est que la révolte (nous avons vu cela de nos jours), avant d'éclater sous les haillons, avait longtemps couvé sous le velours, sous l'hermine et le satin-céladon !

Telle est donc l'action qu'exercent les mauvais livres. Ils n'agissent sur les classes inférieures que comme les mauvais exemples. Ils ne descendent chez l'artisan qu'avec le contre-seing des heureux du monde. Quant aux livres écrits avec l'intention systématique et dans le but spécial de dépraver le peuple, ces livres, s'ils ont jamais été écrits, ils sont trop bêtes (qu'on me passe le mot) ou trop immondes pour avoir contribué sérieusement à sa corruption. Ils n'ont laissé trace ni dans son histoire ni dans sa mémoire. La corruption des pauvres a été longtemps parallèle à celle des riches, et elle s'est faite par les mêmes causes, quoiqu'elle n'ait pas produit les mêmes résultats ; car dans cette voie révolutionnaire où la dépravation des esprits pousse les peuples, les riches voudraient s'arrêter quelquefois, les pauvres jamais.

Que les classes aisées de la société s'élèvent, le peuple s'élèvera avec elles ; que le goût des bons livres se manifeste sur les hauteurs, et il descendra dans les masses. Il n'est pas besoin pour cela d'une littérature spéciale. Ceux qui se donnent *la spécialité* de corriger le peuple par des publications à son adresse, n'ont pas plus de chances (ils en ont peut-être moins) d'agir sur son esprit que ceux qui entreprennent systématiquement de le corrompre. Je ne nie pas l'utilité des livres élémentaires spécialement destinés à la population laborieuse. Il en faut pour toutes les professions comme pour toutes les classes. La culture de l'intelligence se lie sans doute à celle du cœur. Elle en est à quelques égards distincte, et il est certain que l'enseignement ne peut pas être le même pour l'apprenti laboureur et pour le candidat à l'école polytechnique. Mais quand il s'agit de l'éducation morale du peuple, ne croyez pas à l'utilité des livres qui n'auraient que le peuple pour objet. Quels qu'ils soient, ces livres l'ennuient, et c'est un triste chemin pour arriver au cœur, que le dégoût et la lassitude de l'esprit. Puisez plutôt, puisez d'une main discrète mais confiante dans ce fonds commun des littératures consacrées par l'épreuve du temps et par l'admiration des hommes. Il n'y a pas de littérature populaire possible, à proprement dire. Prétendre à en créer une est une puérilité. Il y a la littérature de tout le monde, celle qui est née de l'esprit d'un peuple, qui en est le reflet, l'expression, l'écho distinct, harmonieux et durable. N'est-il pas vrai, par exemple, que ce bon sens fondamental qui est le caractère de notre nation, et qui survit heureusement à toutes ses folies superficielles, a été l'inspiration de tous ses grands écrivains? Et pourquoi ces écrivains ont-ils partout des noms que le peuple connaît, des statues que le peuple salue? Pourquoi, il y a peu d'années encore, élevait-on celle de Molière dans le quartier le plus fréquenté de Paris? Et le peuple serait exclu de ce patrimoine, lui qui en a fait le fonds! Il n'hériterait pas de ce qu'il a créé! Et dans ce pays qui a produit Montaigne, Molière, La Fontaine, La Bruyère, Fénelon, Voltaire, Lesage; dans ce pays du bon sens littéraire, un homme illustre à beaucoup de titres, lui aussi, mais qui a trop contribué à égarer le peuple pour avoir le droit de le diriger, cet homme viendrait dire à tous ses aînés en fait de gloire et de génie: « Arrière! vous n'êtes rien! vous n'êtes pas dignes de parler au peuple. A moi cet honneur! les cours vous ont inspirés; que les cours vous gardent! » — Ah! combien je préfère, quant à moi, à cette injurieuse théorie de M. de Lamartine, car je n'y veux voir qu'un jeu de son esprit, cette honnête pratique d'une des plus humbles héroïnes de son roman populaire, qui, clouée dans son lit de douleur par une infirmité incurable, se console avec les vieux livres, mêlant dans un choix intelligent les sacrés et les profanes:

« Le soir, à la veillée, elle nous rassemblait tous autour de son lit pour nous lire à haute voix les belles histoires qu'elle avait lues tout bas dans la journée... C'étaient des chapitres de la Bible..... des paraboles de l'Évangile, les histoires de l'Enfant-Jésus étonnant sa mère, devant les docteurs, par sa science, lui obéissant ensuite humblement à la maison..... C'était, d'autres fois, des livres en mots qui faisaient voir les choses comme des images devant les yeux, et qui chantaient dans l'oreille comme une musique. Ces livres racontaient les histoires d'un fils nommé Télémaque qui cherchait son père d'île en île... Ou bien encore c'était l'histoire d'un pauvre malheureux appelé Robinson... Voilà comment nous passions nos soirées d'hiver... »

Et voilà aussi comment je voudrais qu'il fût pourvu à l'éducation du peuple. Voilà le milieu où il faut puiser. La mère de Geneviève lit à ses enfants *Robinson*, *Télémaque*, *l'Imitation*, l'Évangile, la Bible. La mine est riche, comme vous voyez. Ajoutez-y pourtant, ajoutez-y sans cesse ; car vous n'épuiserez pas cette veine de bons livres. La force manquera plutôt à vos bras que ce vieux sol de nos richesses littéraires, habilement exploité, ne cessera de rapporter à vos efforts. « C'est le fonds, comme dans l'apologue du laboureur, qui manque le moins! »

Il est plus facile pourtant, je l'avoue, comme l'essaie M. de Lamartine, de déshériter d'un trait de plume tous ces ancêtres du bon sens et de l'esprit français, pour leur substituer, quoi? je l'ai dit : d'insipides histoires ou de ausses histoires du peuple, puisées dans le milieu médiocre et terne où il est condamné à vivre. « Il faudrait, dites-vous, que ces histoires fussent prises dans la condition même de ceux qui les lisent! » Mais c'est le moyen que ces histoires ne soient pas lisibles, si elles sont vraies, ou qu'elles ne servent qu'à tromper le peuple, si elles sont fausses. Dans le premier cas, le rapport annuel des prix Montyon y suffit; dans le second cas, M. Eugène Sue ne craint la rivalité de personne. Tranchons le mot; l'histoire du peuple, pris dans sa condition, est, par elle-même, fort peu attrayante, si vous n'y mêlez avec habileté et mesure précisément tout ce que votre système exclut, « la fiction, les événements, les aventures. » Mais patience, votre théorie les exclut, votre œuvre les donne; car le livre de M. de Lamartine est la contradiction de son système. C'est ce qui me reste à démontrer.

Je n'attache pas aux formes matérielles de la publication une importance exagérée. Pourtant, par quelle voie M. de Lamartine a-t-il adressé d'abord au peuple ce livre qui lui est destiné? Il l'a mis en feuilleton dans *le Constitutionnel*. Aujourd'hui, il le transforme en un beau volume in-8°; mais peu importe. Voyons si, pour le fond, ce livre remplit les conditions de la littérature populaire, telles que M. de Lamartine les a conçues, s'il est écrit dans sa langue, pris dans sa condition, inspiré par ses sentiments, et enfin, s'il n'est pas *plus long que la durée d'une chandelle*, puisque toute perfection est là.

Et d'abord, Geneviève, l'héroïne de M. de Lamartine, n'est pas une fille du peuple, j'entends le peuple pris dans sa condition moyenne. Geneviève est une de ces victimes du destin qui, dans l'antiquité, s'appellent Electre ou Antigone, qui, dans les temps de persécution religieuse, résistent en saintes et meurent en martyres. Geneviève est héroïque. Ce n'est pas pour cela que je prétends qu'elle n'est pas du peuple; mais elle est héroïque non-seulement avec cette grandeur où le peuple peut atteindre, mais avec ce raffinement où se sent déjà la délicatesse d'une situation plus élevée, d'une vertu plus réfléchie et plus savante. Un pareil héroïsme, je ne dis pas qu'il ne soit très-respectable, mais je soutiens qu'il n'est pas pris dans le milieu où vit le peuple, et que sa vertu a des allures plus simples, des visées moins hautes, des aspirations plus bornées.

En quoi consiste l'héroïsme de Geneviève? Elle est une pauvre fille, orpheline de père et de mère, qui n'a de fortune que son aiguille, et qui est chargée d'élever sa sœur, encore enfant, mais déjà légère, capricieuse, égoïste et vaine comme une grande coquette. Cette sœur a nom Josette. Les deux jeunes-filles tiennent une petite boutique de mercerie dans un faubourg de Voiron. Cependant Geneviève est demandée en mariage par un honnête garçon du pays, nommé Cyprien, colporteur de son état, et ayant du bien au soleil sur la montagne. Geneviève se laisse fiancer, car son cœur est là. Et puis soudain, le mariage est rompu!... Josette a joué, pendant la nuit qui a suivi les fiançailles, une odieuse comédie de désespoir, à l'idée d'une séparation, et Geneviève s'est sacrifiée. Une lettre ridicule et inexplicable vient tomber tout à coup au milieu de la famille de Cyprien, Geneviève a renoncé au mariage et au bonheur.

Mais je l'arrête à ce premier sacrifice. Pour être héroïque à la façon du peuple, Geneviève en fait trop. Le peuple met plus de bon sens dans sa vertu et plus de calcul intelligent dans sa tendresse. Geneviève s'immole à un caprice de sa sœur. Une vraie fille du peuple aurait donné à son courage un autre emploi que le désespoir, et à son esprit un autre labeur que celui d'écrire cette sotte lettre qui a tout perdu. Ce n'est pas la peine d'être orpheline, sage, honnête, laborieuse, d'avoir reçu l'éducation de la pauvreté et du malheur, et de vivre au jour le jour du travail de ses doigts, pour s'évanouir comme une pensionnaire qui a des nerfs, au premier obstacle qu'on rencontre, et pour y sacrifier le bonheur de sa vie entière. On n'a pas ce droit-là!

Ce premier sacrifice de Geneviève n'est donc pris, je le répète, ni dans la vérité des mœurs du peuple ni dans aucune vérité. Mais poursuivons. Plusieurs années se passent. Cyprien s'est donné une autre fiancée. Cette jeune fille vient se faire habiller chez Geneviève. Il y a là une scène neuve et touchante, plus fine et plus délicate qu'il n'appartient au village; mais n'importe, chaumière ou château, le sentiment est vrai, la touche est juste :

« — Qu'avez-vous, mam'selle Geneviève, que vous tremblez tant ? me dit-elle, mais sans se fâcher.

» — Rien, Mam'selle, que je lui dis; mais c'est que, voyez-vous, je suis si honteuse de vous avoir piquée ainsi sans le vouloir !

» Oh ! Dieu, disais-je en moi-même en continuant de l'attifer, mais d'une main maladroite et avec un brouillard sur les yeux, qui aurait dit jamais que ce serait moi qui parerais la fiancée de mon amant pour son jour de noces, et que quand il déferait ses boucles d'oreilles et son agrafe de collier après la messe, ce serait l'ouvrage de ma main qu'il toucherait sur le cou de son épousée !

» .... Pourtant je pris plaisir et peine à garder longtemps, longtemps cette belle enfant dans ma chambre, et à la faire aussi belle que je pouvais pour Cyprien !..... »

Mais Geneviève, hélas ! n'est pas au bout de ses sacrifices. Josette fait à Voiron la connaissance d'un maréchal des logis des chasseurs, lequel la séduit. Certes ce n'est pas là une aventure bien extraordinaire dans la vie d'une fille coquette, d'autant plus qu'ici la séduction est couverte par un mariage resté secret, mais qu'un prêtre a béni. Il ne faut exagérer, à un certain niveau où l'éducation s'arrête, ni le vice ni la vertu. Il n'y a pas de village en France où un maréchal des logis tel que M. de Lamartine a peint le sien, grand, élancé, la taille bien prise, moustaches noires, ceinture de cuir verni, veste verte galonnée, casque luisant au soleil, la crinière flottante; où un maréchal des logis ainsi tourné ne soit un poursuivant redoutable, et Josette non plus n'est pas un type infiniment rare dans la patrie de Manon Lescaut. Quoi qu'il en soit, Geneviève ignore tout. Mais le régiment part, et le maréchal des logis Septime de***, car c'est un fils de famille, va se faire tuer en Afrique. Une lettre qu'il a écrite de son lit de mort révèle à Geneviève l'étendue de son malheur. Josette est enceinte; quelques mois après, elle accouche; quelques jours après, elle meurt. Mais est-ce donc que la mort n'est rien au village? Josette, fille et séduite, du fond de son tombeau aurait obtenu le pardon des hommes en attendant celui de Dieu; et Josette, épouse légitime de Septime, mort comme elle, ne pourrait défier, sous ce drap mortuaire qui a enseveli sa faute et sa jeunesse, les mauvaises langues du pays? — Mais le mariage connu et Josette pardonnée, que devenait le roman de M. de Lamartine?

Ici commence la période pindarique de l'héroïsme de Geneviève. Au lieu de faire constater, en fille sensée, le mariage de sa sœur, elle fait porter l'enfant au tour le plus voisin, sacrifiant l'enfant pour sauver l'honneur; et sa sœur morte, elle prend la faute à son compte, sacrifiant son propre honneur pour sauver cette mémoire si facile à défendre. La faute de Josette, Geneviève l'expie par la honte, par l'abandon, par la ruine, par la vente à l'encan du fonds modeste qui la faisait vivre, par les plus rudes épreuves du service domestique, par la misère hideuse et affamée, et enfin par la mendicité de porte en porte et à travers champs. Toutes ces souffrances, Geneviève les supporte en faisant un raisonnement qui est sublime, je l'avoue, par l'accent que le génie de l'auteur lui donne, mais dont la réflexion la plus simple révèle le fond romanesque et imaginaire.

« — Est-il possible, mam'selle Geneviève, que vous portiez si injustement tant d'affronts que vous ne méritez pas, et que vous ne me rendiez pas le serment que je vous ai fait?

» — Non, lui dis-je, mère Belan, je ne vous le rendrai jamais, jamais, à aucun prix!

» — Et pourquoi cette obstination? reprit-elle.

» — Parce que les vivants, voyez-vous, que je lui dis, ça peut supporter; mais les âmes des morts, çà ne peut se défendre... »

Oui, je le répète, c'est là une sublime réponse et qui brille aux yeux comme tout ce qui a le cachet de l'héroïsme, même sous les haillons. Mais sous cette enveloppe, je sens un fond qui ne résiste guère. En effet, avec un mot, Geneviève peut s'arrêter au pied de ce calvaire de douleur et d'humiliation où nous la voyons monter, et qu'elle monte, degré par degré, avec cette sorte de patience obstinée et cet orgueil secret d'un héroïsme qui se nourrit et s'entretient de lui-même! Est-ce là encore, je le demande, un genre de vertu qui soit prise dans le milieu où vit le peuple? Est-ce du moins une bonne leçon à lui donner? Est-il bon, au lieu de mettre la vertu à la portée de sa modeste existence, de la placer à une hauteur où sa main ne puisse atteindre et dans un éclat lyrique qui l'éblouisse sans l'éclairer? Est-il bon, quand la vie réelle exige tant d'efforts sérieux et continus, de lui enseigner encore une énergie impossible pour des douleurs imaginaires? Il faut prêcher au peuple la résignation et non l'endurcissement dans la souffrance, la patience dans les malheurs inévitables, mais non l'extase préméditée et l'étalage provocant des martyres volontaires. Geneviève est le type de ces vertus qui sont plutôt d'imagination et de fantaisie que de devoir et d'instinct. Au peuple, il faut l'action, l'esprit pratique, le souci du vrai, le culte du possible. Laissez-le faire, il sera héroïque à son heure, un jour de bataille. Mais il n'a pas le temps, dans la vie privée, d'être raffiné ni romanesque.

Le roman de M. de Lamartine finit bien. Tout le monde est content. Le martyre de Geneviève a un terme qui pourtant n'est pas encore le ciel. Sa vertu est récompensée sur la terre. Je n'aime pas, à la vérité, quand son innocence est reconnue, que Geneviève soit servante chez Cyprien. « Et c'est ainsi que je devins servante, dit-elle, et servante » de bon cœur, dans la maison où j'avais dû être maîtresse, » mais sans rancune, en me souvenant avec plaisir que j'a- » vais aimé Cyprien, et en aimant encore mieux sa femme » à cause de lui ; cela dura trois ans et deux mois.... » A mon avis, c'est beaucoup trop. Il y a là une certaine délicatesse populaire qui est blessée. Une fille du peuple ne sera jamais la servante de son fiancé devenu, même par sa faute, le mari d'une autre. Malgré tout, ce roman finit bien. Quand Geneviève veut quitter son village après l'avoir sauvé d'une épidémie, son village l'adopte, non sans une harangue du maire : ce qui est le revers de cette médaille de bonheur. Puis Geneviève retrouve le fils de sa sœur bien-aimée, et l'enfant hérite de son père légitime une honnête fortune. Il y a là seulement une scène qui prête à rire, non pas aux dépens de l'enfant ni de Geneviève, mais de M. de Lamartine lui-même. C'est le moment où se fait la reconnaissance de ce fils si longtemps perdu, si miraculeusement retrouvé. Il y a lutte entre plusieurs femmes qui prétendent à sa possession, et dans laquelle M. de Lamartine joue un instant le rôle « du précepteur dans l'embarras. »

« — Que faire? dit la supérieure.

» — Que faire? dit Geneviève.

» — Que faire? dit la vieille dame.

» — Laissez faire la loi! dit le juge de paix.

» — Laissez faire la nature! m'écriai-je tout ému et tout attendri.

» Luce (la mère adoptive) se jeta à mes genoux *et me jeta l'enfant dans les bras, comme si j'avais été une main* offerte du bord à une mère tendant un fils à sauver du fond d'un torrent débordé... *Je le déposai à terre* devant Geneviève, qui se baissa pour l'embrasser, et je dis à la vieille dame : « La loi vous le donne, Madame; la nature le donne à Geneviève; mais la tendresse le donne à Luce. Mais lui-même, à qui se donne-t-il?... »

Et naturellement l'enfant se donne à sa mère adoptive. M. de Lamartine, consulté comme Salomon, s'est donc tiré de ce mauvais pas avec beaucoup de bonheur et d'esprit. Mais il n'est pas toujours aussi heureux. En général, il a un grand tort; il mêle trop souvent sa phrase sonore et triomphante et sa personnalité un peu pompeuse au langage et aux aventures de ses héros. Quand ses héros sont d'un certain calibre, comme par exemple la Julie de *Raphaël* ou la Camilla des *Confidences*, passe encore; mais avec des paysans et des paysannes, dans ce champ de la littérature populaire qu'il se donne mission de défricher et où il pousse naturellement plus de légumes que de fleurs de rhétorique, cette allure magistrale et ce grand costume lyrique ne sont guère de mise; et le contraste trop souvent reproduit de l'auteur et des personnages qu'il fait mouvoir et parler n'est pas toujours à son avantage.

Qu'est-ce, par exemple, que cette réflexion par laquelle l'auteur essaie de rassurer les scrupules de Geneviève qui craint, en racontant, d'être longue : « Non, non, lui dis-je ; » rien ne m'ennuie de ce qui sort avec vérité et simplicité » du cœur ; racontez-moi tout... Les détails, ma pauvre » Geneviève, *ne sont que les morceaux dont Dieu fait l'en-* » *semble. Qu'est-ce que serait votre vie si vous en retranchiez* » *les jours?* » Le vide dans le pompeux a-t-il été jamais creusé plus profondément, et Pindare a-t-il été jamais plus près de M. de La Palisse?

Quoi qu'il en soit de mes critiques, le récent ouvrage de M. de Lamartine marque, je le reconnais, un progrès dans sa manière, ou, plutôt, une manière presque nouvelle dans son talent. Retranchez de l'œuvre de M. de Lamartine, lui d'abord, pour le rôle parasite et secondaire qu'il s'y donne, puis sa théorie que son œuvre dément, puis mademoiselle Garde, qui n'est que sa théorie tournée en babil, puis enfin ce mélodrame biblique de la reconnaissance de l'enfant qui dénoue si gauchement le livre ; retranchez tout cela, et prenez juste le tiers de l'œuvre, — et aussi bien c'est une épreuve que la plupart de nos romans modernes pourraient subir avec avantage ; — avec ce tiers qui restera, vous avez un livre charmant, qui est encore plus long, je l'avoue, *que la durée d'une chandelle*, et qui ne remplit aucune des conditions que M. de Lamartine impose à la littérature du peuple. Mais qu'importe ! c'est peut-être pour cette raison que le livre plaira. Réduite aux proportions que j'ai marquées, cette histoire est faite pour survivre à la théorie d'où elle est sortie. Elle n'est pas toujours simple ni toujours vraie ; mais elle est fine, ingénieuse et touchante. Elle se sent parfois des fatigues d'un admirable esprit, tombé des hauteurs du ciel poétique dans le subtil et le précieux, et transportant, quoi qu'il fasse, dans l'humble domaine où il se confine, les habitudes dithyrambiques de sa pensée. Malgré tout, Geneviève est une des meilleures créations romanesques de la plume de M. de Lamartine. Graziella vaut mieux, mais Graziella a vécu. Geneviève est une invention. Geneviève raconte, en général, du ton d'une humble fille et avec l'accent d'une honnêteté vulgaire, une histoire digne de figurer dans *le Martyrologe*. C'est son originalité. Le livre n'ira peut-être pas à son adresse et ne franchira pas le seuil de la chaumière où il vise. Mais il sera lu, et il le mérite, par *ces mauvais riches* qui ont fait bien des fois la fortune des livres de M. de Lamartine, et qui sont prêts à recommencer, quoique l'auteur ne les épargne guère : « Il vaut mieux, dit-il, demander » sa vie aux pauvres gens de la campagne, aux portes des » maisons isolées qu'aux riches ou aux marchands des » villes... J'ai toujours vu que *la misère ouvrait le cœur et* » *que la richesse le durcissait.* »

Ah! monsieur de Lamartine, pardonnez-moi ce souvenir bien étranger à cette étude... mais le 24 février 1848, vous étiez donc bien riche?

II

M. Louis Blanc.

(27 JANVIER 1850.)

Non, ce n'est pas nous qui écrirons l'histoire de cette révolte sans cause, de ce bouleversement sans grandeur, de cette victoire sans combat, qui s'appelle la révolution de Février! Non, ce n'est pas nous qui dresserons le piédestal sur lequel poseront, pour la postérité, les héros plus ou moins volontaires de ce coup de main, où s'est décidée, entre deux soleils, la destinée d'un grand peuple! Non, ce n'est pas nous qui dirons la petitesse des hommes, l'impertinence des prétentions, l'audace des sophismes, l'indignité des moyens, la stupeur et la répugnance du pays pour le régime immédiatement issu de cette catastrophe!

Non, ce n'est pas nous!

Nous serions justement suspects. Ce sont ceux-là mêmes qui ont fait la révolution qui nous diront ce qu'elle fut, d'où elle est sortie, les dégoûts qu'elle rencontra, les hommes qui lui servirent de parrains et d'introducteurs dans le monde. Écoutons-les. Écoutons surtout le témoin le plus intelligent, le plus décidé, le plus sérieux de tous ceux qui ont mis la main à ce grand malheur de notre pays. Recueillons, dans ce procès commencé au tribunal de l'histoire, et où nous ne pouvons être juges, recueillons le témoignage du principal intimé; et puisque M. Louis Blanc veut bien nous donner ce qu'il appelle des *Pages d'histoire de la révolution de Février* 1848 (1), ouvrons ces pages, étudions un moment cette histoire. Vraie ou fausse, impartiale ou passionnée, personnelle ou générale, une histoire écrite par M. Louis Blanc tient toujours par quelque côté au domaine de la critique littéraire; car s'il n'a pas d'autre mérite comme politique, M. Louis Blanc, du moins, sait écrire.

Par ce nouvel ouvrage, M. Louis Blanc s'est classé dans l'école historique récemment créée par M. de Lamartine, l'école égoïste et personnelle. Autrefois, la physionomie particulière des historiens se cachait en quelque sorte derrière la grandeur des événements. Dieu est partout dans le *Discours sur l'Histoire universelle*, mais où est Bossuet, si ce n'est par son génie? Aujourd'hui, tant les causes des événements sont peu profondes, des révolutions qui remuent l'Europe tiennent dans le cadre d'une personnalité étroite et peuvent se voir dans le miroir d'un écrivain épris de lui-même. Les gens qui renversent des trônes, quand ils veulent donner une idée de ces grandes commotions qui ont fait trembler le sol du vieux monde, détachent quelques feuillets de leurs souvenirs personnels : « Ce sont de simples Mémoires que je publie, écrit négligemment M. Louis Blanc Quant à l'emploi du *pronom personnel*, je prie les lecteurs de me le pardonner. »

Essayons donc de regarder, à notre tour, dans le miroir de M. Louis Blanc. Cherchons-y sa figure; tâchons d'y voir la révolution de Février, et surtout de la comprendre.

(1) 1 vol. in-8°, Paris, 1849.

M. Louis Blanc ne serait pas un véritable révolutionnaire de Février s'il ne débutait pas par se délivrer à lui-même un certain nombre de certificats constatant ses services, ses ovations, ses vertus, ses qualités physiques et morales, car rien n'y manque ; et, d'un autre côté, nous ne serions pas des gens bien élevés, si nous ne commencions pas par dégager de l'histoire de M. Louis Blanc cet ensemble de perfections individuelles par où se justifie, sous cette plume emphatique et brillante, l'emploi si fréquent de ce *moi haïssable* qui choquait Pascal. Aujourd'hui, le *moi* s'accommode très-bien à la rigueur du principe de fraternité socialiste. Faire son éloge, n'est-ce pas mettre dans la communauté le mérite qu'on a de trop, au profit de ceux qui en ont moins ?

Il fallait un piédestal à cette statue que M. Louis Blanc s'élève à lui-même. Le piédestal est trouvé. C'est le peuple qui le fournit. Il prête ses épaules..... « M'étant nommé, dit l'auteur, je fus enlevé et porté *sans toucher terre* dans la salle Saint-Jean, où se tenaient les grandes assises populaires. » M. Louis Blanc aurait pu échapper aux regards de la multitude. Le voilà sur les épaules du peuple ; nous pouvons le contempler à l'aise, et jouir du spectacle des vertus que comporte un grand rôle révolutionnaire. Ainsi, M. Louis Blanc est sobre ; il déjeune et dîne à 5 francs par tête tout ensemble. (P. 57.) Il est désintéressé ; cinq éditions de l'*Organisation du Travail*, tirées ensemble à plus de trente mille exemplaires « ne lui ont rapporté que l'honneur d'avoir dit la vérité. (P. 75.) » Il est magnanime. Il a commencé, comme Annibal, par un serment sublime et indigné. (P. 217.) Il est audacieux. (P. 99.) Il est éloquent. (P. 105.) Il est sensible jusqu'aux larmes ; il pleure de joie le 24 février, quand M. Albert est proclamé. Il pleure d'attendrissement le 17 mars. (P. 19 et 90.) Il est un modèle de franchise à l'endroit du peuple (P. 133); il n'a rêvé que la solidarité des classes, que l'union des cœurs, que la conciliation des maîtres et des ouvriers. (P. 74.) Vis-à-vis des calomniateurs, il a les armes de l'honnête homme; « ce sont des verges (p. 153); » contre l'injustice des âmes viles, « il a la sérénité du mépris. » (P. 267.) Ce n'est pas tout : M. de Lamartine raconte quelque part que M. Louis Blanc fut conduit, un jour de grande chaleur et de fatigue extraordinaire, à une fenêtre de l'Hôtel de Ville pour s'y remettre d'un évanouissement passager.

« Le fait est, réplique M. Louis Blanc, qu'il ne m'est jamais arrivé de m'évanouir *depuis que je suis au monde.* Quand j'ai eu à parler aux masses, même dans les circonstances les plus terribles, je n'ai jamais éprouvé d'autre émotion que l'enthousiasme de la foi démocratique ; et quand le peuple m'a emporté dans ses bras, ce n'a jamais été que pour me marquer sa sympathie, etc., etc. »

Tel est le portrait que trace de lui-même M. Louis Blanc. Annibal, Hercule, saint Vincent de Paul, Cicéron, Aristide pourraient y revendiquer chacun la part qu'ils y ont mise. J'oublie un dernier trait. Autrefois on trouvait que Gracchus aurait eu mauvaise grâce à se plaindre des séditieux :

Quis tulerit Gracchos de seditione querentes?

disait Juvénal. M. Louis Blanc se défend (p. 74) d'avoir jamais eu le moindre rapport, même indirect, avec M. Blanqui.

J'ai rassemblé sans aucune malice, et uniquement pour la fin que je me suis proposée et où j'arriverai tout à l'heure, ces différents traits de la physionomie morale et physique de M. Louis Blanc, tels que je les ai trouvés épars dans un gros volume. Je n'y ai mis, je le répète, aucune intention malveillante pour l'auteur, puisque je n'ai fait autre chose qu'emprunter un instant le pinceau qui lui a servi à se peindre sur une longueur de 300 pages in-8°. J'ai pourtant, sur quelques détails de son portrait, un petit nombre d'observations très-humbles à lui soumettre. Et d'abord, M. Louis Blanc, qui vante à juste titre sa sobriété, croit-il que s'il avait dîné au Luxembourg à 20 francs par tête, aux frais du Trésor, en gardant dans sa poche les discours qu'il destinait au peuple, au lieu de prononcer ces discours, en dînant simplement à 5 francs par tête, croit-il que le Trésor aurait fait une mauvaise affaire? En second lieu, M. Louis Blanc, qui sait si bien l'histoire, est-il bien sûr que le serment que fit Annibal, enfant, contre les ennemis de sa patrie, ait la moindre ressemblance avec celui qu'il fit lui-même, étant en âge de raison, lui Français, contre sa patrie française? Enfin, l'auteur des *Pages d'Histoire* raconte, avec une admiration peu dissimulée pour son courage, que le peuple ayant témoigné le désir, aux élections générales de 1848, de nommer vingt-cinq ouvriers sur les trente-quatre candidats que la ville de Paris avait à présenter, *il s'en expliqua nettement* devant les délégués du Luxembourg. Il proposa de ne choisir que vingt candidats appartenant à la classe ouvrière. La courageuse franchise de M. Louis Blanc à l'endroit du peuple consiste donc dans cette différence *de vingt à vingt-cinq sur trente-quatre!* Quand le courage des tribuns s'élève à des proportions si colossales, n'est-ce pas le moment de tout craindre? La suite l'a bien prouvé.

Quoi qu'il en soit de ces réflexions, je ne conteste rien à M. Louis Blanc. Qu'il soit éloquent, sensible, sobre à table, ferme à la tribune, audacieux et fort, magnanime et serein, qu'il soit tout cela, je n'y contredis pas. Je ne fais pas la guerre à sa personne. Laissons toute liberté, sur ces points délicats, à la vanité des politiques et des lettrés, à une condition pourtant : c'est que la vanité ne tournera pas en faction ; c'est que le fétichisme individuel ne poussera pas l'admiration de soi-même jusqu'à la haine du prochain ; c'est que l'idolâtrie égoïste et solitaire n'engendrera pas un esprit de vengeance punique. Qu'un écrivain, philosophe ou sectaire, poëte ou bouffon (notre époque en est pleine), s'enfle et s'exalte dans la contemplation de son image peinte par lui-même, d'accord ; mais que les proportions où il se voit, il ne les impose pas à la vérité ; qu'il ne prétende pas refaire le monde extérieur sur le modèle de ces fantasmagories du sens intime qui se représente trop souvent la réalité telle que l'ivresse de l'égoïsme l'imagine, ou telle qu'un complaisant orgueil l'a rêvée.

Or, ces défauts sont, je le crains, ceux de la doctrine, du langage et de la conduite politique de M. Louis Blanc. Chez l'auteur de l'*Organisation du Travail*, le fond et la forme de sa théorie, les actes et les paroles, les livres et les harangues, tout semble procéder également de l'exagération et de l'idolâtrie du sens personnel. Par là s'explique la part qu'il s'attribue dans la révolution de Février, le rôle qu'il y a joué, le caractère qu'il lui prête, les haines qu'il a excitées et ressenties, les injures qu'il a reçues et rendues ; par là s'explique dans son livre, même la vérité. M. Louis Blanc ne la repousse pas, quand elle lui sert.

On a beaucoup discuté, on discutera longtemps encore sur la nature de l'accueil qui fut fait par la France à la révolution de Février. Mon intention n'est pas de m'engager dans un débat de ce genre, d'autant plus qu'avec M. Louis Blanc je suis, sur ce point, dans un parfait accord. La révolution de Février fut accueillie par la stupeur et la répugnance du pays. « La plupart des départements, » écrit M. Louis Blanc, étaient, en février 1848, *encore mo-* » *narchiques;* ils avaient appris l'avénement de la Répu- » blique *avec une sorte de stupeur;* ils l'avaient reconnue » plutôt qu'acclamée. » Ce n'est pas tout. Nous allons voir que ce gouvernement qui fut alors imposé à la France, c'était le gouvernement d'une faction en minorité flagrante, un gouvernement trouvé au bout d'un syllogisme, né, sous le nom de logique, de l'adultère union des esprits violents et des esprits faux. M. Louis Blanc nous apprend tout cela :

« Au mois de février 1848, nous dit-il, la République était plus dans la force des choses que dans les progrès de l'opinion; elle était imposée plus *par la logique de l'histoire que par l'importance numérique des républicains.* » (P. 17.) « Y eut-il jamais, dit-il ailleurs, *éléments plus rebelles* que ceux qui, en février, s'offraient au maniement d'un pouvoir républicain? En dehors de ce peuple des grandes villes, où était la France? Au-dessus de ce peuple y avait-il, je le demande, quelque autre passion que celle de l'or?... Ajoutez à cela l'absence d'une éducation vraiment publique, *l'empire du préjugé monarchique sur les quatre cinquièmes de la nation,* la nuit intellectuelle répandue sur les campagnes, *la faiblesse numérique du parti républicain,* les souvenirs de 93 hypocritement évoqués et dessinant au fond des imaginations effrayées la République en traits de sang, vous aurez alors le tableau fidèle de la société dont il s'agissait *d'élever le destin.* »

Ainsi la République, personne n'en voulait; les quatre cinquièmes de la France appartenaient à l'opinion monarchique. Il fallait, pour faire accepter une révolution au pays, violenter les habitudes et les intérêts du *plus grand nombre*, je suppose que cela veut dire le peuple, se rire des obstacles, narguer les périls d'une usurpation impudente, prendre d'une main brutale, sous prétexte de l'élever, la destinée d'une grande nation, heureuse et prospère sous le régime qu'on renversait! Il fallait faire tout cela! Qui donc l'oserait? M. Louis Blanc plaisante agréablement M. de Lamartine, non pas pour l'avoir tenté, mais pour s'être vanté de l'avoir entrepris : « La vérité est, dit-il, que dans » la marche triomphale de la République, l'ancien poëte » des rois ne pouvait figurer que comme vaincu. Seule- » ment, pour mieux exposer aux regards ce captif fameux, » la République se plut à le faire asseoir derrière elle sur le » char de triomphe. »

Triste retour des choses d'ici-bas! M. de Lamartine avait revendiqué pour lui seul la paternité de la révolution de 1848, cette triste fille de la Charte violée et mutilée. Dans le livre de M. Louis Blanc il ne figure plus que pour mémoire. Le héros du Palais-Bourbon n'est plus qu'un vaincu de Février! Mais qui donc le remplace dans cette paternité funeste? Vous le demandez? Pourquoi M. Louis Blanc serait-il monté sur son piédestal? Pourquoi se serait-il manifesté dans cette lumière éclatante dont nous avons essayé de faire reluire un reflet sur cette page fugitive? Pourquoi tous ces efforts, si ce n'était pour prendre une place qui, à la vérité, exigeait une intrépidité d'esprit, une impertinence d'orgueil et une vigueur de mépris de la race humaine (1) sans égales chez celui qui prétendait l'occuper?

(1) Voir un curieux chapitre sur les *contradictions des modernes promoteurs du gouvernement populaire* dans le substantiel ouvrage intitulé : *Morale sociale ou devoirs de l'État et des citoyens*, récemment publié par M. Adolphe Garnier, professeur de philosophie à la faculté des lettres de Paris.

Tel fut le rôle de M. Louis Blanc, s'il faut l'en croire. « Oh ! certes, s'écrie-t-il, ce n'est pas l'audace révolutionnaire qui me manque, lorsque je la crois féconde ! » Aussi, tandis que personne ne songeait à la République, pas même ce pauvre M. de Lamartine, « je montai, dit notre historien, en uniforme de garde national sur la table qui servait de bureau (à l'Hôtel de Ville) ; et là, dans un discours qui dut être singulièrement animé s'il répondit aux battements de mon cœur, *je proclamai non-seulement la République, mais la République démocratique et sociale !...* » C'était aller vite en besogne ; mais la France ne voulait pas du gouvernement républicain. M. Louis Blanc ne pouvait donc trop se presser de prendre les devants, lui sur elle !

M. Louis Blanc d'un côté, la France de l'autre ! Son *moi* chétif en regard de cette grande et majestueuse image, la patrie française ! Ce petit rhéteur monté sur une table pour arracher la couronne à ce front auguste, et réclamant en style d'école, comme disait Tacite, le gouvernement du monde : *Professoriâ linguâ regimen orbis expostulans!* Etrange rapprochement ! humiliant aveu de l'orgueil humain ! car tandis que l'homme semble se relever par l'audace de sa tentative, voyez comme il rabaisse la cause qu'il croit servir ! La révolution de Février ! « une poignée d'hommes l'a faite, » dit M. Lagrange. La République française ! c'est moi qui l'ai proclamée au milieu de la stupeur universelle, dit M. Louis Blanc. Où donc aviez-vous pris, vous, le droit de renverser un trône avec quelques factieux fourvoyés ; vous, le droit d'y substituer le fauteuil dictatorial du Luxembourg ? Où l'aviez-vous pris, si ce n'est dans l'aveugle et étroite inspiration du sens personnel ?

Une fois lancée dans cette voie, l'audace révolutionnaire ne recule plus. L'individualisme, enivré de sa victoire, perd la pudeur en même temps que le bon sens. M. Louis Blanc propose sérieusement, après février, d'entreprendre l'éducation républicaine de la France. Savez-vous dans quels termes ? Vous allez en juger :

« Nous aurions pu (en reculant le moment des élections générales le plus loin possible) agir avec *toute la force que donne l'exercice du pouvoir* sur cette nation française si vive, si intelligente, si prompte à suivre les impulsions venues d'en haut. Nous aurions comme allumé au sommet de la société un phare lumineux qui en aurait éclairé toute l'étendue. En un mot, quand la souveraineté du peuple, dès l'abord reconnue et proclamée, aurait été appelée autour des urnes, elle se serait trouvée *avoir fait son éducation.* »

Cela est-il sérieux, ou bien est-ce une de ces ironies vengeresses où l'orgueil du sens personnel s'abandonne quelquefois, avec de secrètes délices, par mépris des multitudes ignorantes et passionnées ? Je l'ignore ; M. Louis Blanc ne le dit pas, mais il ajoute, toujours sérieusement : « Telle » était aussi l'opinion d'Albert, et rien n'était plus propre » à me confirmer dans la mienne. » Ainsi, quand il s'agissait de *faire l'éducation de la France et d'élever son destin*, M. Louis Blanc n'était plus seul. M. Albert était là !

M. Louis Blanc abuse de l'ouvrier. Il dit sans cesse : *Albert et moi !* Quand il proclame la République dans la salle Saint-Jean, il introduit un ouvrier qui le félicite, au nom de ses camarades, « d'avoir posé la véritable question. » Quand il s'agit de décréter le droit au travail, c'est encore un ouvrier qui entraîne à lui seul les irrésolutions du conseil. Il faut citer l'anecdote tout entière : elle est instructive :

« Dans la matinée du 25 février... une rumeur formidable enveloppa tout à coup l'Hôtel de Ville. Bientôt la porte du conseil s'ouvrant avec fracas, *un homme* entra qui apparaissait vraiment à la manière des spectres... Il avait un fusil à la main... son œil bleu étincelait. Il se présenta au nom du peuple, montra d'un geste impérieux la place de Grève, et faisant retentir sur le parquet la crosse de son fusil, demanda la reconnaissance du droit au travail.... *Je m'empressai de saisir l'occasion*, et attirant dans l'embrasure d'une croisée l'ouvrier, qui se nommait Marche, j'écrivis devant lui le décret suivant, etc., etc... »

Je le demande à tous les hommes de bonne foi dans tous les partis : l'outrecuidance du *moi* humain, le despotisme brutal de la personnalité pouvaient-ils être poussés plus loin? Et voilà les hommes qui avaient fait, pendant dix-huit ans, des conspirations, des émeutes et de gros livres, par-dessus le marché, contre cette abominable tyrannie qu'on appelait la pensée immuable! C'était pour substituer, dans le gouvernement de la France, la signature de M. Louis Blanc à celle du roi Louis-Philippe, le contre-seing de l'ouvrier Marche à celui de M. Guizot ; c'était pour élever sur les ruines d'une société brillante ce gouvernement personnel de l'orgueil et de l'ignorance, qu'on avait renversé ce noble et tutélaire abri, le trône constitutionnel sous lequel prospérait notre grande nation !

Laissez-les faire. Tantôt leur orgueil détache un seul homme de la foule pour en faire, le fusil au poing, le législateur de trente-deux millions de citoyens libres; tantôt il soulève ces immenses démonstrations qui se traduisent en journées terribles que peuvent terminer des nuits sanglantes. Il faut lire dans le livre de M. Louis Blanc le récit, d'ailleurs très-curieux, très-animé, très-habilement et très-dramatiquement intrigué, de ces journées sinistres. Je n'y recherche en ce moment, pour ma part, que le rôle qu'y joue la personnalité de M. Louis Blanc, le reflet qu'elle y jette, l'effet qu'il en obtient ou qu'il en attend ; car tout lui sert, tout lui est bon à ce début orageux de sa carrière politique, tout lui est machine de guerre ou de gouvernement, aussi bien l'Hôtel de Ville que le Luxembourg, aussi bien l'ouvrier Marche à la salle Saint-Jean que l'émeute électorale du Champ-de-Mars, aussi bien le club (où il ne met pas les pieds, dit-il,) que la démonstration qui l'attendrit. Paris tremblait, et bien à tort, car il ignorait sa force; mais enfin Paris tremblait en voyant se dérouler, sur ses places et le long de ses quais, ces hordes tranquilles, déterminées, silencieuses, chaîne immense aux anneaux de chair, qu'une même pensée, un même vœu, semblaient avoir rivées à la volonté d'un seul homme, et qui, sans armes, sans cris de guerre, sans agression violente, n'avaient besoin, on pouvait le croire, que de la force d'impulsion qui était en elles, pour renverser sans combat les bases mêmes de la société, Paris tremblait... M. Louis Blanc pleurait de joie, d'attendrissement et de respect. Rien ne lui paraissait plus beau que ce « silence épique » du peuple. Le 17 mars était à ses yeux « la plus grande peut-être de toutes les » journées historiques restées vivantes dans la mémoire » des hommes. » Nous verrons pourquoi.

Et le 16 avril! Paris tremblait encore, car la peur, c'est la maladie endémique des grandes villes en temps de révolution; Paris tremblait encore en apprenant, le matin, qu'une démonstration colossale était en train de se former, sous prétexte d'élections, en plein Champ-de-Mars, et qu'elle menaçait la ville. M. Louis Blanc triomphait : « Comme le peuple avait prouvé au 17 mars jusqu'à quel » point il était capable de demeurer maître de lui, *je fus*

» *charmé qu'une occasion lui fût offerte de venir dire une* » *fois encore : Je suis là !* » Et quand, quelques heures plus tard, l'intervention miraculeuse de la garde nationale avait préservé Paris, quand la ville se rassurait, quand l'ordre était sauvé : « Comment exprimer, dit naïvement M. Louis » Blanc, *de quelle douleur Albert et moi nous fûmes saisis,* » lorsqu'en approchant de l'Hôtel de Ville, nous vîmes la » place de Grève hérissée de baïonnettes ! » Pourquoi cette douleur de M. Louis Blanc au milieu de l'allégresse universelle? car M. Ledru-Rollin lui-même triomphait, ce jour-là, dans le triomphe de l'ordre ; pourquoi cette douleur ? C'est qu'au lieu d'appliquer au jugement de ces scandaleux désordres de la démagogie l'incontestable sagacité de son esprit, M. Louis Blanc, tout entier aux suggestions de son égoïsme, l'œil attaché à ce progrès merveilleux et inattendu de sa destinée, ne songeait, dans cet immense péril, qu'à la part d'influence que le contre-coup des alarmes publiques pouvait reporter sur sa fortune. Il escomptait l'émeute au profit de son ambition. Me trouvez-vous sévère ? Ouvrez donc ce livre; interrogez donc ce *moi* révolutionnaire dont j'essaie de tracer l'histoire ; voyez le parti que M. Louis Blanc comptait tirer secrètement, pour son importance, de cette journée du 17 mars, qu'il n'avait pas osé exploiter hardiment, M. Proudhon le lui reproche, pour la dictature :

« La vraie politique de la situation, dit l'auteur, la seule politique qui fût à la fois sage et forte, était celle que la minorité du conseil (Albert et moi) adopta et qui consistait à *profiter de la secousse imprimée* (par la démonstration) aux âmes vacillantes, pour faire avec les membres de la majorité, et par eux, *quoique malgré eux, la besogne révolutionnaire.* Qu'on n'objecte pas la difficulté de l'entreprise :

les faits répondent. N'avions-nous pas (nous, faible minorité dans le conseil, minorité imperceptible dans la nation) obtenu successivement la proclamation de la République, le suffrage universel, la reconnaissance formelle du droit au travail, l'*établissement* d'un *système de propagande socialiste par le pouvoir?*... Voilà pourquoi la journée du 17 mars fut *un grand fait politique* (majuscules). Elle nous donnait, en opposition à la supériorité numérique de nos adversaires dans le conseil, *une autorité morale qui tendait à rendre la révolution* (Albert et moi!) *complétement maîtresse des affaires.* »

Ainsi le 17 mars profitait à l'autorité morale de M. Louis Blanc. C'était « la plus grande des journées historiques. » Le 16 avril contrariait sa fortune. « Jour néfaste ! » s'écrie le dictateur en herbe, contraint de chercher une autre voie.

Je ne dirai pourtant rien de la démonstration du 15 mai. Sur le fait du 15 mai, M. Louis Blanc est en cause devant la justice de son pays qui l'a déjà jugé par contumace. Il ne fait d'ailleurs que reproduire, sur ce point capital de son histoire personnelle, les pièces déjà très-connues de sa défense devant l'Assemblée constituante et devant l'opinion. Il raconte en accusé plus qu'en historien; et quoiqu'il se fasse volontiers de tout, même de la sellette, un piédestal de triomphateur, je n'ai pas de goût à l'y suivre. Entre lui et nous, il y a la Cour de Bourges, un procès non jugé, un cruel exil.

Mais devant l'insurrection de juin M. Louis Blanc n'est plus accusé. Comment prétend-il à être juge? Il répudie, dans une très-vigoureuse et très-habile argumentation, toute complicité de sa part dans la création des ateliers nationaux. Qu'est-ce à dire! jouons-nous sur les mots? Les ateliers nationaux étaient les fils légitimes, les héritiers directs, les produits authentiques de cet incroyable décret dont nous avons raconté plus haut l'origine, le décret du 26 février, qui garantissait le droit au travail. Qu'importe que M. Louis Blanc, sur le fait de l'organisation des ateliers nationaux, eût compris autrement que M. Marie les conséquences à tirer de son décret? C'est le décret même qui avait engendré cette grande plaie sociale. C'est ce décret qui avait mis l'État en demeure, comme étant seul solvable vis-à-vis de toutes les convoitises, de tous les vices, et aussi, hélas! de toutes les misères du moment. Les insurgés de juin, créanciers violents et impitoyables, le moment de l'échéance arrivé, ont exécuté l'État comme un débiteur de mauvaise foi (1). Le sang a coulé à torrents. Qu'il ne retombe pas, car je ne ferai jamais de vœux homicides, sur la tête qui a conçu le décret du 26 février, sur la main qui l'a signé; mais que cette main, à son tour, ne signe pas des arrêts de proscription contre les hommes de cœur qui, dans ces horribles journées, ont héroïquement défendu la société et les lois!

« La commission exécutive avait disparu, écrit M. Louis Blanc, et la dictature du général Cavaignac s'était élevée sur des cadavres. Je ne ferai pas revivre, à ce sujet, des accusations que le moment n'est pas venu d'approfondir. *C'est là un procès tenu en réserve parmi le peuple.* Le dossier existe, aucune pièce n'y manque... »

J'ai essayé de montrer de quel point de vue M. Louis Blanc jugeait les choses. Ai-je besoin d'ajouter, après ce qu'on vient de lire, qu'il n'est pas moins exclusif et per-

(1) Un ouvrage récemment publié : *les Socialistes modernes*, par M. Jules Breynat, docteur en droit, contient sur ce point litigieux de l'histoire de M. Louis Blanc une discussion très-animée et très-concluante.

sonnel quand il s'agit de juger les hommes? Tout ce qui lui est obstacle lui est ennemi. Aussi est-ce avec une dureté inexorable qu'il fait le compte de ce gouvernement provisoire qu'il a servi. Nous autres qui l'avons subi, nous n'avons jamais mis tant de griefs à sa charge. M. Louis Blanc ne nous laisse plus rien à dire, si ce n'est d'admirer qu'entre gens qui ont fait la même besogne, il s'en trouve que l'amour de la vérité possède à ce point d'y sacrifier même leur renommée ; car nous le demanderons à M. Louis Blanc : Que faisiez-vous dans ce saint-office de révolutionnaires honteux et poltrons, s'il faut vous en croire, entre le repentir de la veille et la terreur du lendemain, devant la désertion des principes, la lâcheté, la prévarication, la corruption ? Que faisiez-vous (je cite vos paroles) « devant la » contre-révolution accroupie à l'Hôtel de Ville et s'envelop- » pant dans le drapeau tricolore, en présence de l'espion- » nage organisé par le gouvernement contre lui-même, » des sources de l'élection empoisonnées, de tant d'impu- » res manœuvres, de tant de trahisons inouïes, des destins » de la République égarés dans des alliances sans pudeur?» Que faisiez-vous? N'étiez-vous qu'un rhéteur honteux et pervers, escomptant dans la complicité de ces attentats l'occasion commode et le bénéfice certain de les raconter ? N'étiez-vous qu'un complaisant vulgaire, un homme d'État surfait, un rêveur fourvoyé dans l'action, un grave étourdi, un diseur de riens, impuissant et fatal ? Choisissez. Je sais que vous répondrez que vous étiez un membre sérieux de ce gouvernement battu par la tempête, le plus intrépide de l'équipage, et qu'il n'a pas tenu à vous qu'il ne fît une autre route entre les écueils. Pourquoi ce gouvernement n'a-t-il pas suivi vos conseils ? Il vous a redouté ; il ne vous a jamais écouté. Comme révolutionnaire, il vous craignait ;

comme socialiste, il vous écartait. Le Luxembourg était un exil : la tribune où vous disiez aux ouvriers affamés : « Courage donc ! tous les hommes sont égaux ; cela veut » dire : Tous les hommes sont rois, » cette tribune était la part du feu. Elle n'avait pas d'autre sens; vous le saviez bien. Aujourd'hui vous mettez dans vos jugements sur les hommes le souvenir jaloux de votre importance méconnue. Vous voyez les défauts de vos adversaires et les fautes de leur politique dans le miroir grossissant où vous avez vu vos mérites et vos vertus. Autrement, est-ce bien vous qui auriez tracé ces portraits vengeurs, d'une touche à la fois si fine, si pénétrante et si ferme, où, pour ma part, je ne fais aucune difficulté de reconnaître vos collègues du gouvernement provisoire, mais où la curiosité érudite pourra s'étonner un jour qu'ils aient été peints par vous ? Est-ce bien vous encore, si vous n'aviez été animé que par l'intérêt de votre cause, qui auriez raconté avec ce grand détail les dissentiments du parti républicain antérieurs à la révolution de Février, la discorde au sein du gouvernement provisoire, les étranges révélations de M. Émile Thomas, les procédés de la police de M. Marrast, les intrigues électorales pratiquées à l'atelier de Saint-Maur, l'argent de l'État jeté à pleines mains dans cette corruption vertueuse ? Est-ce bien vous encore qui, en fin de compte, auriez jeté cet anathème à la révolution de Février : « Ah ! c'est à en rougir de » honte ! *Et comment ne pas reculer de dégoût* en voyant » quel impur limon contenaient les bas-fonds d'une révo- » lution si glorieuse ! »

Quoi ! déjà la honte et le dégoût ! et la révolution de Février n'avait pas deux mois ! et l'homme dont M. Louis Blanc nous dit aujourd'hui : « La République n'avait pas » eu le premier culte de M. de Lamartine; son encens

» facile était monté vers d'autres dieux ; » — cet homme l'avait appelée la révolution du mépris ! Contre cette prétendue révolution du mépris, déjà commençait en avril 1848, s'il faut en croire M. Louis Blanc, l'implacable réaction du dégoût !... Mais je m'arrête, ce mot me suffit.

J'ai voulu, je le répète, montrer dans le livre de M. Louis Blanc les effets de l'intempérance et de l'aveuglement du sens individuel. Je les ai fait voir dans ses actes et dans son langage. J'aurais voulu que les limites de ce rapide travail m'eussent permis de pénétrer aussi, avec cette lumière infaillible, dans sa doctrine économique. D'autres l'ont fait avant moi, et je renvoie avec confiance aux admirables *Lettres sur l'organisation du travail* de mon ami Michel Chevalier ceux qui seraient curieux de savoir tout ce que la théorie socialiste, dont M. Louis Blanc est l'auteur, renferme de mesquinement pompeux, d'étroitement personnel, de logiquement absurde, de radicalement inapplicable. Il me resterait à chercher dans le style de l'auteur des *Pages d'histoire* la trace de ce défaut qui est partout dans sa vie et au fond de tous ses principes. Ce serait la moins pénible partie de ma tâche. M. Louis Blanc est un littérateur de mérite ; et au style d'un homme habile la personnalité ne gâte rien. J'ai été sévère pour M. Louis Blanc comme politique. Je ne crains pas d'avouer que je fais grand cas de son talent comme écrivain. Sa rhétorique même ne me déplaît pas ; elle a souvent le ton haut, mais une fière allure ; elle manie adroitement le pathétique et elle sait communiquer l'émotion.

Malgré tout, cette superbe médaille a un revers. M. Louis Blanc attaque volontiers ; il est contraint de se défendre quelquefois. Quand il faut se défendre, M. Louis Blanc perd volontiers la tête (sans s'évanouir). Les inqualifiables injures de M. Proudhon l'ont visiblement troublé. Car, il faut le reconnaître, le professeur du Luxembourg est le plus poli des révolutionnaires, et il ne sacrifie pas sans regret, même dans ses plus grandes colères, la mise soignée et le port élégant de ses périodes. Mais avec M. Proudhon, dont la plume déchire comme la griffe de Satan, il a fallu changer de style et se cuirasser lourdement des pieds à la tête. La nécessité était rude. Mais qu'y faire?

Quoi! tu veux qu'on t'épargne et n'as rien épargné?

M. Louis Blanc s'est fait *sottisier* (qu'il me passe le mot) pour n'être pas battu. Le chapitre XII de ses *Pages d'Histoire* est un modèle de ce genre, passé de mode pendant la corruption de la monarchie, mais que la république démocratique et sociale nous a rendu. A M. Proudhon qui appelle M. Louis Blanc « le plus ignorant, le plus vain, le » plus vide, le plus impudent, le plus nauséabond des » rhéteurs (1) », M. Louis Blanc répond : « Vaniteux so- » phiste! Erostrate ridicule! niais Zoïle! fourbe! corbeau » en quête de pâture sanglante! homme de proie! » (P. 95.) — A M. Proudhon qui lui dit :

« Venez donc, vous qui avez sans cesse à la bouche les mots fraternité, dévouement, abnégation, venez donc, laissant le langage de l'insolence, confesser en toute humilité aux associations ouvrières, à vos neuf délégués du Luxembourg, à tout le parti démocratique, que vous avez écrit à tort et à travers sur le travail, l'association, l'échange, le crédit sans en connaître l'a b c... Demandez pardon à vos lecteurs de les avoir trop longtemps mysti-

(1) *Voix du Peuple*, passim.

fiés, donnez votre démission de candidat au ministère du travail, et *retournez à l'école...* »

A cette apostrophe peu parlementaire, M. Louis Blanc répond :

« Lorsque, voulant éclabousser de loin un honnête homme, quelque enfant mal élevé s'avise de frapper du pied dans le ruisseau, que fait l'honnête homme ? Se détourne-t-il de son chemin ? Non. Il laisse le malheureux *se couvrir de boue* pour en envoyer aux passants, et il va où ses affaires l'appellent (1) ».

Et nous aussi, allons à nos affaires ! Car où nous conduirait, je vous le demande, une plus longue étude de ces deux grands apôtres de la solidarité républicaine ? A Charenton, peut-être ! O vertu du sens personnel ! ô puissance de la fraternité socialiste !...

(1) Le *Nouveau-Monde*, 15 janvier.

III

Daniel Stern.

(14 avril 1850.)

L'*Histoire de la révolution de* 1848 (1), par Daniel Stern, est à peu près le seul ouvrage de ce genre qui n'ait pas été écrit pour la glorification personnelle de son auteur. C'est une originalité à laquelle, pour ma part, je suis fort sensible; car j'ai lu, bon gré, mal gré, tous ces livres. L'*Histoire de la révolution de Février*, par M. de Lamartine, n'est qu'une autobiographie dithyrambique. Les *Pages d'histoire*, de M. Louis Blanc, c'est le piédestal préparé pour sa statue. Les *Confessions révolutionnaires* de M. Prudhon, c'est Diogène dans son tonneau, l'orgueil sous le manteau troué du sectaire. Les *Mémoires de M. Caussidière* ne sont qu'un Mémoire sur procès. Il y aurait à citer aussi l'*Histoire de Février*, par M. Delvau, et celle (annoncée) de M. Elias Regnault, l'un secrétaire intime, l'autre chef du cabinet de M. Ledru-Rollin. Daniel Stern est le premier historien de la révolution de 1848 qui ne s'en proclame pas le héros. Il est le premier qui consente à nous parler des événements de cette funeste époque sans nous donner le bulletin de sa santé et le menu de son dîner. Il a peut-être dormi, comme

(1) 1 vol. in-8o, Paris, 1850.

M. de Lamartine, pendant la nuit du 23 au 24 février; mais il ne s'en vante pas.

Une autre différence de cette histoire avec les œuvres de même nature qui l'ont précédée, c'est que l'auteur, loin de produire sa personne, la dissimule; loin d'étaler son nom, le dérobe à la curiosité du public. Est-ce modestie? Nous verrons bien. Quoi qu'il en soit, Daniel Stern est un pseudonyme qui cache, nous dit-on, un nom patricien fourvoyé dans les erreurs du socialisme, un brillant écusson volontairement brisé, une existence de femme orageuse et déchue, l'orgueilleux divorce de la passion avec les lois et les exigences de la société. Voilà ce qu'on nous dit; mais que nous importe? Ce n'est pas à la personne de Daniel Stern, ni à son blason, ni à sa vie privée que nous avons affaire, c'est à son livre, et c'est bien assez.

Le livre de Daniel Stern est une diatribe en 300 pages dirigée contre la société française, celle que ses ennemis appellent la vieille société. C'est un pamphlet sous le nom d'histoire. Le livre a de la tenue, de la suite, une certaine vigueur résolue et tranchante. L'auteur y a employé beaucoup de recherches, beaucoup d'art. On pourrait croire, avec quelque bonne volonté, qu'il y a mis beaucoup de passion. C'est par là que ce livre est curieux et qu'il se fait distinguer. Mais qu'on me laisse d'abord dire un mot d'un vice de notre époque auquel ce nouvel ouvrage de Daniel Stern tient, si je ne me trompe, par quelques côtés.

De tous les travers qui s'attaquent de nos jours à la société, il n'en est pas de pire que celui qui consiste à se venger sur elle du tort même qu'on lui a causé ou des offenses qu'on lui a faites. Il est une race d'esprits malades et pervers qui mettent à son compte, sans scrupule, leurs espérances déçues, leurs ambitions trompées, le poids de leurs fautes, le déclassement de leurs destinées, le désordre de leurs sentiments et de leurs affaires. La race des Erostrates est immortelle. Le monde nouveau foisonne de génies méconnus qui rêvent de se révéler à la terre dans l'incendie même qu'ils vont allumer. Cette maladie de l'âme humaine est ancienne. Il était réservé à notre époque de lui donner, en la propageant, des proportions effrayantes. Combien de gens aujourd'hui, poëtes, philosophes, publicistes, brocanteurs, écoliers, femmes incomprises, combien de gens qui voudraient brûler le temple de Diane à Éphèse !

C'est que jamais, à aucune autre époque, sous une apparente chaleur de philanthropie universelle, l'orgueil du *moi* humain n'a caché un plus inexorable égoïsme ; c'est que jamais la prétention d'améliorer la condition des classes malheureuses n'a servi de prétexte à une plus réelle indifférence pour leur destinée, à un plus dédaigneux oubli de leurs souffrances! Autrefois, c'était une entreprise sérieuse quand ce n'était pas une œuvre divine, de se poser en réformateur de la société. Aujourd'hui, c'est moins que rien. On est socialiste ou on cesse de l'être, on reprend le harnais humanitaire ou on le quitte avec la même facilité. Quand on s'attaquait à la vieille société au nom de la charité, comme saint Paul; au nom de la liberté de conscience, comme Luther; au nom de la philosophie, comme Voltaire; au nom de la liberté politique, par la voix de Mirabeau; au nom de la liberté parlementaire, par celle de Foy, de Casimir Périer ou de Benjamin Constant, c'était une belle œuvre. La poursuite était noble, le but était grand. Aujourd'hui, quand l'ordre social tout entier est remis en question par l'audace des novateurs, on peut dire, malgré l'immensité du péril, que ce n'est rien. Pourquoi cela? Le danger est immense, le but est médiocre. C'est une cruelle et douloureuse attente de toutes les âmes, mais pour une fin sans grandeur. Les réformateurs contemporains nous mènent à l'abîme par une voie d'impuissance et de stérilité, et la société qui se sent mourir n'a jamais été menacée, depuis le commencement du monde, d'une fin plus terrible à la fois et plus vulgaire.

C'est que les réformateurs (j'excepte un petit nombre de croyants) n'ont pas pour but de guérir la société, mais de l'exploiter ou de la punir. On a des mépris à venger ou des intérêts à servir; on poursuit une représaille ou une convoitise. Le prétexte de la réformation sociale couvre tout. Vous étiez un grand poëte, plein d'invention, de vigueur, d'audace et d'éclat; vous avez voulu changer votre lyre harmonieuse pour un bâton de commandement. La main vous a tremblé dans cette tentative. La société, qui vous admirait poëte, vous répudie homme d'État. Elle vous avait tout donné, considération, renommée, fortune, tous les honneurs, tous les biens; mais elle refuse de vous donner aussi le gouvernement de ses affaires, et vous la punissez! — Vous aviez un nom, une parenté opulente, un esprit élégant et cultivé, une plume brillante et hardie, tous les agréments de l'âge et tous les loisirs de la richesse. Tout vous était facile dans la vie, non-seulement la vertu, mais la passion. La société ne vous demandait que le respect apparent de ses usages, l'observation extérieure de ses lois, la pratique banale de ses convenances; mais, cela même, vous l'avez refusé. Alors la société, si indulgente qu'elle soit, s'est retirée de vous; mais vous, vous êtes revenu sur elle l'injure à la bouche, le fiel au cœur, un poignard dans votre main délicate, et vous avez dit, comme le héros d'Alexandre Dumas, ce mot fatal d'une nuit de débauche, qui semble devenu le mot d'ordre d'une faction : « Elle nous résiste, nous la tuerons! » — Oui, vous la tuerez, vous tous qui jouez, par ambition ou par dépit, le jeu terrible du socialisme ; vous tuerez la société, mais elle ne vous rendra pas son estime.

Je reviens à Daniel Stern. Son livre (je n'en cherche pas la cause) est visiblement inspiré par l'esprit que je viens de signaler, l'esprit de dénigrement passionné et vindicatif, l'esprit antisocial et démagogique. Ai-je besoin d'ajouter que Daniel Stern est socialiste, et qu'il accuse la corruption du vieux monde? Il en a bien le droit. « Qu'on m'épargne, » s'écrie-t-il, la triste énumération de ces hontes aristocra- » tiques ! » Et en disant cela, il fait le compte exact de ces hontes isolées, et il les jette à la face de la société tout entière. « La société qui se décompose, dit-il ailleurs, ferti- » lise à son insu la société qui germe. » C'est ainsi que la révolution de 1848 est l'avénement logique et providentiel des idées sociales. Elle est la *métamorphose ascendante* de la vie morale du peuple, etc.

J'abrége à mon tour la citation de ce galimatias double qui abonde dans la partie purement théorique du livre de Daniel Stern ; je l'abrége, mais ce n'est pas que je n'en tienne un sérieux compte. C'est avec ces non-sens de la métaphysique socialiste qu'on entraîne aujourd'hui les masses. Autrefois, quand l'ancien régime résistait encore, quand on avait devant soi un clergépropriétaire, une noblesse privilégiée, une royauté absolue, la vénalité des charges, la presse esclave, l'Église dominante, l'inégalité des rangs, des classes et des impôts, on passionnait la foule avec des mots qui avaient leur grandeur et leur prestige. On parlait de liberté, on invoquait les droits de la conscience humaine, on promettait l'abolition de l'esclavage, l'égalité des citoyens devant la loi. Aujourd'hui, qu'on a tout donné, que l'ancien régime est une table rase, qu'on est descendu jusque dans les fondements de la société, qu'on a touché le tuf du vieux sol français, les réformateurs sont condamnés à l'absurde et à l'impossible. N'importe! on les écoute. La Révolution française avait changé la société politique : ils veulent changer l'homme, et on les laissera faire. Ils mettront le cœur à droite, comme ce charlatan de la comédie, et la foule applaudira. « Nous avons changé tout cela! » dit Sganarelle médecin. Le socialisme ne dit pas autre chose. Pourquoi pas? Le courant y porte, la foule y court, et c'est là le symptôme le plus décourageant de l'époque où nous vivons : la puissance d'entraînement de l'absurde. Rien de plus terrible, en effet, que la violence au service de la folie. « Méthodique dans « la prodigalité, réfléchi dans l'extravagance, contenu « dans la débauche, fier dans la mendicité, observateur « jusque dans le suicide, il peut dire, vers la fin de sa car- « rière, avec un juste sentiment d'orgueil : Mon estime « pour moi-même a toujours augmenté dans la proportion « du tort que j'ai fait à ma réputation..... » Tel est le portrait que Daniel Stern trace naïvement de l'un des plus grands novateurs de notre époque. Imaginez maintenant une révolution qui ferait monter sur le pavois un réformateur de cette trempe! Imaginez une réforme sociale ayant pour but de pratiquer cette doctrine de Daniel Stern : « Le socialisme est une tentative pour *matérialiser et im-* » *médiatiser le paradis spirituel et la vie future des chrétiens,* » en supprimant, bien entendu, la chute et l'expiation! — Imaginez le peuple insurgé pour réaliser l'attraction passionnelle de Charles Fourier, sa cosmogonie progressive, ses caravanes de cuisiniers voyageurs, et sa théorie de l'union des sexes en septième période! Oui, c'est là le signe le plus certain et le plus alarmant d'une décadence, quand la foule se passionne pour les cochers du cirque, quand elle s'égorge pour des sottises, quand l'absurde, au lieu de rester poëte ou philosophe, se fait législateur ou prophète, quand l'énergie populaire, au lieu de se tourner en activité professionnelle, se précipite en aveugle dans le pays perdu du chimérique et de l'impossible!

Je ne discuterai donc pas, quel que soit son danger, la théorie palingénésique de Daniel Stern. Cette théorie n'a qu'une valeur d'excitation révolutionnaire. Elle est scientifiquement indiscutable. Je ne disputerai pas davantage sur les causes de la révolution de Février. Daniel Stern a sans doute des raisons qu'il ne nous dit pas d'y mêler triomphalement la Providence. Pour moi, je croyais qu'il n'y avait plus deux manières d'expliquer cette grande catastrophe. Ceux mêmes qui ont mis la main à la révolution de 1848 passent condamnation sur la soudaineté calamiteuse de sa naissance. Le terrible enfant était venu avant terme ; tout le monde là-dessus était d'accord. Était-il né viable? Toute la question était là. Daniel Stern en pose une autre : il fait honneur de l'accident de Février à la philosophie de l'histoire ; il le mentionne comme une des étapes les plus glorieuses de la marche perfectible de l'humanité ; il y voit le doigt de Dieu, sa prévoyance et sa bonté, où nous n'avons vu que sa colère. Que Daniel Stern se mette donc d'accord avec tous les historiens démocrates qui ont dit le contraire, avec tous ceux qui ont représenté la révolution de Février comme un objet de surprise et d'inquiétude chez les plus avancés, comme une cause de stupeur et d'épouvante chez le plus grand nombre. Pour ma part, je ne reviendrai pas sur ces questions. Le bon sens public, encore mieux que les historiens démagogues, les a jugées sans retour.

Le livre de Daniel Stern, radicalement faux, à mon point de vue du moins, par le fond général de sa doctrine, faux comme histoire, faux comme théorie, a pourtant conquis, sur l'hostilité même des lecteurs les plus prévenus, le renom d'une certaine vérité dans le détail. Je n'en disconviens pas, je l'ai déjà dit; c'est là son mérite. On va juger pourtant, par quelques erreurs que j'ai eu occasion de relever en lisant cette histoire, du genre d'exactitude de l'historien, même dans cette mesure restreinte où elle est bornée. Peut-être a-t-on pris trop facilement pour la vérité cette simple vraisemblance qui résulte, sous une plume habile, d'un certain arrangement des détails, de l'art de les produire, de les rapprocher, d'en tirer je ne sais quelle lueur fugitive et décevante. Quoi qu'il en soit, dès qu'on approche la loupe de ces détails infinis où une information évidemment très-complexe a fourvoyé la complaisante crédulité de l'auteur, les taches abondent, les lacunes fourmillent; les non-sens, les erreurs, la confusion des noms et des dates, le choix peu scrupuleux des incidents, la recherche puérile de l'anecdote, la passion du relief à tout prix, tous ces défauts de l'œuvre de Daniel Stern qui tiennent du commérage plus que de l'histoire, qui vous trompent en vous amusant, tous ces défauts éclatent. Seulement il faut les chercher.

Je ne relèverai, pour ma part, que quelques-unes de ces erreurs. Celles qui se rapportent à la famille du roi des Français et à sa vie privée, je les passe. Je rougirais d'avoir à défendre contre les légèretés de Daniel Stern l'honneur et la dignité de cette vie, le bon accord de cette famille, la loyauté de ce roi! Mais où l'auteur a-t-il pris ce propos absurde et impossible qu'il prête à M. Guizot au sujet de la corruption électorale? « Je sais tout cela et je » le déplore, aurait dit l'illustre ministre, mais que voulez-» vous? il faut vivre. » Où Daniel Stern a-t-il vu que « l'Angleterre se préparait à la guerre » en février 1848 (p. 33), et que l'empereur Nicolas avait fait « un prêt » à la Banque de France en 1847 (P. 35.)? L'empereur a acheté des rentes françaises dont la Banque était propriétaire, parce que ce placement convenait à sa politique et à ses finances. Comment Daniel Stern ose-t-il dire aussi (p. 89) « *qu'on savait à l'avance* que la Cour de cassation, appelée à juger en dernier ressort (sur la question des banquets), *rendrait un arrêt favorable au ministère?* » Qui savait cela? Est-ce Daniel Stern? Il avait donc oublié l'arrêt de la Cour suprême, prononçant en 1832 l'illégalité de l'état de siége, et le respect du gouvernement du roi pour cet arrêt? J'en dirai autant de la fuite de M. Guizot par le guichet de l'Échelle, « d'où les coups de fusil » le ramènent à l'état-major, le 24 février; et de ce prétendu refus du roi de le recevoir le matin du même jour; et « de cette *somme d'argent considérable* qui fut mise à sa disposition par M. de Lamartine pour faciliter sa sortie de France. » Autant de mots, autant d'erreurs. M. Guizot n'a rien demandé, n'aurait rien accepté, et on ne lui a rien offert.

Daniel Stern raconte ailleurs, comme pourrait le faire un témoin oculaire, l'entrevue qui eut lieu le 23 entre le roi, le président du conseil et le ministre de l'Intérieur, au moment où parut démontrée à ses yeux la nécessité d'un changement de ministère et de politique. « L'entrevue fut courte, pénible, pleine de réticences d'un côté, et de colères refoulées de l'autre. » Daniel Stern se trompe. L'e trevue fut nette et franche. M. Duchâtel et M. Guizot, après s'être résignés à la décision du roi, se retirèrent sans éprouver et sans dissimuler aucune colère. Plus loin, l'auteur affirme que, dans la nuit du 23 au 24, quand on eut besoin du ministre de l'Intérieur pour signer l'ordonnance qui nommait le maréchal Bugeaud au commandement des troupes, le ministre ne se trouva pas chez lui, parce qu'il avait pris la fuite. C'est là un fait de toute fausseté. La signature de M. Duchâtel figure, avec celle du général Trézel, au bas de cette ordonnance.

Je n'en dirai pas plus : on jugera par toutes ces erreurs, que je relève au hasard, de celles que j'omets. J'en veux signaler pourtant une dernière, parce qu'elle me paraît se rattacher cette fois à l'idée fixe d'où ce livre est sorti tout entier, à ce dénigrement systématique des classes supérieures de la société qui en est l'inspiration, peut-être le but. S'il faut en croire Daniel Stern, cette société a été frappée, non pas comme Archimède par le centurion romain au moment où il médite la solution d'un problème, mais à table, au milieu de toutes les recherches d'un luxe insolent, dans l'insouciance joyeuse de ce grand péril qui la menace, dans l'héréditaire oubli de toutes ces misères qui se redressent pour se faire voir et compter ! Ainsi on était à table aux Tuileries au moment où brûlait le Château d'Eau. M. Thiers soupait le 23 avec les insurgés du quartier Notre-Dame de Lorette. M. de Montalivet faisait servir le 24 au poste de la garde nationale à cheval «un copieux déjeuner,» et prenait sa part du banquet. Mais le plus curieux, c'est le récit du dernier festin qui signala, au ministère de l'Intérieur, s'il faut en croire Daniel Stern, la suprême agonie de cette société condamnée.

Ici, je laisse parler le véridique écrivain :

«... A la même heure (le 23 février au soir) *une réunion étrange* en de telles circonstances avait lieu à l'hôtel du ministère de l'Intérieur. Madame Duchâtel, *en habits de fête*, faisait avec grâce les honneurs d'un festin somptueux à MM. Guizot, de Broglie, Janvier, etc. M. Guizot jouait l'indifférence... Les convives, *animés par des vins exquis*, commentaient d'une verve moqueuse ce qui était à leurs yeux l'unique événement du jour : le changement du ministère. On aiguisait les épigrammes, on souriait à la pensée des embarras où M. Molé se jetait tête baissée. «Vous » verrez que ce cabinet sera plus conservateur que nous, » disait M. Duchâtel ; et il complimentait ironiquement M. Janvier, qui, assurait-il, ne pouvait manquer d'en faire partie.

»... Mais tout à coup, vers le milieu du repas, *au moment où les verres sont le mieux remplis, où l'étincelle pétille avec le plus de feu*, on remet à M. Guizot un pli cacheté. Il le parcourt, le fait passer à M. Duchâtel ; tous deux se lèvent brusquement. Madame Duchâtel, voyant le visage altéré de son mari, devient pâle et tremblante. Le silence se fait. La nouvelle qui tombe ainsi au milieu de la joyeuse assemblée, c'est qu'un poste considérable de gardes nationaux vient de rendre les armes, et qu'on craint que le peuple, victorieux sur plusieurs points, ne se porte en masse au ministère de l'Intérieur... On se consulte. On décide de donner quelques ordres. Madame Duchâtel passe dans une chambre voisine et *quitte à la hâte les bijoux et les fleurs dont elle est parée* pour revêtir un costume plus convenable en cas de fuite. Les convives disparaissent... On se prépare à quitter l'hôtel en secret... »

Ce récit, très-habilement disposé pour un certain effet de scène apocalyptique, a pourtant un défaut. Il est radicalement faux sur tous les points. Je n'en dis pas plus. Est-il besoin de défendre les derniers ministres du roi Louis-Philippe contre l'odieux travestissement dont on affuble leur personne, leur conduite et leur pensée? Ce dîner fut simple et triste. Personne n'y portait des habits de fête; aucune parole ne trahit, chez les ministres déchus, cette infâme joie des périls de leurs successeurs, aucune âme ne la ressentit. M. Guizot ne reçut pas de dépêche pendant le repas. Personne ne crut à l'irrémédiable gravité des événements du boulevart des Capucines. Aucun convive ne disparut, et le salon du ministre de l'Intérieur resta rempli jusqu'à minuit. Oui, tout est faux dans ce récit. Ce qui est vrai, c'est que M. Duchâtel a dîné le 23 février, comme M. Thiers, comme M. de Lamartine, comme Daniel Stern lui-même, je le suppose. Ce dernier fait a beau n'être pas prouvé, il n'est pas impossible.

Pourquoi donc Daniel Stern a-t-il si soigneusement travesti un fait aussi simple que le dîner de M. Duchâtel? Que voulez-vous? son siége était fait. Les fictions s'enchaînent. Il avait à raconter les crimes, le châtiment et la chute d'une société corrompue. Il lui fallait le festin de Balthazar.

Poursuivons. Pendant que la vieille société, couronnée de fleurs, étincelante de diamants, insoucieuse et avinée, vide son dernier verre, assise à ces tables fabuleuses que Daniel Stern lui dresse à si peu de frais, quel autre spectacle se présente à nos regards! Voici une autre table, mais où nous ne voyons ni vaisselle d'or, ni girandoles éblouissantes, ni délicatesses d'aucune sorte. « Un pain » de munition, quelques restes de fromage de Gruyère » laissés par les soldats, une bouteille de vin et un seau

» d'eau apporté par un homme du peuple, » voilà le menu. » M. Flottard prêta un petit couteau de poche qui passa » de main en main. On but à la ronde dans une tasse » ébréchée. » Voilà pour le couvert. Quelle est donc cette table? C'est celle des vainqueurs de l'infâme société. Quels sont ces convives? Ce sont les Cincinnatus du gouvernement provisoire. « Voilà un festin de bon augure » pour un gouvernement à bon marché, dit gaiement M. de » Lamartine, » qui a toujours prédit juste, comme chacun sait!

Mais le contraste ne s'arrête pas là dans l'histoire de Daniel Stern. Cette vieille société, avilie et gangrénée (p. 10), poltronne et gourmande, que le peuple vient de chasser comme une servante qui a mangé le dîner de son maître, elle est aussitôt remplacée par les amis de notre auteur, par ceux au profit desquels il propose de *matérialiser et d'immédiatiser le paradis des chrétiens*, par les envahisseurs du Palais-Royal et des Tuileries. Voilà la nouvelle génération, *nova progenies!* celle qui prendra la place de la société décrépite. Il ne s'agit plus, entendez-vous, de corriger la société française, mais de la supprimer. Telle est la logique de Daniel Stern,

> et son impiété
> Voudrait anéantir le Dieu qu'il a quitté!

A l'œuvre donc, montrez-nous ces héros qui ont mission de suppléer le vieux monde, ces héros pour qui votre encens brûle sur toutes les barricades de la grande ville, ces prédestinés du *paradis immédiat*, ces fidèles du christianisme trivialisé. Pour parler des vainqueurs de Février, Daniel Stern renonce au style de l'Apocalypse. Il fait du Gessner. Nous sommes en pleine bergerie. Voici venir Daphnis et

Chloé. Arrière les fusils ! Il nous faut des houlettes. Foin du drapeau rouge ! c'est le drapeau rose qui va briller sur les décombres fumants du Château-d'Eau et dans les salons dévastés du Palais-Royal. Lisez plutôt : « Ceci se passait » *très-poliment, avec courtoisie* (il s'agit des barricades) ; on » arrêtait les voitures publiques ou particulières ; *on aidait* » les personnes qui s'y trouvaient à en descendre; les che- » vaux dételés étaient remis aux mains du cocher; puis, la » voiture renversée, on commençait à dépaver tout autour. » *C'était partout le même procédé.* »

Aimable procédé ! Et que les parties de M. Fleurant sont peu civiles, quoi qu'en dise M. Argan, auprès de celles de Daniel Stern ! Tout cela se faisait « paisiblement, sans colère, » dit-il ailleurs. *Sans colère !* Le célèbre Bilboquet des Variétés disait : *Sans douleur !*

Ce n'est pas tout. Nous voici au palais des Tuileries. Suivons-y « ce peuple de génie, ce poëte éternel, » comme Daniel Stern le nomme. Hélas ! à ce peuple que de détestables flatteurs abusent, que des intrigants corrompent, que des ambitieux exploitent, à ce peuple qu'on respecte si peu en l'adorant, ce n'est pas du génie qu'il faut souhaiter, c'est du bon sens. Mais entrons. Nous voici aux Tuileries ; Daniel Stern va nous montrer le peuple à l'œuvre :

« ... Les uns, dit-il, pour assouvir de sauvages colères, se ruent sur les objets inanimés, brisent les glaces, les lustres, les vases de Sèvres, mettent en pièces les tentures, déchirent, foulent aux pieds, *brûlent livres, papiers, lettres, dessins...*

» ..... Une *certaine méthode* préside pendant les premières heures à cette dévastation. Dans la salle des Maréchaux, le portrait du maréchal Bugeaud est percé de coups de baïonnettes et mis en lambeaux; celui du maréchal Soult est fusillé; une toile représentant *Louis-Philippe saignant le courrier Vernet* est lacérée; le portrait du duc de Nemours est très-maltraité. »

On respecte, il est vrai, le portrait du prince de Joinville, et on sauve les soies à broder de la reine. Mais que dites-vous d'une *certaine méthode* qui consiste à mettre le maréchal Bugeaud en pièces, à fusiller le maréchal Soult en effigie, et à faire un auto-da-fé vandale de toutes les richesses d'art que les âges ont accumulées dans cet immense palais, au risque d'allumer, comme le remarque naïvement l'auteur, un effroyable incendie? O peuple de génie; poëte éternel!

Daniel Stern termine, par l'apothéose de la fille de joie, son églogue démagogique :

« ..... Une femme, la pique à la main, le bonnet rouge sur la tête, se place dans le grand vestibule et y demeure pendant plusieurs heures, immobile, les lèvres closes, l'œil fixe, dans l'attitude d'une statue de la liberté : *C'est une fille de joie.* On défile devant elle *avec toutes les marques d'un profond respect.* Triste image des justices capricieuses du sort! La prostituée est le signe vivant de la dégradation du pauvre et de la corruption du riche. Insultée par lui dans les temps prétendus réguliers, *elle a droit à son heure de triomphe* dans toutes nos saturnales révolutionnaires. »

Il y a des époques où la pécheresse s'appelle Madeleine, d'autres où elle répond au doux nom de Laïs, d'autres encore où elle immortalise tristement celui de Marion Delorme ou de Ninon de Lenclos. En temps de révolution, la courtisane s'appelle Maillard; elle représente la déesse Raison. Aujourd'hui, comment la nommer? Daniel Stern a oublié de nous dire le nom de cette triomphante prêtresse de la démagogie, de ce respectable symbole de « l'honneur » populaire outragé, » de cette digne gardienne d'un palais souillé ! Mais peut-être le saurons-nous un jour. Il manque à cette histoire.

Je finis. On connaît maintenant la pensée qui a inspiré le livre de Daniel Stern ; on connaît sa doctrine, on a pu juger de son style. Daniel Stern est un écrivain de l'école de Georges Sand, qui lui-même procède de J. J. Rousseau. Georges Sand a développé et amplifié pour ainsi dire la trame si nette, si ferme et si vigoureuse qui compose le style du célèbre philosophe ; Daniel Stern l'a plutôt étriquée et affaiblie. Non que cet écrivain manque de talent, non qu'il soit étranger aux ressources et aux ruses de la langue ; mais il manque de souffle, tandis que l'inspiration, l'élan, une certaine ampleur plus grecque que gauloise est le mérite singulier de l'auteur de *Valentine*. Lavater remarque, si j'ai bon souvenir, que la figure de l'Apollon du Belvédère, soumise à une altération insensible de sa forme primitive, conduirait, par une dégradation successive, à quelque chose comme la figure du mouton. Il en est de même du style des grands écrivains dans les imitations graduelles qu'ils subissent. De J. J. Rousseau nous tombons à Daniel Stern ; et certes nous pourrions tomber plus bas.

J'ai marqué en commençant par où l'histoire de Daniel Stern se distinguait de ses devancières. Elle est moins personnelle, elle est anonyme, elle est écrite. Sur tout le reste, il est facile de voir par quels côtés elle leur ressemble. C'est la même fausseté, volontaire ou non ; c'est le même fonds d'idées, de passions, de préjugés et de folies que dans les ouvrages de ce genre qui l'ont précédée, je n'en excepte pas les plus vulgaires et les plus violents. Seulement Daniel Stern, dans ce carnaval de l'histoire écrite sous la dictée du socialisme, Daniel Stern conserve son masque et son domino. Elle parle un langage distingué ; elle laisse deviner, à la finesse de sa main gantée, la patricienne travestie en démagogue. Mais, hélas ! les coups que porte cette main délicate n'en sont que plus cruels. L'acier est poli ; il enfonce davantage. Le vin est différent, c'est la même orgie !

IV

Les deux secrétaires de M. Ledru-Rollin.

(*Histoire du Gouvernement provisoire*, par M. Élias Regnault, ancien chef du cabinet du ministre provisoire de l'Intérieur. — *Histoire de la Révolution de Février*, par Alfred Delvau, secrétaire intime de Ledru-Rollin.)

(2 JUIN 1850.)

Les deux secrétaires de M. Ledru-Rollin sont tous les deux d'accord sur un point, et je m'empresse de faire cette remarque, parce que c'est probablement la seule occasion que j'en aurai dans le cours de cette étude; le point où ils sont d'accord, c'est qu'au moment du partage des portefeuilles, après la révolution de Février, le ministre provisoire de l'Intérieur ne reçut d'autre investiture que la sienne; qu'on ne lui donna pas le ministère, mais qu'il le prit. « Dans la distribution des portefeuilles, écrit le chef du cabinet, M. Ledru-Rollin s'imposa plutôt qu'il ne fut choisi comme ministre de l'Intérieur. » — « La première faute de Ledru-Rollin, écrit le secrétaire intime, ce fut d'imiter ses collègues, de faire, comme eux, la chasse aux ministères. Ledru-Rollin aurait dû s'opposer à ce népotisme, le flétrir ou le dédaigner. En tout cas, il n'aurait pas dû l'imiter. »

Ayant pris le ministère de l'Intérieur, M. Ledru-Rollin prit deux secrétaires.

De ces deux secrétaires, l'un était sage, l'autre était fou.

Les fous, en politique et sous tous les drapeaux, sont ceux qui prennent, en avant et presque en dehors des opinions de leur parti, une position extrême et une attitude violente. Je ne veux pas dire autre chose de M. Delvau. Puisqu'on a dit quelquefois des rois qu'ils étaient fous, *delirant reges*, on peut le dire des tribuns du peuple.

M. Elias Regnault était donc sage, M. Delvau était fou. L'un, fils d'un ancien médecin de S. M. Louis XVIII, esprit sérieux et cultivé, plume facile et ferme, républicain modéré et prudent, aurait pu être tout aussi bien le secrétaire de M. Armand Marrast qui représentait la résistance et le bon sens (relatif) dans le gouvernement provisoire, que celui de M. Ledru-Rollin qui en représentait la nuance passionnée, violente et aventureuse.

L'autre... mais laissons-le parler : « Peuple, je suis un » de tes enfants les plus obscurs et les plus dévoués. Fils » du peuple, je ne renierai jamais mon origine. J'en suis » fier. Elle m'a appris ce que je suis *et ce que je vaux... J'ai » prouvé deux fois, deux heures solennelles de ma vie!* que je » savais me dévouer pour ta cause, etc., etc. » Je suppose que cela veut dire que M. Delvau s'est battu deux fois sur des barricades, et qu'il ne manque pas de mérite ; c'est bien possible, mais peu nous importe. Secrétaire de M. Ledru-Rollin, M. Delvau était plutôt fait pour être celui de M. Blanqui.

Ainsi, des deux côtés, M. Ledru-Rollin était dépassé par ses secrétaires ; l'un marchant en arrière de lui, l'autre en avant ; l'un inclinant à une modération intelligente, l'autre à une violence emportée, le ministre entre les deux.

Pourquoi le ministre de l'intérieur avait-il fait ces singuliers choix, dont aucun ne représentait exactement sa mesure? Pourquoi sa personne politique s'était-elle incarnée dans cette double délégation qui semblait toujours au-dessus ou au-dessous de sa volonté? Pourquoi, à côté de lui, la raison et la folie, lui qui n'était jamais, comme on le verra dans le cours de cette étude, tout à fait raisonnable ni complétement insensé? Pourquoi cela? Ici je suis obligé de reprendre les choses d'un peu plus haut.

Il est très-facile aujourd'hui de métamorphoser M. Ledru-Rollin en croque-mitaine politique. Dans sa personne, dans son attitude, dans son langage, dans son talent même et à certains jours, tout y prête. Mais la vérité sur ce tribun célèbre, et quoiqu'il ait fait bien souvent lui-même, par une fanfaronnade trop commune dans notre pays, les frais du mensonge sur son propre compte, la vérité n'est pas là. En réalité, M. Ledru-Rollin est un mélange, assez habilement combiné par la nature, de bien et de mal, où le mal domine selon le vent qui souffle et le secrétaire qui conseille, mais où tout est possible, même le bien. Cette double aptitude, quand elle se manifeste par des alternatives trop brusques et trop répétées, est l'ordinaire cachet de la faiblesse. M. Ledru-Rollin, qui a pu donner de lui bien souvent l'idée d'un homme redoutable, n'était en vérité qu'un homme faible. C'est bien assez, en temps de révolution, pour être terrible.

Le ministre provisoire de l'intérieur avait de grands défauts, mais il n'avait pas celui de manquer d'esprit. Il se connaissait, il se rendait justice. Il savait que sa nature était tour à tour attirée par le génie du mal et par celui du bien. N'ayant pu trouver un secrétaire ainsi fait à sa double image, il en avait pris deux. Arimane et Oromaze avaient chacun, au ministère de l'intérieur, leur cabinet, leur influence. L'histoire dira, ce n'est pas en ce moment mon affaire, quelle est l'influence qui a été le plus près de dominer ; mais il suffit de lire, l'une après l'autre, les deux histoires si diversement curieuses des secrétaires de M. Ledru-Rollin, pour comprendre qu'ils ne furent satisfaits ni l'un ni l'autre. Le ministre de l'intérieur ne sut faire résolûment, en politique, ni le bien ni le mal.

M. Elias Regnault était donc fort embarrassé pour raconter l'histoire du ministère de M. Ledru-Rollin, et il y paraît à son récit où la vérité ressort plutôt de la loyale exposition des faits que des jugements de l'historien ; et, d'un autre côté, M. Delvau n'était pas moins gêné par les irrésolutions de son chef. « On redoutait le communisme,» dit-il naïvement quelque part. « Ledru-Rollin lui-même » manifestait à cet égard une certaine répulsion *qu'il ne* » *s'expliquait pas*, et qui lui venait de *son ignorance du* » *sillon nouveau que creusaient les désirs du peuple.* » Aussi, tandis que l'histoire de M. Elias Regnault semble avoir pour but, contre sa volonté même, de faire ressortir ceux des défauts de son ministre qui étaient les plus opposés à son action, l'histoire de M. Delvau s'applique, avec beaucoup moins de scrupule, à relever les défauts contraires ; et par la même raison, tandis que le premier laisse percer une partialité trop manifeste en faveur de ceux des membres du gouvernement provisoire, M. de Lamartine excepté, qui furent les plus opposés à M. Ledru-Rollin, le second les traite au contraire, M. de Lamartine compris, avec une injustice sans mesure et avec un dédain sans pitié. Ai-je besoin d'ajouter qu'il résulte, malgré tout, de cette double tendance des deux écrivains de curieuses révélations pour l'histoire? M. Elias Regnault a beau être sage, il sait parfaitement tout ce qui se passe dans les conciliabules des fous; et M. Delvau a beau être fou, il démasque très-résolûment les sages. C'est dans leur double lorgnette que nous cherchons aujourd'hui quelques-unes des faces de cette éternelle et inépuisable étude que notre époque révolutionnaire impose, hélas! trop souvent, à la critique soucieuse des faits contemporains et des œuvres présentes.

Je n'éprouve en effet aucune espèce de joie à retrouver, sous la plume des faiseurs de barricades, avec l'exagération que leur violence naturelle ajoute au sentiment plus réfléchi du public, le jugement sévère que l'opinion du pays a depuis longtemps rendu contre les auteurs, volontaires ou non, de la révolution de Février. Contre ces fondateurs sans mandat de la République, l'arrêt de condamnation de la France électorale, qui les a repoussés presque tous, me suffit. Je n'ai aucun besoin d'y joindre, pour le repos de ma conscience, les sarcasmes et les joyeusetés de M. Delvau. Pourtant, quand je songe que cette fraction du parti républicain qui a si promptement perdu le pouvoir, après l'avoir si facilement usurpé, se rallie aujourd'hui, sans doute avec l'intention de le reprendre, à tout ce que le parti démagogique a de plus compromis, de plus téméraire et de plus ardent, j'ai peine à me défendre d'une certaine tentation, celle d'édifier ces imprudents ralliés de l'armée socialiste sur le degré de confiance et de considération qu'ils lui inspirent. Tous ces hommes qui tendent aujourd'hui la main à l'aumône électorale de la démagogie, et à qui sont préférés, dans les scrutins révolutionnaires, les héros des pontons et les fabricants du roman insurrectionnel, ouvrez le livre de M. Delvau et regardez à leur portrait. Les noms y sont. M. Delvau « appelle un chat un » chat, » et il ne marchande personne. Ce n'est pas sa faute si, des arrangements de l'Hôtel de Ville, « il était sorti, en » février 1848, quelque chose d'anormal, d'étrange, d'i- » nouï, un composé bâtard, hétérogène, *des embryons et une » partie de l'arrière-faix de la révolution, des marchands de » phrases et des marchands de livres.* » Ce n'est pas sa faute si l'un de ces glorieux initiateurs de la République française, « gros homme aux épaules carrées, n'était que le » produit de la vanité et de l'impuissance à leur pa- » roxysme ; » si l'autre « n'était qu'un cœur aussi vide que » son cerveau ; » si celui-ci, visiteur du roi Louis-Philippe le matin et proscripteur de la royauté le soir, avait « des » chevrons de royaliste sur son habit républicain ; » si celui-là, « Figaro de la presse républicaine, grand seigneur » encanaillé par le journalisme, écrivait avec des manchet- » tes comme M. de Buffon, et après les avoir tachées d'encre » se couronnait de roses comme Alcibiade ; » si cet autre, savant incontesté et homme d'État incompris, est obligé d'attendre « sa réhabilitation politique ; » si le plus vénérable de tous n'était qu'un rêveur sexagénaire ; le plus audacieux un tribun manqué ; le plus ambitieux et le plus illustre un chercheur de popularité « dont l'éloquence res- » semblait par malheur à cette rivière de l'Arcadie où l'eau » conservait toujours en toute saison la même tempéra- » ture. » Non ce n'était pas la faute de M. Delvau si tous les collègues de M. Ledru-Rollin étaient (comme il le prétend) si insuffisants, si médiocres, si incapables « *de voir » dans les ténèbres sans sourciller, de toucher du doigt sans » trembler les plaies vives de la civilisation.* » Mais c'est encore moins sa faute si les hommes qu'il traite avec un dédain si injurieux et si cruel sont aujourd'hui les alliés et les protégés de la faction à laquelle, lui du moins, n'a jamais cessé d'appartenir.

M. Delvau a deux manières d'écraser les gens. Mais la plus terrible n'est pas celle qu'il applique à ses ennemis. Le fougueux démagogue est encore plus à craindre pour ses apologies que pour ses satires. C'est un des plus redoutables émoucheurs que je connaisse. Lisez plutôt ; je vais citer quelques lignes du portrait de M. Ledru-Rollin par M. Delvau, qui pourront donner une idée du calibre de ses dithyrambes :

« Ledru-Rollin était bien l'homme des masses... C'était surtout l'orateur que rêva Salluste : *l'orateur honnête homme.* Son langage était plein de soudainetés abruptes et d'étrangetés, triviales parfois, puissantes toujours..... Sa phrase sortait un peu hachée, un peu vulgaire même, mais elle ne sentait pas l'huile comme la plupart des discours qu'on improvise pour la tribune ; phrase concise, serrée, rugueuse, mais acérée et brillante... Puis Ledru-Rollin avait une haute taille cambrée, un front à plans inégaux mais significatifs, et quand il rejetait sa tête en arrière avec fierté, *avec trop de fierté peut-être*, il imposait. Sa large figure incorrecte, sans harmonie de lignes, sans beauté de contours, eût été peut-être un peu vulgaire si elle n'avait été éclairée par un sourire empreint, quand il le voulait, d'une irrésistible bonté, etc., etc.

» ..... Au peuple, il avait consacré toutes les forces de son esprit, toute l'énergie de son âme républicaine, toutes les ressources de sa fortune. *Cinq cent mille francs, tout son patrimoine* (le pauvre homme !), avaient servi à soutenir les journaux et à venir en aide aux patriotes. Et les contraintes par corps dont on a voulu lui faire un crime, Ledru-Rollin aurait le droit de s'en faire une gloire. *Ce sont des reliques précieuses qu'il conserve religieusement*, etc.

» Il faut être franc... Le citoyen Ledru-Rollin ne doit pas jouir des immunités de l'histoire. Ne fouillons pas dans le passé pour chercher un grand portrait dont il fût le calque..... *L'édition princeps du véritable tribun est épuisée depuis longtemps*... Quoique révolutionnaire et d'un talent incontestable, d'une intégrité et d'un désintéressement reconnus, Ledru-Rollin n'était pas encore l'homme-type de la révolution. A défaut d'autre, *il fallait s'en contenter*, mais ce n'était pas l'homme rêvé, l'homme attendu ; car c'est là une des choses remarquables, un fait presque douloureux de notre révolution, *pas un homme n'avait surgi du choc des événements de Février.* »

J'ai abrégé, comme on le pense bien, cet éloge du ministre provisoire. L'auteur me reprochera peut-être de l'avoir affaibli en l'abrégeant ; mais j'ai voulu le rendre lisible en l'affaiblissant. Il n'y a pas un lecteur de cette étude qui soit capable de supporter, je le crains, un panégyrique de M. Ledru-Rollin de la force de vingt-cinq pages in-8° de M. Delvau ; et je doute que M. Ledru-Rollin lui-même, qui est un homme d'esprit, soit de force à porter sans fléchir, malgré sa *taille cambrée*, le poids d'un pareil éloge.

Cet éloge est l'innocente vengeance de M. Delvau.

« Sait-on, dit quelque part le secrétaire intime, si la Révolution, interrompue à Babeuf, ne reprendra pas à Babeuf ? » M. Ledru-Rollin ne l'entendait pas tout à fait de la même manière. Il n'y avait donc là, pour M. Delvau, qu'un homme d'État avorté. Règle générale : quand il s'agit d'un poëte, d'un musicien, d'une chanteuse ou d'un ambitieux, voulez-vous les désespérer ? prenez deux grains de critique, mêlez-les à un déluge d'éloges hyperboliques, et laissez faire. Il n'y a pas de louanges, M. Delvau le savait bien, qui rachètent pour un artiste ou pour un ambitieux les mots terribles : *vulgaire*, *incomplet*, *insuffisant*, *médiocre*. « Tout le monde fait l'éloge de son cœur, personne de son esprit, » a dit Larochefoucault. Savez-vous pourquoi ? C'est que tout le monde compte, pour faire l'éloge de son esprit, sur le voisin. En temps de révolution surtout, on fait bon marché de sa vertu, non de son influence. On veut être fort et surtout le paraître, même au prix de sa bonne renommée. On redoute moins la haine que le dédain.

Un peu moins de respect, et plus d'obéissance !

Tous les grands hommes de l'époque, républicains de la veille, rois des rois du lendemain, sont toujours plus ou moins intraitables en ce point.

M. Elias Regnault est à la fois moins louangeur et plus sévère. D'abord il ne fait pas de portraits. Hormis quelques traits sobres, bien accentués, d'un dessin ferme et d'une précision significative, tels que ceux-ci : « Chacun des hommes (du gouvernement provisoire) voulut autre chose que ce qu'il fit. » — « M. Ledru-Rollin ne s'arrêtait à rien de précis ; violent dans les mots et accommodant dans les choses ; double inconvénient ! il irritait sans effrayer. » — « Il eut le tort de ne pas faire ce qu'il annonçait ; si son langage fut hardi, ses actes furent timides. » Hormis ces traits rapides qui, aussi bien, vous percent un homme d'outre en outre, M. Elias Regnault ne peint pas, il raconte. Il a horreur de la déclamation et du faux pittoresque ; il se pique d'exactitude et de vraisemblance. Ce n'est pas lui qui vous dirait, comme son bouillant collègue du cabinet : « Le vieux monde social, squelette pourri habillé de pourpre et de clinquant, s'écroule avec un fracas lugubre. » Ce n'est pas lui qui imaginerait que le discours de la couronne, pour l'ouverture de la session de 1848, *fut écrit par M. Molé.* Ce n'est pas M. Elias Regnault non plus qui aurait remarqué qu'après l'invasion des Tuileries par le peuple, « les » balles et la fumée se perdaient dans l'air, et que les » seules victimes n'étaient plus que les rares hirondelles » qui passaient à tire-d'aile au-dessus de ce spectacle gran- » diose, *et qui allaient en porter la nouvelle* (les victimes) *vers* » *les contrées asservies et en travail de régénération.* » Non ; M. Elias Regnault est un écrivain qui respecte le public, et il ne tombe ni dans ces vulgarités ni dans ces non-sens. Mais il a une terrible manière de se faire compter comme historien, et c'est la bonne ; il raconte.

Or, je défie le satirique le plus envenimé ou le panégyriste le plus maladroit (l'un vaut l'autre) d'atteindre jamais, en ce qui touche le ministre provisoire de l'intérieur, à l'effet qui résulte parfois, contre sa conduite politique, de la narration très-délicatement et très-constamment bienveillante de M. Elias Regnault. Quel est donc le secret de M. Regnault ? Il sait quelquefois être vrai, mais vrai de cette vérité sans fard et sans voile, impitoyable dans sa nudité, dont l'apparition, dit le poëte, cause de si étranges terreurs et de si secrètes angoisses aux vrais coupables,

...... Tacitâ sudant præcordia culpâ.

Et pourtant M. Elias Regnault n'aspire pas à la succession de Lucilius ou de Juvénal. Il ne prétend pas à la gloire de Tacite ou même de Suétone. Est-ce donc qu'il suffirait aujourd'hui, pour produire cet irrésistible effet, de raconter simplement, sans rhétorique et sans hyperbole, de certains faits consacrés dans la mémoire de tous, en prenant seulement la peine de les rapporter à leur véritable cause et en mettant dans leur vrai jour les hommes qui ont joué les principaux rôles? Or, ce mérite est justement, sur quelques points de son récit, celui de M. Elias Regnault.

J'en veux choisir un seul, le récit de la manifestation démagogique du 16 avril. Tout le monde a, sur cet événement si grave, une opinion faite, et personne ne sait la vérité. La vérité est dans le livre de M. Regnault. Je vais essayer de la montrer, dépouillée de tous les ménagements que M. Regnault devait à un ancien chef, et que nous aimerions, nous aussi, à accorder à un contumace, si nous étions maître de repousser les provocations que la littérature démocratique adresse chaque jour à la critique, et parmi lesquelles toutefois nous nous réservons le droit de choisir.

Au 16 avril, c'est M. Ledru-Rollin qui a tout fait. Il a fait le complot, et il l'a défait. Il a préparé la démonstration, et il l'a dissoute. Il a organisé l'émeute et il l'a chassée. Il a ameuté quatre-vingt mille ouvriers pour les disperser d'un coup de baguette. Il a joué le rôle de Neptune qui soulève les flots et les apaise, celui du magicien qui n'a qu'à souffler sur les apparitions qu'il évoque pour les faire disparaître dans la nuit qui les a créées. Cette faculté de faire et de défaire, en apparence c'était le signe d'un homme tout-puissant; en réalité, c'était le fait d'une ambition étourdie, pusillanime et incapable.

Prenons le 16 avril à son origine, dans son germe, et surtout n'empruntons qu'à M. Elias Regnault nos informations. Il est le chef du cabinet, et il sait tout. Il est fin, et il devine ce qu'on ne lui dit pas.

Plaçons-nous à la fin de mars 1848. Nous venons de traverser une date funeste, Paris a échappé à la *démonstration pacifique du* 17. Après le 17 mars, cette puissance d'effroi qui est toute l'influence de M. Ledru-Rollin, a grandi. La majorité du gouvernement provisoire est profondément blessée et effrayée. De son côté, le ministre de l'intérieur, quoique déjà visiblement dépassé par la violence révolutionnaire qu'il exploite, « *n'était pas absolument mécontent*, dit M. Regnault, de se voir attribuer une influence qu'il n'avait pas; et, quoique ses amis fussent mieux informés à cet égard, c'était pour ses ennemis un épouvantail, *pour son nom un surcroît de puissance.* » Un homme d'État sérieux essaie de tirer parti d'une puissance réelle. M. Ledru-Rollin songea à se grandir en se guindant sur cette tremblante échasse, la popularité des clubs. Il voulut effrayer ses collègues de cette peur même qu'il ressentait. Il tenta d'opposer au gouvernement régulier l'action brutale des réunions démagogiques, qu'il ne dominait plus; « de telle sorte, écrit l'historien, qu'il se trouvait dans cette singulière position de servir d'encouragement à des violences qu'il déplorait, et *de ne pouvoir les désavouer ouvertement sans s'affaiblir.* »

Mais les clubs, après tout, n'étaient qu'une force mobile, intermittente et précaire. En dehors des clubs, il y avait le peuple. Le peuple, M. Ledru-Rollin le croyait, avait fait le 17 mars « et lui avait révélé des forces inespérées. » Il saurait bien faire le 16 avril. Dès lors une tentative de démonstration fut décidée par le ministre chargé de la sûreté publique. « *C'était un coup de main contre ses collègues*, dit naïvement M. Regnault; mais il avait résolu d'en finir avec une politique incertaine qui, dans sa pensée, compromettait l'avenir de la République. »

Telle fut la pensée première du 16 avril : une conspiration du ministre de l'intérieur contre ses collègues, avec le salut de la République pour prétexte, l'insurrection pour moyen, le peuple pour instrument, les clubs pour auxiliaires, et pour chances probables, qu'on ne souhaitait pas à coup sûr, mais que Dieu seul pouvait détourner, la bataille, le massacre, peut-être le pillage, pour peu que le peuple, une fois lancé, ne jugeât pas à propos de s'arrêter en route. Car, ainsi que le remarque M. Regnault, « *ouvrir encore l'abîme des révolutions n'effrayait pas le ministre*, mais il n'y voulait jeter que les choses du passé, sans contraindre, sans persécuter les individus. » Magnanime inconséquence, dont nous savons la signification et la valeur.

La conduite répondait à la pensée. L'Europe était en feu : on eut les expéditions de Savoie et de Risquons-Tout. La confiance avait disparu, le trésor était à sec, l'industrie chômait, cent mille hommes vivaient de l'aumône du Champ-de-Mars : on eut les circulaires de M. Jules Favre et les *Bulletins de la République*. La ville frissonnait encore des suites de l'émeute du 17 mars : on fortifiait M. Caussidière et on installait M. Sobrier. Les fusils manquaient pour l'armée régulière : on établissait une place d'armes rue de Rivoli, en vue de l'insurrection projetée. Les soins du gouvernement réclamaient tous les instants des ministres : on eut les conférences nocturnes du ministère de l'intérieur, qui n'étaient que des conciliabules de conjurés.

Quelle était cependant, au milieu de cette effervescence si habilement entretenue, l'attitude du principal conspirateur ? Ecoutons M. Elias Regnault :

« Il est vrai de dire que M. Ledru-Rollin était dans une fausse position : enchaîné à la volonté de ses collègues et poussé par ses penchants vers les républicains ardents, il n'obéissait qu'à demi aux uns, et *n'aidait qu'à demi les autres*, mécontentant également les deux partis... Il ne rassura jamais complétement ses collègues, il ne se livra jamais entièrement aux impatients, *mais leur offrit assez d'encouragements pour leur permettre d'oser*. Ils comptèrent sur lui, et *il ne les désabusa pas*, tout en conservant des ménagements qu'ils attribuaient facilement aux nécessités de sa position officielle.

»... En même temps, M. Ledru-Rollin, toujours préoccupé du désir d'éviter les violences, se concertait avec M. Caussidière *pour faire arrêter Blanqui aussitôt après le succès*, afin d'enlever aux excès un nom et un drapeau. »

Après le succès! Est-ce nous qui avons écrit ces mots accusateurs? Non, c'est le chef du cabinet de M. Ledru-Rollin. *Après le succès!* tout est là. On employait des hommes funestes, et on se réservait de les désavouer après en avoir tiré la somme de destruction qu'ils pouvaient fournir! On les lançait comme des brûlots contre le gouvernement, avec l'espoir qu'ils périraient en le détruisant. S'ils échappaient, on se réservait de les briser. Tel était l'honnête concert établi entre la préfecture de police et le ministère de l'intérieur, et que M. Elias Regnault nous révèle.

Mais le moment approche. Les hésitations commencent, non pas dans la masse des conjurés, non pas même dans les chefs secondaires; celui qui hésite, celui qui tremble, c'est celui qui a déchaîné l'orage, c'est celui qui a lancé le brûlot. M. Elias Regnault nous répète à satiété que cette hésitation suprême du ministre tenait aux sentiments les plus honorables; que s'il tremblait, c'était pour ses ennemis, menacés d'une éruption du ressentiment populaire. Je le veux bien, mais enfin il tremble. Pourquoi ne s'arrête-t-il pas? M. Regnault raconte que, quelques jours avant l'explosion, M. Sobrier eut une conférence avec le ministre de l'intérieur, et que, le trouvant irrésolu, il le quitta en lui disant : « Eh bien! si vous ne voulez pas marcher avec nous, *vous serez jeté par la fenêtre dimanche, avec les autres ;* nous sommes en mesure.» L'auteur ajoute : « M. Ledru-Rollin vit qu'au lieu d'alliés, il allait avoir des maîtres... Il frémissait *de se trouver en face de l'inconnu...* » Il me semble pourtant que le langage de M. Sobrier était assez clair.

Dans la nuit du 14 au 15, une démarche honorable fut tentée par MM. Carteret, Landrin et Jules Favre auprès du ministre. Il était bien tard pour reculer, mais il en était temps encore. Il suffisait d'un mot, et on aurait trouvé mille prétextes. M. Ledru-Rollin remercia ses amis. Il parut converti. C'était le moment de rompre avec M. Caussidière, et de faire arrêter M. Blanqui, puisque aussi bien avait-on décidé de lui courir sus *après le succès*. Or, que croyez-vous que fit le ministre de l'intérieur après le départ de ses amis? Une journée le séparait encore du moment de l'exécution, et tout pouvait être empêché. «*Il la consacra tout entière,* dit M. Regnault, *à sonder les chances diverses et les résultats probables des événements qui se préparaient.* » Et enfin, ce n'est que le 16, à dix heures du matin, après cette longue agonie de l'irrésolution entre le désir de châtier ses collègues et la crainte de tomber aux mains de ses complices, ce n'est que dans la matinée du 16 avril que, subjugué par l'imminence du péril, vaincu par sa conscience aidée de ses terreurs, il alla demander des conseils à M. de Lamartine, qui de son côté, si j'en crois M. Elias Regnault, en avait bien besoin, mais qui du moins sut en donner un bon. Quelques instants après, M. Ledru-Rollin envoyait à toutes les mairies de la capitale épouvantée, l'ordre de battre le rappel....

Battre le rappel! Comprenez-vous maintenant comment cet ordre si simple, si honorable et si légitime de la part du ministre de l'intérieur, pouvait ressembler à une trahison de la part du conjuré? Battre le rappel! C'était laisser à M. Louis Blanc, comme le fait remarquer M. Regnault, la principale responsabilité du mouvement; c'était en rejeter l'odieux sur M. Blanqui; c'était tourner le dos à l'armée qu'on organisait depuis un mois; c'était faire passer ce peuple, qu'on avait ameuté, sous les fourches caudines de la réaction dont on lui avait fait un épouvantail; c'était terminer par l'insulte, prodiguée aux complices persévérants, une conjuration commencée par l'embauchage de toutes les passions populaires. Tel fut en effet le finale de ce triste drame: «Une double haie de gardes nationaux, écrit M. Re-» gnault, fut formée sous les fenêtres de l'Hôtel de Ville, ne » laissant au défilé qu'un espace étroit où s'engagèrent les » ouvriers *qui eurent à dévorer plus d'une insulte au passage?* »

M. Elias Regnault a très-habilement ménagé l'intérêt de ce récit; mais il ne lui a jamais sacrifié, avec intention, la vérité. Oui, c'est tout un drame, mais c'est toute une leçon. L'auteur se garde bien d'ajouter, par des réflexions chagrines, à la déconfiture de son héros. Mais il ne craint pas de le montrer jusqu'à la dernière heure, « *laissant flotter sa pensée*, comme il dit sèchement, *dans le même dilemme.* » M. Delveau explique avec une ironie moins sobre la défaillance finale du ministre-démagogue : « Sa haute raison, dit-il, domina son cœur, en maîtrisa les généreuses expansions, *en éteignit les effluves passionnées.* La raison la plus lumineuse a des heures d'éblouissement et de fatigue *où elle ne juge plus avec sa sanité habituelle.* » C'est ainsi que chacun des deux secrétaires de M. Ledru-Rollin garde jusqu'au bout sa couleur et reste fidèle à sa mission.

Le 16 avril ne se termina pas seulement « par une insulte » pour la portion du peuple qui s'y fourvoya, mais par une grossière mystification pour le pays tout entier. Le pays pouvait croire qu'une victoire légale remportée par la garde nationale contre les sectionnaires, par les boutiques contre les clubs, par les modérés contre les violents, qu'une victoire où le général Changarnier avait mis la main, serait respectée par un gouvernement qui lui devait le pouvoir, peut-être la vie. Il n'en fut pas ainsi. On sait les mesures révolutionnaires par lesquelles le gouvernement provisoire essaya de faire contre-poids à ce triomphe du parti de l'ordre. M. Marrast, que M. Elias Regnault a le tort de célébrer en style épique, comme s'il eût accompli à la préfecture de la Seine les travaux d'Hercule; mais enfin M. Marrast qui avait, il faut le dire, loyalement préparé cette victoire de l'ordre, en contre-minant avec une singulière adresse et en combattant à la fin avec une décision fort remarquable les manœuvres du ministre de l'intérieur, M. Marrast se chargea plus tard, une fois le danger passé, de donner le commentaire de la victoire et de lui fournir sa moralité. « Vous ne voyez donc pas, disait-il, derrière la garde nationale, les dynastiques de toutes les nuances. Gardons-nous de les faire profiter d'un succès qui ne tient qu'à une querelle de famille. *Nous avons été obligés de vaincre pour nous défendre; mais la victoire est pleine de dangers.....* » Et l'octroi de Paris, la magistrature inamovible, soixante-cinq généraux parmi les plus glorieux de notre armée, payaient pour les fredaines du peuple souverain! C'est toujours la même histoire. *Plectuntur Achivi!*

Mais la comédie ne s'arrêta pas là; et M. Delvau, toujours impitoyable, nous raconte avec de grands détails toute la mise en scène du défilé qui termina, par une immense duperie, la conjuration avortée. Naturellement le gouvernement de la République y joue le principal rôle.

« ... Il était cinq heures. Les corporations débouchaient sur la place, bannières déployées, et les membres du gouvernement provisoire prenaient place sur des chaises qui avaient été apportées sur le perron..... *Par derrière et dominant tous les autres membres*, on voyait le citoyen Ledru-Rollin. Il s'agissait de paraître unis pour paraître forts. M. Garnier-Pagès se penchait même par moments, avec une certaine affectation, sur son collègue, et cherchait à lui prendre familièrement le bras, pour recueillir un peu de la popularité qui s'attachait au ministre de l'intérieur. Celui-ci avait fait un geste pour le repousser : « Comment, » mon bon, vous me refusez le bras ? — *Si vous me tendiez » plus souvent la main au conseil*, avait répliqué Ledru-» Rollin, vous auriez mieux le droit de me prendre le bras » en public !.. »

Cela n'empêcha pas M. Ledru-Rollin de signer, avec M. Garnier-Pagès, une proclamation dans laquelle tous les membres du gouvernement provisoire « *se félicitaient du résultat de la journée du 16 avril !* » Suprême ironie ! s'écrie M. Delvau indigné.

En résumé, M. Ledru-Rollin avait joué, pendant toute cette crise, un rôle où il est impossible de ne pas reconnaître une certaine originalité indépendante et fantasque qui n'est peut-être pas indispensable à un ministre, mais qui a sa valeur comme étude du cœur humain. Il avait échappé à la fois aux deux influences qui se disputaient sa personne. Il avait résisté à M. Regnault, qui l'aurait livré à l'influence patricienne de M. Marrast; à M. Delvau, qui l'aurait compromis dans « cet enfer du Dante, » où il fallait chercher M. Blanqui. Avec un peu plus de raison, M. Ledru-Rollin n'eût pas trempé dans la conjuration du 16 avril; avec un peu moins de raison, il ne l'eût pas désertée. Le juste-milieu n'a pas été inventé seulement pour les gens sages. On voit qu'il peut servir, et très-utilement, à n'être fou qu'à moitié.

Je ne dis rien de plus des deux ouvrages dont j'ai essayé de donner une idée un peu précise, en les rapprochant sans les comparer. M. Delvau semble n'avoir cherché qu'une occasion de poser en pourfendeur démocratique et social; M. Elias Regnault a plus sérieusement visé à l'histoire, et son livre est remarquable, non-seulement par la part très-large et souvent involontaire qu'il fait à la vérité sur le compte de M. Ledru-Rollin, mais par tous les renseignements inédits qu'il fournit à la curiosité contemporaine, discours, anecdotes, rubriques de parti, vanités individuelles, ressorts secrets, stratagèmes patriotiques et chausses-trappes républicaines. Si vous voulez savoir, par exemple, à quel chiffre était monté le nombre total des convives dans les banquets qui ont renversé la monarchie constitutionnelle, l'auteur était secrétaire du comité central; il vous le dira : ce nombre, dans tous ces banquets réunis, *n'atteignait pas le chiffre de* 17,000, y compris Rouen et Paris! Si vous voulez savoir comment fut rédigé le fameux programme qui régla l'ordre et la marche de la révolution de Février, et le rôle que joua M. Marrast dans les préliminaires de cette catastrophe, lisez l'Histoire de M. Elias Regnault. Si vous êtes curieux de connaître avec quel accompagnement d'incidents burlesques fut composée la liste du gouvernement provisoire et formé son ministère ; s'il vous plaît de connaître le détail d'une visite que M. Bethmont fit à la préfecture de police et comment il eut le bonheur d'échapper au grand sabre de M. Sobrier; si même il ne vous paraît pas indiscret de pénétrer dans le cabinet du ministre de l'intérieur, au moment où « *il se plaît à interroger une célèbre tragédienne sur les finesses d'un art qui est l'enveloppe extérieure de l'éloquence* ; » enfin si vous désirez connaître l'histoire authentique de ce fameux *bulletin* du 15 avril, qui faillit mettre le feu aux poudres et dont madame George Sand était l'auteur, lisez l'histoire de M. Regnault.

Parmi les curiosités de ce livre, une des plus étranges, c'est le rôle qu'y joue M. de Lamartine, et je soupçonnerais volontiers M. Elias Regnault d'avoir été, à l'endroit de l'illustre poëte, un peu plus secrétaire du ministre provisoire de l'intérieur qu'il ne fallait. « Jamais grand peuple, dit-il quelque part, n'eut un plus magnifique maître des cérémonies...» Ailleurs l'historien nous montre M. de Lamartine essayant « de dominer par des cajoleries (impuissantes) les principaux chefs des clubs, et combattant des influences de Forum par une politique de coin du feu.» Je ne dis rien d'un reproche adressé à sa clémence à propos de la duchesse d'Orléans. M. de Lamartine, dans le dernier numéro du *Conseiller du Peuple*, y a noblement répondu. Mais au 16 avril, l'historien du gouvernement provisoire nous représente le ministre des affaires étrangères « étendu sur un canapé, affaissé sur lui-même, fébrile et abattu ; il s'apprêtait, dit-il, au sacrifice de sa vie, résigné plutôt qu'énergique. » Après le triomphe électoral de M. de Lamartine, en avril 1848, M. Marrast étant venu lui faire connaître le chiffre des suffrages qu'il avait obtenus, le poëte, écrit M. Regnault, « s'élança de son siége, » et debout, les yeux levés au ciel, les bras étendus, il s'écria : « Me voilà » donc plus grand de la tête qu'Alexandre et César ! » Je laisse à M. Regnault, bien entendu, la responsabilité de cette anecdote.

Quoi qu'il en soit, le véritable martyr du livre de M. Regnault, ce n'est pas M. de Lamartine, c'est M. Ledru-Rollin. Tout le monde connaît le supplice qui fût infligé au dictateur d'Albe, Metius Suffetius, pour avoir abandonné les Romains dans un combat. Il fut tiré à quatre chevaux. M. Ledru-Rollin a été tiré à deux secrétaires. Entre le secrétaire prudent et le secrétaire emporté, entre le républicain modéré et le démocrate socialiste, le ministre provisoire de l'intérieur a éprouvé le sort de ce personnage que la fable nous montre « entre deux âges et deux mai- « tresses : »

. . . .

La vieille, à tout moment, de sa part emportait
Un peu du poil noir qui restait,
Afin que son amant en fût plus à sa guise.
La jeune saccageait les poils blancs à son tour.
Toutes deux firent tant, que notre tête grise
Demeura sans cheveux, et se douta du tour...

FIN DU PREMIER VOLUME.

APPENDICE.

I

LA MORT DU ROI, page 37.

(Extrait du *Journal des Débats*, nos des 28 et 29 août.)

Paris, 27 août 1850.

..... Une triste nouvelle, trop prévue depuis quelque temps, s'est répandue aujourd'hui à Paris, où elle a produit une impression douloureuse et universelle.

Le roi Louis-Philippe est mort hier au château de Claremont, à huit heures du matin, dans la soixante-dix-septième année de son âge.

Nous avons bien le droit d'exprimer ici, sans aucune réserve, les regrets amers et l'affliction profonde que nous cause la mort de ce dernier roi de la France constitutionnelle. Nous l'avons toujours respecté, toujours soutenu, toujours servi. Sa cause, qui était celle de la monarchie représentative, était la nôtre. Sa personne, nous l'honorions. Nous défendions sa politique.

Mais nous ne savons pas s'il existe en France et en Europe un parti honnête, une opinion avouable, un homme de cœur, qui ne donne, comme nous, des regrets à cette triste fin d'un prince qui, après avoir assuré à son pays les dix-huit années les plus calmes et les plus prospères de son histoire, est allé mourir sur la terre étrangère, avant l'âge, on peut le dire, car sa vieillesse était encore verte et vigoureuse; mais ni la vigueur de sa santé ni la forte trempe de son âme ne l'avaient suffisamment affermi contre cette ingratitude de son pays!

Non-seulement la vie du roi Louis-Philippe s'est terminée dans l'exil; elle a été abrégée par l'exil.

S'il avait eu le cœur moins français, le roi qui avait sauvé la France en 1830 et que la France avait délaissé en 1848, lui qu'une immense alarme de la société française avait élevé sur le pavois en juillet; et qu'un caprice du pays rassuré renversait dix-huit ans plus tard, ce roi, s'il n'avait été un honnête homme, le malheur public l'aurait bien vengé après février! Moins patriote qu'il ne l'était, il eût triomphé des ruines, des humiliations, des désastres et des hontes de toute espèce qui avaient succédé violemment à son règne paisible et honoré! Il eût triomphé de ces luttes sanglantes que les factions, déchaînées par la chute de son trône, se livraient sur ses débris!

Mais de tous ces malheurs, qui étaient comme la démonstration que la Providence, justement sévère, avait voulu donner de la sagesse de sa politique, le roi n'a ressenti qu'une amère affliction. Cette éclatante justification, que la catastrophe de février lui donnait, a soutenu sa conscience; elle a désolé son cœur, elle a abrégé sa vie.

Voilà ce qui nous fait croire que nous ne serons pas les seuls à regretter et à déplorer la mort du roi. Sa cause était, avant sa chute, celle de la monarchie constitutionnelle. Elle est devenue, après février, celle de la sociabilité elle-même. Tout le monde l'a senti, ceux mêmes qui avaient mis une main criminelle ou imprudente à cette œuvre de destruction. Tout le monde le reconnaît aujourd'hui, ceux mêmes qui en ont profité. Car ce n'est pas seulement la France industrielle, commerciale et marchande qui a fait amende honorable de ce grand désastre; c'est le pouvoir lui-même, dans sa plus haute expression, quand il est allé, à la porte d'une prison politique, rendre hommage aux principes conservateurs de la société trop longtemps méconnus et outragés.

Cette réaction salutaire de l'opinion publique en faveur de la politique du dernier règne, le roi a pu la reconnaître, vers le déclin de sa vie, à quelques signes incontestables. Profondément affligé de l'injustice de ses contemporains, il n'a jamais douté de la justice de l'histoire. L'histoire, depuis quelques mois, commençait pour lui. Ses jugements anticipés lui arrivaient par toutes les voies de la renommée, par tous les organes de la publicité, avec toutes les brises qui soufflaient de la terre de France vers la terre de l'exil. C'est là seule consolation qu'il ait voulue. Elle était digne de sa haute raison. Cette justice hâtive de l'avenir a souri à ses derniers moments.

Le roi Louis-Philippe est mort entouré de sa famille, dans la plénitude de ses facultés intellectuelles, sans que la lucidité habituelle de son esprit eût souffert, des approches de la mort, la moindre atteinte.

Depuis quelques mois sa santé déclinait visiblement, sans que l'altération particulière d'aucun organe permît d'attribuer ce dépérissement graduel à une autre cause qu'à celle que nous venons de signaler. En juin dernier, le séjour de Sa Majesté à Saint-Léonard parut la remettre en voie de rétablissement. Le roi reçut de France plusieurs visites qui lui causèrent une vive émotion de plaisir. Le mois de juillet sembla confirmer cette amélioration. Mais depuis une quinzaine de jours, au contraire, le mal empirait, et enfin depuis quarante-huit heures l'affaiblissement général de l'auguste malade avait fait des progrès qui ne permettaient plus, même à la reine, aucune illusion. Un voyage et un établissement projetés à Richmond furent contremandés, malgré le roi lui-même, par suite de l'impossibilité constatée de le transporter sans risque. Dès lors la médecine se déclara impuissante. Le docteur Chomel fut vainement appelé. On dut annoncer au roi l'imminence du danger.

Le roi reçut, avec la fermeté d'âme qui ne l'abandonna pas un instant pendant toute la durée de cette cruelle épreuve, l'annonce de sa fin prochaine. C'était le dimanche matin 25 août. Il eut la force de dicter plusieurs dispositions qu'il voulait ajouter à son testament, et une dernière page des Mémoires de sa vie, qui, depuis deux ans, ont occupé en partie sa retraite et distrait son exil.

M. l'abbé Guelle, aumônier de la reine, étant ensuite entré dans la chambre de Sa Majesté, le roi, en présence de toute sa famille, simplement, noblement, et avec une inaltérable résignation, accomplit ses devoirs de chrétien. La reine, madame la duchesse d'Orléans, le comte de Paris, le duc de Chartres, le duc et la duchesse de Nemours, le prince et la princesse de Joinville, le duc et la duchesse d'Aumale et la duchesse de Saxe-Cobourg étaient agenouillés autour du lit de Sa Majesté. Les officiers et les serviteurs du roi assistaient également à cette scène touchante.

Dans la soirée, une fièvre violente se déclara, et diminua successivement dans le courant de la nuit, qui fut relativement calme. Le matin, le roi se sentait mieux. A sept heures, une heure avant sa mort, il était encore en possession de toute son intelligence, et il disait à son médecin « qu'il se trouvait bien. » A huit heures, il rendait son âme à Dieu, au milieu des larmes et des embrassements de sa famille, sans convulsion, sans souffrances, avec une admirable sérénité, mourant comme un juste, pleuré de tous comme le plus tendre des époux, le meilleur des pères, le maître le plus indulgent, le plus sage et le plus doux !

Nous n'ajouterons rien, pour notre part, à ces détails. Une autre fois nous essayerons d'apprécier comme roi « ce grand homme de bien » (c'est l'éloge qu'en a fait sir Robert Peel) qui vient de mourir dans l'exil, comme presque tous les princes qui ont eu, depuis soixante ans, le triste et périlleux honneur de gouverner la France. Mais le roi Louis-Philippe n'avait pas, comme l'empereur Napoléon, poussé à bout la fortune de nos armes sur tous les champs de bataille de l'Europe. Il n'avait pas, comme le roi Charles X, jeté le défi à l'esprit libéral de notre pays et de notre âge. En lui, au contraire, c'est l'esprit constitutionnel qui a été vaincu par l'esprit de révolte ; c'est la *fidélité aux lois et aux institutions* qui a été châtiée par l'exil ; noble exil après tout, car les plus amers regrets de la France y ont suivi le roi de Juillet, et le respect douloureux du monde plane aujourd'hui sur son tombeau ! . . . .

. . . .

C. F.

Paris, 28 août 1850.

..... Nous ne nous étions pas trompés sur la nature de l'impression qu'a produite la nouvelle de la mort trop attendue, et pourtant si rapide, du roi Louis-Philippe. Cette impression a été celle d'une sérieuse tristesse mêlée de regrets impuissants, et que leur impuissance même rend plus douloureux et plus vifs ; car il n'y a de grands maux, comme il n'y a de grandes fautes, que les fautes et les maux irréparables.

La presse parisienne a été, sous ce rapport et à très-peu d'exceptions près, un convenable organe de l'impression publique. . . . .

..... Nous ne disons rien de plus. On comprend que nous ne fassions pas de polémique sur cette tombe à peine fermée. Le roi n'en faisait pas dans son exil. Il jugeait les événements et les hommes avec sa haute et calme raison, sans récriminations, sans aigreur. Il accueillait, avec une bonté touchante, les chefs les plus éminents des partis qui l'avaient le plus vivement contredit. Il donnait à tous l'exemple de cette bonne intelligence, de cette conciliation honorable, sur le terrain des principes conservateurs de la société menacée, conciliation que nous avons vu tous les grands partis pratiquer à leur tour comme la seule politique qui puisse sauver la France. Le roi était, du fond de son injuste exil, le plus zélé partisan de ce bon accord. Il avait donc beaucoup oublié ! Mais s'il savait se prêter à l'exigence du temps, il ne lui sacrifiait rien de sa politique de dix-huit ans. Trop d'honnêtes gens, trop de cœurs dévoués, trop d'illustres talents, trop de nobles esprits s'y étaient loyalement et librement engagés pour la France et pour lui !

Nous avons reçu la confidence de quelques-uns des derniers entretiens que le roi Louis-Philippe a accordés à des personnages politiques. Ces entretiens respiraient tous ces sentiments. Jusqu'au dernier moment le roi s'est montré un politique habile, expérimenté, convaincu, conciliant ; jusqu'au dernier moment, il s'est occupé, il a parlé de la France. Jamais un cœur d'homme n'avait battu si longtemps, et même sous ce froid de la mort prochaine, pour la cause de l'humanité, de la société et du pays. « Dites-leur, Monsieur, dites-» leur que l'union que je me suis appliqué à entretenir entre tous » les princes de ma famille, et qui me survivra, je l'espère, dites-leur » que cette union est le symbole de l'accord indissoluble qui doit » régner entre tous les honnêtes gens, quel que soit leur drapeau, en » face du parti de la dissolution sociale ! » — « Car, hélas ! ajoutait-» il, la désorganisation a son parti ! » C'est parmi ces entretiens, sans irritation, mais non pas sans amertume, car c'était le fond même de nos misères qui s'y révélait au regard du mourant ; c'est parmi ces entretiens pleins de tristesse, de sérénité et de grandeur que s'achevait cette noble vie, déjà détachée de tout intérêt personnel et toute pleine encore de sollicitude patriotique.

Cette vie, l'histoire la dira. Mais c'est la mort du roi Louis-Philippe qui est aujourd'hui l'entretien et l'émotion du public, de celui auquel nous nous adressons, et c'est de cette mort que nous voulons encore l'entretenir.

Nous n'avons rien à retrancher des détails que nous avons déjà donnés à nos lecteurs, et dont l'exactitude nous était garantie par la source même où nous les avions puisés. Nous sommes en mesure cependant d'y ajouter quelques informations nouvelles non moins respectables. La mort du roi Louis-Philippe a eu un caractère particulier de grandeur simple et de touchante tranquillité que nous tenons à faire ressortir, parce que cette sérénité de sa fin se reflète en quelque sorte sur sa vie entière. Cette fermeté, il ne l'a eue devant la mort que parce qu'il l'avait au fond de l'âme. On a souvent célébré le courage qu'a montré le roi dans les circonstances où sa vie était menacée par le bras d'un assassin. Ce courage, qui servait sa politique, était le même que celui qui l'a aidé à mourir dans l'exil, au milieu des larmes de sa famille. Ce courage était naturel et simple, et puisé à la même source.

Samedi 24 août, le roi avait le pressentiment de la gravité du mal qui, sans avoir atteint aucun des organes essentiels à la vie, comme nous l'avons déjà fait remarquer, le minait insensiblement ; car sa maladie n'a jamais été qu'un affaiblissement graduel de ses forces et une sorte de consomption plutôt morale que sénile, *une impossibilité de vivre*, comme on l'a dit. Dans la journée, l'auguste malade s'est fait porter successivement sur les deux perrons qui règnent en avant de la double façade du château de Claremont, au moment où le soleil, qui brillait d'un doux éclat, y répandait tous ses rayons. Le roi, très-affaibli depuis la veille, en avait pourtant ressenti un grand bien, et il avait pu assister, sans y prendre part, au dîner de sa famille. Mais la nuit fut très-agitée, et il fallut se résigner à enlever au malade le peu d'espoir qui avait pu rester au fond de son cœur.

Ce fut la reine elle-même qui se chargea de cette cruelle mission, digne de sa piété et aussi, quelque douloureuse qu'elle fût, de sa tendresse. Le roi reçut l'avis de sa fin prochaine avec le calme d'un sage. Il voulut toutefois avoir, de la bouche même de son médecin, la confirmation du danger où il se trouvait. M. Gueneau de Mussy fut introduit. Le roi lui demanda son avis. A la réponse hésitante et troublée du médecin : « Je comprends, cher docteur, dit le roi en » souriant ; vous venez m'apporter mon congé ! » Quelques instants après, le général Dumas succédait, auprès du roi, au docteur Gueneau de Mussy. Sa Majesté lui dicta, avec une lucidité d'esprit remarquable et, comme on l'a déjà raconté, une dernière page de ses Mémoires, qui terminait un récit interrompu depuis quatre mois. Ensuite, le roi s'occupa de quelques dispositions dernières qu'il voulait prendre; puis il fit appeler son aumônier, l'abbé Guelle. L'abbé s'étant approché : « Je suis calme, lui dit Sa Majesté; j'ai la plénitude de mes fa- » cultés, et par conséquent je suis parfaitement disposé à m'entrete- » nir avec vous. » L'entretien eut lieu ; il dura quelque temps. Le roi répondait de mémoire aux prières du prêtre. Quand l'entretien fut terminé, et après que le roi eut rempli avec une fermeté noble et simple ses devoirs de chrétien : « Amélie, es-tu contente ? » dit l'auguste malade, en adressant à la reine un regard où se mêlait, à la satisfaction d'un devoir accompli, le sentiment d'une confiante et délicate affection.

Nous avons raconté les scènes touchantes qui finirent cette journée. La nuit, qui ne laissa presque aucun repos au roi, ne lui fit pourtant pas perdre, un seul moment, le calme de son esprit; et quand, le matin, la mort parut, le mourant était prêt. Le roi avait vu la mort plus d'une fois ; il la connaissait; elle lui était apparue souvent, dans le cours de son orageuse carrière, moins douce à voir, plus terrible à subir. Cette fois, et malgré cette amertume de la patrie ingrate et absente, ce roi magnanime, sur qui s'étaient épuisés la rage des factions et le feu des carabines régicides, mourait plein de jours, entouré de sa famille, le cœur rempli de sentiments tendres, la conscience satisfaite, l'esprit tranquille. Oh ! ceux qui avaient troublé son règne par tant d'outrages, de révoltes, de violences et de dégoûts, pourquoi lui disputaient-ils encore cette belle et admirable mort qui a si dignement couronné une noble vie! . . . .
. . . .

C. F.

(..... Aux détails qui précèdent, l'auteur fut autorisé à ajouter les suivants, empruntés à une correspondance toute confidentielle.)

Claremont, le 27 août.

« ...... Je suis arrivé ici, Monsieur, trop tard pour assister aux derniers moments du roi Louis-Philippe, assez tôt pour recueillir, avec

la certitude des souvenirs les plus récents, les détails qui se rapportent à cette fin vraiment touchante. . . . .
. . . .

» Le dimanche 25 août, la reine se fit un devoir de l'avertir qu'il était en danger. Il crut que l'avis était l'effet de cette sollicitude toujours éveillée sur le salut de son âme. Il en appela des alarmes de la reine à la science de son médecin. M. Gueneau de Mussy vint, qui lui dit qu'en effet il n'y avait plus pour lui de bonnes chances, mais seulement de mauvaises. « C'est-à-dire, en d'autres termes, qu'il faut que je prenne mon congé, » reprit avec gaieté l'auguste malade. Et dès lors il ne songea plus qu'à se préparer à mourir. .
. . . .

» Sa confession accomplie, il demanda de recevoir le saint viatique en présence de tous ses enfants. Telle était la soudaineté de cette mort, qui, bien que prévue depuis longtemps, venait l'atteindre dans la plénitude de ses facultés intellectuelles, qu'il fallut chercher dans le parc où ils étaient dispersés, surveillant les préparatifs d'une petite fête donnée au prince de Condé à l'occasion de la Saint-Louis, les petits-enfants du roi. Sa Majesté reçut l'extrême-onction en leur présence. Puis, il demanda que chacun d'eux lui fût amené, et il les embrassa et les bénit les uns après les autres, assis comme à l'ordinaire dans son grand fauteuil, le sourire sur les lèvres, avec de douces et affectueuses paroles, comme en ces jours de fête ou d'anniversaire où il recevait, d'un cœur si content et d'un visage si serein, les félicitations de sa nombreuse famille. Les enfants sortis, le général Dumas écrivit pendant près d'une heure sous la dictée du roi, qui n'avait jamais paru plus maître de sa pensée. Il s'agissait de compléter quelques pages de ses Mémoires dont la rédaction avait été ajournée de mois en mois et qui ne pouvaient plus attendre... Tout ceci se passait entre trois et cinq heures de l'après-midi. Vint la nuit, qui fut sans sommeil. La fièvre était violente. Le malade essayait vainement d'échapper à cette suprême angoisse ; mais l'agitation de la fièvre ne s'était pas communiquée à son esprit. Il était calme et bienveillant. Il lui arriva même de demander au docteur Gueneau de Mussy de lui conter quelque histoire pour l'endormir..... Et il s'assoupit en effet pendant quelques heures en l'écoutant.

» Le matin, l'agonie commença. Elle fut douce et calme, et ce fut sans effort et sans souffrance que le malade entra dans son dernier sommeil.

» ... A peine son mari expiré, la reine s'est jetée entre les bras de ses fils, et leur montrant les restes inanimés du roi : « Son dernier » vœu et sa dernière pensée a été que vous restiez toujours unis, a-t- » elle dit. Promettez-moi en face de ce lit de mort que vous le serez » toujours ; » et les princes l'ont promis. Et ils demeureront unis, la mère et les fils, à Claremont.

» La reine s'est montrée véritablement la femme forte de l'Écriture dans sa plus sublime acception. Je l'ai trouvée écrivant, dans la chambre et au pied du lit où le roi est mort, tout comme à l'ordinaire, calme, résignée, le cœur plein d'angoisses, le visage serein, maîtresse d'elle et de sa douleur. Elle n'admet aucune de ces délicatesses que les grandes afflictions réclament habituellement. « On peut tout me dire, disait-elle ; il n'est plus possible d'ajouter à mon malheur. » C'est qu'elle est déjà dans le ciel.

» Les restes mortels du roi seront déposés dans la petite chapelle de Weybridge, où Leurs Majestés avaient l'habitude d'entendre la messe avant que la reine d'Angleterre eût permis d'établir, dans l'enceinte même du château de Claremont, une chapelle catholique. Weybridge est à deux lieues du château. Le roi avait exprimé le désir que son corps fût transporté à Dreux, dans la sépulture de sa famille ; mais les princes n'auraient pu l'y accompagner, et ils ne consentiront à confier à la France la dépouille de leur auguste père que lorsqu'ils pourront l'y porter eux-mêmes... »

II

LETTRES DE CLAREMONT (page 80).

— (L'auteur reçut du château de Claremont, quelques jours après la publication de cette étude, la lettre qu'on va lire. Cette lettre contenait, sur quelques points de son travail, des objections dignes de la plus sérieuse attention. L'auteur a pensé qu'il était de son devoir de les publier, dans l'intérêt de la vérité historique, et par respect pour une auguste mémoire. Il publie également quelques lignes de sa réponse, et enfin un billet que le roi voulut bien lui écrire de sa main, et qui termina ce dissentiment, plus apparent que réel, entre l'illustre correspondant et lui.)

I

Claremont, 25 septembre 1849.

« Mon cher Fleury,

» Le roi me charge de vous remercier de votre article qu'il s'est fait lire hier soir, et qu'il a écouté avec un grand intérêt. Le sujet même que vous traitiez ne vous permettait pas d'espérer que vous le satisferiez de tout point : c'était chose impossible. Aussi me charge-t-il de vous transmettre deux ou trois observations. Je ne suis ici, remarquez-le bien, que l'interprète de sa pensée, ou, pour dire plus vrai, que l'écho de sa parole.

» En premier lieu, le roi vous reproche d'avoir trop dit *qu'il régnait et gouvernait*, et de lui avoir ainsi mis sur les épaules toute la responsabilité des tristes événements de février. Le *gouvernement personnel* était si peu une réalité, me charge-t-il de vous dire, que, dès l'origine de la campagne des banquets, voyant où tendaient les agitateurs, il avait insisté aussi fortement que possible pour que ses ministres ne permissent pas cette démonstration séditieuse, et qu'il avait insisté vainement... De même, il avait réclamé itérativement un effectif de 44,000 hommes à Paris, et on ne lui en avait donné que 28,000. Ces deux faits, auxquels il en pourrait ajouter d'autres, suffiront à vous prouver à quel point son action était restreinte, au lieu d'être presque souveraine.

» Le roi veut, en second lieu, que je vous dise que vous avez été mal renseigné sur deux faits de détail que vous racontez. Il prétend n'avoir pas dit les paroles adressées à M. R..... (M. de Rambuteau, à ce qu'il croit), que vous lui mettez dans la bouche. Il ignore en outre quelle est la note, rédigée au château, dont vous parlez, et à laquelle monseigneur le duc de Nemours aurait eu quelque part; il ne croit pas ce fait véritable. J'étais alors en Afrique, vous le savez, et ne sachant pas ce qui en est, je n'ai pu vous rendre le service d'aider le roi à retrouver ses souvenirs.

» Je n'ai pas besoin de vous dire que, malgré ces inexactitudes qu'il vous reproche, le roi n'en rend pas moins justice à l'intention de votre article, etc., etc.

» Agréez, etc., etc. » A. T... »

II

Chantilly, le 6 octobre 1849.

« Je réponds, mon cher collègue, bien tard à votre lettre du 25 septembre... Que vous dire? Je n'ai ni le droit de me plaindre, ni le courage de discuter contre le roi. . . . .
. . . .

J'avais cru le défendre en rejetant sur le vice des institutions de juillet, comme c'est ma conviction, la responsabilité des événements de février. Tant de gens accusent le roi! J'accusais, moi, la faiblesse de l'institution royale. J'attribuais à l'immense supériorité de l'homme la durée du règne. Et le jour de la catastrophe, au lieu d'un roi qui s'enfuit, comme la malveillance ose le dire encore aujourd'hui, je montrais un roi martyr de la légalité, refusant son épée à la guerre civile, et la « jetant, avec un douloureux dédain, aux pieds de la garde nationale infidèle. » Telle était ma thèse. Pourquoi la faiblesse de ma plume a-t-elle trahi le zèle chaleureux de ma pensée?

» Je le reconnais : le roi doit être défendu comme il veut l'être. A son point de vue, je me suis trompé. . . . .
. . . .

Quant aux deux faits dont vous contestez l'exactitude, le premier, relatif à une conversation de Sa Majesté avec M. de Rambuteau, m'avait été raconté par une personne très-autorisée, et qui évidemment se trompait; le second, relatif à l'insertion d'une note dans le *Journal des Débats*, c'est moi qui l'affirme. Cette note me fut demandée à très-bonne intention par monseigneur le duc de Montpensier, le 22, à huit heures du soir, dans le salon de la reine; elle parut le lendemain. Elle était ferme, conciliante et pacifique (1).

» Veuillez, mon cher collègue, communiquer cette lettre au roi, et agréer, etc., etc.

» CUVILLIER-FLEURY. »

(1) Voir le *Journal des Débats* du 23 février 1848.

III

Claremont, 9 octobre 1849.

« ... La lettre est parfaite. Elle me touche jusqu'au fond du cœur. Dieu sait que je n'ai jamais douté de l'intention ! Et je le dis moi-même, afin qu'il ne reste aucune trace de sentiments que je n'ai pas plus éprouvés que je n'ai voulu en avoir l'apparence. Le seul regret que j'aie est de n'en avoir pas causé plus au long, quand j'en avais une si bonne occasion...

» L. P. »

III

DEUX LETTRES DE M. LE COMTE DE SALVANDY (page 113).

(L'auteur considère comme un devoir de justice de publier ici les deux lettres qui furent écrites par M. de Salvandy, à l'occasion de cette étude, la première à M. le directeur du *Journal des Débats*, la seconde à l'auteur lui-même.)

I

Mardi, 15 janvier 1850.

« Monsieur,

» J'aurais mauvaise grâce de réclamer contre l'article qu'un de vos plus éminents collaborateurs a bien voulu consacrer à mon livre des *Vingt Mois* (*voir* le Numéro du 13 janvier), en des termes qui dépassent de beaucoup mes titres et mes désirs. Il est cependant un point sur lequel je ne puis passer condamnation de la part d'une autorité telle que la vôtre.

» Le reproche d'avoir oublié dans mes appréciations dix-huit années, adressé à un livre qui a été écrit en 1831, serait évidemment trop peu fondé. Adressé à la publication présente, il ne serait pas juste. La seule partie nouvelle, la préface, que vous avez bien voulu reproduire tout entière dans votre numéro du jeudi 6 décembre dernier, est tout entière consacrée à ces dix-huit années que j'avais mes motifs personnels de ne pas oublier ; elle est la glorification du gouvernement et du souverain qui les ont remplies et illustrées. Mon éloquent critique ne dit pas, sur ce grand gouvernement et sur ce grand souverain, un mot qui ne soit écrit dans cette préface, qui n'y soit développé et justifié. Seulement, je crois que le problème qui fut posé au roi Louis-Philippe, tel qu'il lui fut posé, était insoluble. Une de mes raisons de le croire, c'est qu'il y ait échoué. Cette opinion n'est assurément en rien contraire à sa gloire. Elle est utile, si elle est vraie ; c'est pour ce double motif que je la publie ; car, sans *avoir suivi* en tout et à tout le gouvernement de 1830, mais en m'honorant de ne lui avoir jamais créé d'obstacle et de m'être efforcé toujours de lui être utile, il y a deux raisons pour que je ne parle de lui, et surtout de son auguste chef, qu'en dignes termes : c'est le respect pour moi-même ; c'est le respect pour de grandes infortunes magnanimement portées. Sous ce dernier rapport, la tâche ne m'est que trop facile ; car à aucune époque mes sentiments n'ont été plus d'accord avec mes obligations.

» Recevez, monsieur le rédacteur, l'assurance de ma considération la plus distinguée.

» SALVANDY. »

II

15 janvier.

« Vous me semblez, monsieur, avoir été trop obligeant et très-injuste, très-injuste en faisant d'un livre dont la première pensée fut une pensée d'appui et la dernière une pensée d'apologie, un texte d'accusation contre le gouvernement que j'ai entendu les deux fois défendre. La première fois j'ai entendu défendre son existence contre des exigences incompatibles avec tout gouvernement régulier; la seconde, contre la supposition qu'il fût pour quelque chose dans sa propre chute. La préface, ce me semble, indiquait bien ma pensée; ma conduite des dix-huit ans l'explique mieux encore. Je veux croire, par toutes vos bonnes expressions, qu'en supposant un désaccord entre nous sur mes conclusions extrêmes, vous êtes plus bienveillant encore pour l'homme que pour le publiciste. C'est la chose à laquelle je mettrai le plus de prix et qui me consolera du reste.

« Recevez, avec cette assurance, celle de tous mes sentiments de considération et d'attachement.

» SALVANDY. »

IV

UNE LETTRE DE M. DE LAMARTINE (page 185).

(Cette lettre, qui s'attaquait à notre étude intitulée : *M. de Lamartine publiciste*, avait été précédée et suivie (dans le *Journal des Débats* du 5 octobre 1849) des réflexions ci-après que nous nous croyons, aujourd'hui comme alors, le droit de publier pour notre défense :)

Nous nous sommes cru permis, depuis la révolution de Février, de juger humblement soit les hommes que cette révolution avait portés au pouvoir, dans le temps qu'ils l'occupaient, soit ceux qui, en étant sortis, avaient appelé sur leurs actes, par des publications d'une opportunité contestable, l'attention publique qui s'éloignait d'eux et le jugement du pays que la postérité seule peut rendre avec une entière impartialité. Parmi ces hommes pressés d'obtenir ce jugement, tout le monde a remarqué M. de Lamartine. Aussi ne nous sommes-nous pas moins pressé que lui. Du jour où il a publié son *Histoire de la Révolution de* 1848, nous avons essayé de l'apprécier, sans passion, sans malveillance, avec une mesure qui risquait de déplaire à un grand nombre de nos amis, avec une liberté à laquelle au surplus M. de Lamartine rendait hommage le premier en s'y livrant.

Depuis, il y a peu de jours, nous avons eu à revenir sur l'illustre historien de *la Révolution de* 1848. Cette fois nous avions à rendre une sentence plus littéraire que politique. Nous avions à apprécier une querelle d'opinion et de doctrine survenue entre deux écrivains presque également célèbres, l'un comme poëte, l'autre comme prosateur, tous deux mêlés aux plus sérieux et aux plus récents souvenirs de nos dissensions civiles, tous deux acteurs et auteurs d'une révolution qui, après nous avoir cruellement éprouvés, nous avait pourtant laissé le droit, nous le pensions, de juger leurs écrits. Nous étions-nous trompé ? On a lu notre jugement dans la querelle de M. de Lamartine et de M. Louis Blanc. Nous en avions fait une pure question d'art, une recherche d'esthétique. Nous nous étions demandé par quelle succession d'idées, par quelle gradation involontaire et irrésistible deux écrivains d'un si remarquable talent, deux hommes politiques qui avaient montré tant d'accord quand il avait fallu attaquer un trône et tant de vigueur pour le renverser, comment ces deux hommes étaient arrivés à la vive dissidence qui les séparait aujourd'hui, à l'amère polémique qu'ils se renvoyaient d'un journal à l'autre, sans souci du public attentif et poli qui les écoute. Voilà ce que nous avions cherché à éclaircir, toujours dans l'intérêt de l'art, et parce qu'il nous paraissait utile que ceux qui sont faits par leur talent pour donner des leçons de style à tout le monde, en reçussent pourtant de la critique, quand c'est son tour et son droit d'en donner, et aussi parce que, de toutes les inviolabilités disparues depuis que nous sommes tous souverains sur cette terre de France, nous ne voulions pas en privilégier une seule, celle des poëtes ou des prosateurs qui, par aventure, s'étaient trouvés, un matin, des hommes d'Etat.

Tel a été le motif de la critique à laquelle nous avions soumis, comme écrivains, M. de Lamartine et M. Louis Blanc dans une querelle que nous avions jugée par son côté exclusivement littéraire, quelque tentation que pût avoir la politique de s'y glisser. Quant à nous, nous l'en avions exclue. Nous avions fait mieux : en examinant les écrits et en les soumettant à une analyse rigoureuse, nous avions fait réserve expresse de notre respect pour les personnes, sans y avoir toutefois aucun mérite ; car le journal où nous écrivons n'a jamais eu d'autres procédés ni d'autres allures. Il trouve que la polémique est une arène assez remplie de passions, que la critique est un champ assez vaste, même sans l'injure. Que ceux qui nous ont lu disent si nous avons manqué à ces austères habitudes du journal, qui peuvent se concilier, Dieu merci, avec les plus difficiles devoirs et les plus délicates exigences de la vérité.

Cependant le *Journal des Débats* a reçu ce matin la lettre qu'on va lire. Nous pourrions la donner sans commentaires. Nous ne nous refuserons pourtant ni cette satisfaction de luxe, ni cette justice qu'aussi bien, nous l'espérons, tout le monde nous rendra.

Voici la lettre de M. de Lamartine :

« Monsieur le Rédacteur,

» L'auteur d'un article intitulé *Aménités Sociales et Littéraires*, dans votre journal du 30 septembre, suppose une altercation ridicule entre M. Louis Blanc et moi ; à l'aide de cette fiction, il attribue des invectives réciproques à deux membres du gouvernement républicain, qu'il met en scène pour l'agrément de ses lecteurs. J'entends très-bien la plaisanterie ; mais comme tous vos lecteurs ne l'entendent peut-être pas aussi bien que moi, et comme ils pourraient prendre pour une réalité ce qui n'est qu'une imagination littéraire, j'ose vous prier d'insérer ma réclamation.

» Jamais un mot d'accusation, encore moins d'injure, n'est tombé de ma plume ni n'en tombera sur des hommes dont je fus le collègue, dont j'ai partagé les responsabilités dans des jours difficiles, et qui sont dans l'exil. Bien que je ne me sois pas assis dans le fauteuil des conférences du Luxembourg, comme le dit l'article, je puis et je dois combattre les théories socialistes ainsi que je les ai toujours combattues, avant, pendant et depuis la révolution républicaine, sans cesser de réserver les intentions, d'honorer le talent et de respecter les personnes. Mon témoignage au procès de Bourges répondait d'avance à l'indignité qu'on m'attribue. Comme écrivain, je lis avec modestie les critiques; comme homme d'honneur je relève avec fierté les faits.

» Votre loyauté, Monsieur, m'aidera à relever celui-ci.

» Recevez, monsieur le Rédacteur, l'assurance de ma haute considération.

» A. DE LAMARTINE.

» Milly, près Mâcon, le 2 octobre 1849. »

Pour que M. de Lamartine ait pu écrire la lettre qui précède, il faut qu'il habite Milly près Mâcon et qu'il n'ait pas eu sous la main un seul exemplaire de l'avant-dernier numéro du *Conseiller du Peuple*, auquel nous avons emprunté les citations dont il conteste l'exactitude; ou bien il faut, deux choses impossibles, que M. de Lamartine ne soit pas l'auteur de ce numéro, quoiqu'il l'ait signé, ou qu'il ait complétement perdu la mémoire. Oubli absolu de ce qu'il a écrit ou insouciance à le vérifier, il faut qu'il choisisse, ou plutôt nous choisirons pour lui. Non, M. de Lamartine ne s'est pas donné la peine de comparer nos citations au texte original où nous les avons prises; autrement il aurait été édifié sur leur irréprochable authenticité. Ce qu'il appelle une « fiction » aurait eu à ses yeux tous les caractères de la vérité. Nous n'avons pas besoin de dire que nous n'avons pas ajouté un mot de notre invention aux passages cités; mais nous affirmons que lorsque, pour les abréger, comme les limites du journal nous y condamnaient, nous avons retranché des mots ou des phrases, c'était toujours plutôt aux dépens de la thèse que nous soutenions que pour sa réussite. Il eût été bien plutôt de notre intérêt de citer *in extenso* les étranges vivacités de style que nous avions à signaler ; mais notre bonne volonté sur ce point était limitée par les bornes mêmes de notre travail. Nous n'avons donc pas « *supposé une altercation ridicule ;* » nous l'avons simplement abrégée, c'est-à-dire plutôt affaiblie qu'exagérée ; et quant au rapprochement que nous avons établi entre l'attaque et la réplique, rapprochement qui est notre fait, tout le monde est libre de le produire comme nous, avec aussi peu de fiel et de malice ; car il suffit de prendre le 7e numéro du *Conseiller du peuple* et le 3e numéro du *Nouveau Monde,* et de lire l'une après l'autre (p. 293, 294 et 295 dans le premier recueil, p. 34 et 35 dans le second) les deux philippiques que nous avons signalées, pour commettre précisément le crime qu'on nous reproche.

Nous n'avons jamais dit en effet que la querelle qui s'est élevée entre l'historien de la Révolution de 1848 et l'auteur de *l'Organisation du Travail* se fût produite dans le même journal, soit dans celui de M. de Lamartine, soit dans celui de M. Louis Blanc. Cela eût été absurde. La réponse de M. Louis Blanc a paru, nous le savons bien, après l'attaque de M. de Lamartine ; nous savons bien aussi qu'entre l'attaque et la réplique il y avait la Manche. Mais parce que nous avons rapproché l'une de l'autre, cela fait-il que nous ayons supposé *une altercation ridicule ?* Parbleu ! on sait bien que M. de Lamartine et M. Louis Blanc ne sont pas gens à se disputer dans la rue ; on sait bien que s'ils ont échangé entre eux des duretés, c'est dans leur journal. Une altercation *ridicule!* Ce n'est pas nous qui avons dit cela ; nous n'avions pas besoin d'être si sévère. Nous avons parlé d'une guerre de plume, d'une querelle de style ; nous avons mis en présence deux écrivains, comme c'était notre droit, puisqu'aussi bien d'un rivage à l'autre ils se rapprochaient eux-mêmes par la vivacité de leur polémique, et se renvoyaient par-dessus l'Océan les échos de leurs deux colères,

..... Vocemque inclusa volutant
Littora, pulsati colles clamore resultant....

Nous n'insistons pas. Cette dispute sur l'exactitude de nos citations pourrait bien ne pas amuser extraordinairement nos lecteurs. Nous avons rendu compte de notre procédé. Il est d'une exactitude inattaquable. Ce n'est pas le produit d'un calcul artificieux ni le résultat d'une fiction caressée par la malice de l'esprit. C'est l'opération la plus simple, la plus élémentaire, la plus primitive pour ainsi dire : nous avons mis la réponse à côté de la demande, la réplique près de l'attaque ; nous avons rendu l'effet à sa cause, la conséquence à son principe ; nous ne sommes ni plus ni moins coupable que cela.

Voilà pour la forme que nous avons donnée à notre critique ; ou plutôt, la forme, nous l'avons reçue des deux écrivains mêmes que nous avions à étudier. Si nous les avons mis en scène, comme dit M. de Lamartine, « pour l'agrément de nos lecteurs, » n'ont-ils pas commencé par y monter eux-mêmes pour l'agrément de notre critique ? Est-ce que c'est nous, par hasard, qui avons fondé *le Conseiller du Peuple* et *le Nouveau Monde ?* Est-ce que c'est nous qui avons eu l'idée de transformer ces deux journaux en un champ clos de récriminations plus ou moins amères, et d'y transporter des griefs et des animosités véhémentes ? Est-ce que c'est nous qui avons fait tout ce bruit que laisse après soi la dispute de personnages de cette importance, nous qui avons cherché simplement à le discerner, à lui donner son caractère, à lui assigner son rang littéraire parmi cette immense agitation intellectuelle et morale de notre époque ? Non, ce n'est pas nous qui avons mis en scène deux membres du gouvernement provisoire. Ce sont eux, un surtout, car M. Louis Blanc n'a fait que relever l'initiative de M. de Lamartine à son égard ; ce sont eux qui ont appelé l'attention du public et la curiosité des critiques sur leur propre discorde ; et s'il en est résulté, ce que pour notre part nous n'affirmons pas, « de l'agrément pour nos lecteurs, » est-ce notre faute à nous ? En vérité, l'honorable M. de Lamartine est sur ce point trop modeste.

Nous n'avons donc pas même inventé la forme que nous avons donnée à notre critique. Mais le fond ? Le fond, hélas ! qui nous l'a fourni ? M. de Lamartine se connaît donc bien peu ! Il rend donc bien peu de justice à cette abondance inépuisable qui est une de ses facultés les plus merveilleuses ? Il n'a donc pas lu ces numéros du *Conseiller du Peuple* qu'il jette avec une facilité si infatigable à l'indifférence blasée du public ? Il ne sait donc pas que s'il nous plaisait d'ajouter, à la liste des *aménités littéraires* que nous avons recueillies sous sa plume il y a cinq jours, une série décuple de cette première récolte, nous n'aurions que l'embarras du choix ? Nous avons la main pleine de citations; il nous suffirait de l'ouvrir pour prouver à M. de Lamartine, qui l'a oublié, que nous n'avons rien mis, de notre fonds, dans l'inventaire que nous avons essayé de dresser de ce trésor où son esprit va puiser la véhémence, et où le nôtre a pour humble mission de l'analyser ?

Mais voyons. M. de Lamartine craint beaucoup que nos lecteurs, qui, à ce qu'il paraît, « n'entendent pas comme lui la plaisanterie, » ne prennent pour une réalité ce qui n'est *qu'une imagination littéraire*. Nous ne choisirons qu'un exemple. Nous savons bien que toutes les invectives, d'ailleurs très-éloquentes, de M. de Lamartine contre les doctrines socialistes ne s'adressent pas uniquement à M. Louis Blanc, bien que M. Louis Blanc ait eu maintes fois la générosité de les prendre toutes, quelles qu'elles fussent, sous sa protection d'écrivain, d'érudit et de prophète.

Un dieu rassemblera cette famille immense!...

Nous savons bien aussi que l'illustre chantre d'Elvire n'en veut pas à la personne de M. Louis Blanc. S'il y avait eu, entre ces deux écrivains, quelque chose de plus ou de moins qu'une querelle de doctrines, nous n'y serions pas intervenu. Nous reconnaissons, au contraire, que la guerre qu'ils se sont faite porte exclusivement sur les théories qu'ils adoptent ou qu'ils repoussent, et que l'honneur de leurs personnes est en dehors du débat. Mais enfin est-ce notre « imagination littéraire » qui nous a appris que toute la doctrine de M. Louis Blanc était en cause dans le passage suivant ?

« Un cinquième socialiste vous dit : Il faut supprimer toutes les industries privées, toutes les concurrences entre marchands, tous les trafics libres entre particuliers, parce que faire travailler et gagner en faisant gagner son voisin, j'appelle cela *l'exploitation de l'homme par l'homme*. Il faut que l'Etat seul vende et achète, fabrique, produise et consomme à un prix arbitraire, impératif pour tout le monde ? — ***Bêtise !*** puisque le travail, l'industrie, le trafic de chacun est sa richesse, son pain, sa liberté ; que l'homme ne peut consommer qu'autant qu'il produit; et que si les individus ne vendent ni n'achètent rien, ils ne pourront rien consommer, rien produire. Il faudra que l'Etat nourrisse tout le monde? avec quoi? avec l'oisiveté, la faim et la soif de tous! Vous rêvez contre le salaire, contre les bras et contre l'outil de tous les travailleurs! Vous rêvez bien plus que le miracle de la multiplication des pains! Vous rêvez de rassasier le peuple sans nourriture et de l'abreuver sans eau! » (*Conseiller du Peuple*, n° VII, p. 294.)

Cela est-il clair? Est-ce M. Louis Blanc qui a protesté contre la concurrence, contre l'*exploitation de l'homme par l'homme*, lui ou nous? Est-ce lui qui est là sur la sellette, lui ou nous? Est-ce sa doctrine qui est en cause? Qu'on nous réponde! Est-ce notre imagination qui a fait les frais de cette mise en scène, qui a inventé ce beau langage, qui a mis cette étiquette sur le sac du socialisme, une bêtise! Si nous pouvions inventer quelque chose de plus significatif, nous aurions en effet l'imagination que M. de Lamartine nous suppose; mais c'est assez de la sienne.

M. Louis Blanc répond, comme c'est son droit; il répond avec la même vivacité. Seulement il fait comme nous, il s'épargne les frais de l'invention.

« Vous dites (*le Nouveau-Monde*, numéro 3, page 34) vous dites, pour défendre l'odieux régime de la concurrence, que ce régime consiste à gagner en faisant gagner son voisin, et que nous appelons cela *exploitation de l'homme par l'homme*. Bêtise! car sous le nom d'*exploitation de l'homme par l'homme*, on n'a jamais désigné que le système qui consistait à gagner en faisant perdre son voisin : ce qui est précisément le caractère de la concurrence. »

Nous avons cité ce dialogue édifiant dans toute son étendue. Nous n'y reviendrons pas. C'est assez d'avoir établi une fois la poétique du genre. Nous ne voulions aujourd'hui que mettre à l'abri de tout soupçon l'exactitude dont nous nous étions fait une loi, et nous défendre contre un reproche « d'imagination littéraire » que nous n'ambitionnons pas. Nous sommes un humble critique, voué à la défense du bon langage, dans la mesure de notre zèle et de notre science; c'est bien peu dire. Quoi qu'il en soit, nous laissons la *fiction* à la poésie et l'*imagination* aux poëtes.

Nous ne relèverons pas la théorie que développe la lettre de M. de Lamartine *sur le respect des personnes*. Nous sommes persuadé que ses intentions sur ce point sont parfaitement sincères. M. de Lamartine n'est pas naturellement agressif. Son caractère ne le porte pas à la personnalité; son esprit répugne à la violence. En qualifiant, comme il l'a fait, les docteurs et les disciples du socialisme, son cœur, nous en sommes sûr, faisait une réserve en faveur des personnes; il n'était pas complice des vivacités de son esprit. Mais, avouons-le cependant, il faut que les révolutions aient bien étrangement changé la valeur des mots, troublé la grammaire, révolutionné la rhétorique ; il faut que *l'art*, pour tout dire, ait bien complétement perdu l'instinct de sa dignité et le sens de sa divine mission sur la terre, pour que des hommes qui tiennent le premier rang dans la littérature de leur pays, et qui l'ont occupé dans la politique, pour que ces hommes ne croient pas manquer aux convenances littéraires de leur position respective en se lançant à la tête des figures de rhétorique du genre de celles que nous avons relevées ! Des bêtises et encore des bêtises ! Passe pour les doctrines ; elles ont la conscience large et elles s'accommodent de tout. Mais en vérité, si c'est là ce que vous appelez « réserver les intentions, honorer le talent et respecter les personnes, » je ne demande pas mieux ; mais je n'y comprends plus rien !

Revenons, si vous voulez, au vrai christianisme ! Tendons la joue gauche si on nous a touché la joue droite. Humilions-nous sous la main de Dieu qui nous frappe par celle d'un de nos semblables. Précepte ou symbole, voilà une doctrine qui a sa grandeur ! ou bien même revenons aux mœurs de l'antiquité païenne : Frappe, mais écoute ! Il y a plus de vraie gloire qu'on ne pense dans ce mépris des outrages, qui est souvent l'unique bouclier des hommes politiques. Mais n'échangeons pas des duretés publiques, n'introduisons pas dans la langue de la polémique française ces excentricités qui la déshonorent ; ne ramenons pas les *tropes de Dumarsais* au carré des halles, laissons-les à l'Académie ; et enfin si nous avons eu l'honneur, si chèrement payé, de figurer, même un seul matin, parmi les vainqueurs d'une révolution qui nous a imposés pour chefs à une nation de 32 millions d'âmes, ne donnons pas aux vaincus le spectacle de nos querelles ; ne leur en envoyons pas même l'écho ; car ceux qui, comme moi, n'en font pas matière à critique littéraire, pourraient y trouver un sujet de moquerie. Et que deviendrait le respect qu'on doit aux révolutionnaires et aux révolutions !

C. F.

FIN DE L'APPENDICE DU PREMIER VOLUME.

TABLE DES MATIÈRES

DU PREMIER VOLUME.

PREMIÈRE PARTIE.

DEUXIÈME PARTIE.

HÉROS ET HISTORIENS DE LA RÉVOLUTION DE FÉVRIER.

APPENDICE DU PREMIER VOLUME.

FIN DE LA TABLE DU PREMIER VOLUME.

Poissy. — Typographie Arbieu.

www.ingramcontent.com/pod-product-compliance
Ingram Content Group UK Ltd.
Pitfield, Milton Keynes, MK11 3LW, UK
UKHW020307230726
13925UKWH00001B/274